알고 있다는 착각

ANTHRO VISION

알고 있다는 착각

당연한 것을 의심하고
낯선 진실을 발견하는 인류학자의 사고법

질리언 테트 지음 | 문희경 옮김

어크로스

차례

프롤로그 물고기는 물을 볼 수 없다   **6**

1부 '낯선 것'을 낯익게 만들기

1. 새의 눈, 벌레의 눈   **23**
소련 변방의 결혼 풍습 연구가 세상에 무슨 쓸모가 있을까.

2. 킷캣과 인텔의 인류학자들   **56**
그건 당신네 세계관이지 모두의 세계관은 아니야.

3. 낯선 전염병과 싸우는 법   **88**
흔히 정부가 과학을 따른다고 말할 때
대개 의학만 따른다는 뜻이다.

2부 '낯익은 것'을 낯설게 하기

4. 금융인들이 묻지 않는 가장 단순한 질문   **117**
어떤 사람이 무언가를 이해하지 않음으로써 돈을 번다면
그 사람에게 그것을 이해시키기란 어려운 일이다.

5. 부품을 빼돌리는 GM 직원들   **145**
GM 경영진은 직원들 사이에서 무슨 일이 벌어지는지
전혀 몰랐다. 아니, 모른다는 것조차 몰랐다.

6. 서구인의 이상한WEIRD 특성에 관한 이론   **166**
소비자들은 전적으로 합리적이고 독립적인 선택을
한다고 여겨지지만 실상은 그렇지 않을 때가 많다.

3부 사회적 침묵에 귀 기울이기

7. 트럼프와 레슬링   195
나 역시 환경의 산물이다. 금융계의 사회적 침묵을 포착했지만
다른 유형의 침묵은 전혀 알아채지 못했다.

8. 개인 정보의 소비자 가격   212
실리콘밸리에서는 공짜 서비스라는
선물의 대가로 끊임없이 개인 정보가 넘어간다.

9. 우리가 사무실에서 '정말로' 하는 일   241
재택근무로 복제하기 어려운 부분은
그전에는 필요한 줄도 몰랐던 정보다.

10. 윤리적인 돈   274
UBS 같은 은행들이 ESG 상품을 판매한다고 했을 때
중세 가톨릭 성당이 면죄부를 판매하는 것과 비슷해 보였다.

에필로그 아마존에서 아마존으로   299
후기 인류학자들에게 보내는 편지   312
주   318

물고기는 물을 볼 수 없다

■

물고기가 맨 마지막에 알아채는 것이 물일 것이다.
— 랠프 린턴[1]

1992년 5월, 나는 소비에트의 어느 칙칙한 호텔방에 앉아 있었다. 거리의 총격전으로 창문이 덜컹거렸다. 내 맞은편 지저분한 갈색 담요가 덮여 있는 침대에는 영국의 저널리스트 마커스 워런(Marcus Warren)이 앉아 있었다. 타지키스탄의 수도 두샨베의 거리에서 발생한 총격전으로 우리는 벌써 몇 시간째 호텔에 갇혀 있었다. 사람이 얼마나 죽었는지 알 길이 없었다.

"타지키스탄에서는 무슨 일을 하셨어요?" 총소리에 불안하게 귀를 기울이던 마커스가 내게 물었다. 불과 1년 전만 해도 아프가니스탄과 국경을 맞댄 이 산악지대는 영원히 소련의 한 지역으로 남아 있을 것만 같았다. 하지만 1991년 8월에 소비에트 정권이 몰락했다. 소련이 해체되면서 타지키스탄도 독립하고 내전이 일어났다. 마커스와 나는 각각 〈데일리 텔레그래프(Daily Telegraph)〉와 〈파이낸셜 타임스(Financial Times)〉의 기자로 그곳에 와 있었다.

내 배경은 특이했다. 〈파이낸셜 타임스〉에 들어가기 전에 나는 문화와 사회를 연구하는 사회과학계에서 종종 무시당하는(때로는 조롱당하는) 학문인 인류학의 박사학위 연구를 위해 타지키스탄에 머무른 적이 있었다. 여러 세대의 선배 인류학자들처럼 나도 현지 탐사를 나간 것이었다. 두샨베에서 버스를 타고 세 시간 가면 나오는 고산지대의 한 마을에서 파묻혀 지냈다는 뜻이다. 나는 그 마을의 한 가정집에서 지냈다. '내부인이자 외부인'이 되어 소련 사람들을 가까이서 관찰하고 그들의 풍습과 가치관, 사회적 패턴, 기호의 맥락에서 그들의 '문화'를 연구하기 위해서였다. 나는 몇 가지 질문을 탐색했다. 그들은 무엇을 신뢰하는가? 그들은 가족을 어떻게 정의하는가? 그들에게 '이슬람'은 어떤 의미인가? 그들은 공산주의를 어떻게 생각하는가? 그들은 경제적 가치를 무엇으로 정의하는가? 그들은 공간을 어떻게 구조화하는가? 요컨대 소련의 타지키스탄에서 인간으로 산다는 것은 어떤 의미인가?

"그래서 정확히 뭘 연구하셨어요?" 마커스가 물었다.

"결혼 풍습이요." 내가 답했다.

"결혼 풍습!" 마커스가 지쳐서 갈라진 목소리로 말했다. "그런 걸 뭐 하러 연구해요?" 이 물음에는 더 큰 질문이 감춰져 있었다. 세상에 어느 누가 서구인에게는 이상해 보이는 산악지대로 가서 이질적인 문화에 파묻혀 지내면서 그 문화를 연구하겠느냐는 뜻이었다. 마커스의 반응도 이해가 갔다. 실제로 나중에 박사 논문을 쓰면서 이렇게 술회했다. "두샨베의 거리에서 사람들이 죽어나가는 마당에 결혼 풍습을 연구하는 것이 전혀 무관하지는 않더라도 이상하게 들리는 것은 사실이었다."[2]

이 책의 목표는 단순하다. 마커스의 물음에 답하는 것, 그리고 사람들이 '이국적'인 것만 연구한다고 (잘못) 생각하는 학문에서 나온 개념이 오늘의 세계에 꼭 필요하다는 점을 보여주는 것이다. 인류학은 세상의 구석구석을 돌아보며 이면에 감춰진 무언가를 포착하고 다른 사람들을 공감하고 문제를 새롭게 통찰하는 학문이기 때문이다. 기후변화와 전염병의 범유행, 인종차별주의, 광적으로 치닫는 SNS, 인공지능, 금융위기, 정치 분쟁의 시대에는 인류학이 그 어느 때보다 필요하다. 나는 이제껏 일하면서 인류학의 용도를 절감했다. 이 책에서 설명하겠지만 나는 타지키스탄을 떠난 뒤 저널리스트가 되어 내가 배운 인류학을 토대로 2008년 금융위기와 도널드 트럼프의 부상, 2020년 코로나19 범유행, 지속 가능성 투자(기업의 지속 가능성을 높이는 투자 - 옮긴이)의 급증, 디지털 경제 등에 관해 예견하고 이해했다. 한편 이 책에서는 인류학이 어떻게 기업의 경영인, 투자자, 정책 입안자, 경제학자, 기술 전문가, 금융인, 의사, 변호사, 회계사(정말이다)에게 가치 있는(있었던) 학문인지에 관해서도 설명한다. 실제로 인류학의 여러 개념은 아마존 밀림만큼 아마존 창고를 이해하는 데도 유용하다.

왜일까? 이제껏 우리가 세상을 탐색하는 데 사용한 갖가지 도구가 잘 통하지 않기 때문이다. 최근 들어 경제 전망이 빗나가고 선거에서 엉뚱한 결과가 나오고 금융 모형이 실패하고 기술 혁신이 위험 요인으로 돌변하고 소비자 조사가 현실을 호도하는 현상이 나타나고 있다. 기존의 도구가 틀렸거나 쓸모가 없어져서 발생하는 문제가 아니다. 전혀 아니다. 문제는 기존의 도구가 불완전하다는 것이다. 이런 도구는 문화와 맥락을 이해하지 못한 채 사용되는 데다, 애초에 터널 시야로 만들어지고 세상을 한 가지 매개변수 집합으로 간단히 규정하거나 포착할 수 있다는 가정에서 구축되었기 때문이다. 세상이 평온해서 과거가 미래의 좋은 지표가 되는 시대라면 효과적일 수도 있는 도구다. 하지만 지금처럼 유동적인 세계에서는, 이를테면 서구의 군사 전문가들이 말하는 '뷰카(VUCA)'의 세계(변동성volatility, 불확실성uncertainty, 복잡성complexity, 모호성ambiguity의 앞글자를 따서 만든 개념)에서는 효과가 없다. 또 '블랙 스완'(black swan, 나심 니콜라스 탈레브의 개념), 근본적 불확실성(radical uncertainty, 경제학자 머빈 킹과 존 케이의 개념), '전인미답'의 미래(마거릿 헤퍼넌의 개념)에 직면하는 시대에도 효과적이지 않다.[3]

한마디로 딱딱한 경제 모형과 같은 20세기의 도구만으로 21세기를 탐색하는 것은 한밤중에 나침반의 눈금만 읽으면서 어두운 숲을 지나가는 격이다. 물론 첨단기술 나침반이 목적지를 정확히 알려줄 수도 있다. 그러나 나침반 눈금만 읽다가는 나무에 부딪힐 수 있다. 터널 시야는 치명적이다. 주변을 둘러볼 줄 알아야 한다. 그래서 인류학이 전해줄 수 있는 것, 바로 인류학 시야(anthro-vision)가 필요하다.

◆ ◆ ◆

이 책에서는 인류학 시야를 기르는 법에 관한 다채로운 아이디어를 제시한다. 그러면서 나의 개인적 사례와 다른 사람들의 사례를 들어 몇 가지 질문의 답을 찾아본다. 사무실이 왜 필요한가? 투자자들이 왜 리스크를 잘못 해석하는가? 오늘날의 소비자에게는 무엇이 중요한가? 경제학자들은 케임브리지 애널리티카(Cambridge Analytica)에서 무엇을 배워야 하는가? 녹색 금융의 동력은 무엇인가? 각국 정부는 어떻게 '더 나은 재건(Build Back Better)'을 주도해야 하는가? 문화는 컴퓨터와 어떻게 상호작용하는가?

본론에 들어가기 전에 중요하게 짚고 넘어가야 할 점이 있다. 이 책의 뼈대를 이루는 인류학적 사고방식의 세 가지 핵심 원리다. 첫 번째 핵심 원리는 전 지구적 전염병 시대에 이방인과 다양한 가치를 이해하는 사고방식을 길러야 한다는 점이다. 인류학이라는 학문이 머나먼 지역으로 가서 '이국적'으로 보이는 사람들을 연구하는 목적으로 정립되었기에 인류학자들은 이런 방면으로는 전문가다. 그래서 인류학자에게는 인디애나 존스의 분위기가 있다. 그리고 이런 분위기로 인해 오해가 생길 수도 있다.[4] 사실 '이국적'이라는 것은 관찰자의 눈에 비치는 모습일 뿐이다. 모든 문화가 상대에게 낯설어 보일 수 있고 지금처럼 세계화된 세상에서는 누구도 낯설어 보이는 상대를 무시할 수 없다(미국의 전 대통령 도널드 트럼프처럼 다른 문화를 "쉿홀shithole, 즉 거지 소굴"이라고 깔아뭉개서는 안 된다). 지금은 금융, 상업, 여행, 통신의 흐름이 우리를 연결하고 전염시킨다. 세균뿐 아니라 돈과 아이디어와 유행도 전염시킨다. 그러나 타인에 대한 이해는 우리가 연결되는 속도만큼 빠르게 커지지 않았다. 그래서 우리는 위험에 부딪히기만 하는 것이 아니라 불행히도 좋은 기회를 놓친다(3장에서는 서구의 정책 입안자들이 서아프리카나 아시아의 '낯선' 국가들로부터 배우기만 했더라도 코로나19 범유행에 희생되지 않았을 거라고 설명한다).

인류학의 두 번째 핵심 원리는 다른 사람의 관점이 아무리 '낯설어(이상해)' 보여도 경청할 줄 알아야 오늘날 우리에게 절실한 타인에 대한 공감 능력을 키울 수 있을 뿐 아니라 자기도 더 쉽게 이해할 수 있다는 것이다. 인류학자 랠프 린턴의 말처럼 물고기가 맨 마지막에 보는 것이 물이고, 사람들은 남들과 대비되어야 더 쉽게 이해할 수 있다. 혹은 인류학자 호러스 마이너의 말처럼 "모든 학문 가운데 인류학만이 낯선 것을 낯익게 만들고 낯익은 것을 낯설게 만드는 데 전념한다."[5] 목표는 낯선 것과 낯익은 것, 두 가지 모두에 대한 이해를 높이는 것이다.

인류학의 세 번째 핵심 원리는 낯섦과 낯익음이라는 개념을 수용하면 남들과 우리 자신의 맹점을 볼 수 있다는 것이다. 인류학자는 정신과 의사와 거의 유사하지만 사람들을 소파에 앉히는 대신 인류학의 렌즈 아래에 사람들의 집단을 놓고 집단으로 계승한 편견과 가정과 마음의 지도를 들여다본다. 달리 비유하자면 인류학자는 X선 장비로 사회를 들여다보고 우리가 어렴풋한 정도로만 인지하는 숨겨진 패턴을 본다. 그래서 우리가 어떤 일의 원인을 'x'로 생각하지만 사실은 'y'일 수 있다는 것을 보여준다.

◆ ◆ ◆

보험업계의 사례를 보자. 1930년대에 코네티컷주의 하트퍼드화
재보험회사(Hartford Fire Insurance Company)의 경영진은 석유통 창고에서
연이어 폭발 사고가 발생한다는 보고를 받았다. 화재의 원인은 아
무도 몰랐다. 경영진은 벤저민 워프(Benjamin Whorf)라는 화재 예방 전
문가에게 조사를 의뢰했다. 워프는 경험 많은 화학 기술자이면서
도 예일대학교에서 인류학과 언어학을 전공하며 호피족 공동체를
연구한 사람이었다. 그래서 그는 인류학자의 관점으로 문제에 접
근했다. 창고 작업자들을 관찰하면서 그들이 어떻게 행동하고 무
슨 말을 하는지 포착하고 모든 정보를 편견 없이 흡수하려 했다. 언
어에 내포된 문화적 가정이 다양할 수 있다는 점을 알기에 특히 이
부분에 주목했다. 계절을 예로 들어보자. 영어에서 '계절(season)'은
명사이고 천문력으로 정의된다(흔히 "여름은 6월 20일에 시작한다"고
말한다). 호피족의 언어와 세계관에서는 '여름'이 부사이고 달력이
아닌 열기로 정의된다(흔히 '여름으로' 느껴진다고 말한다).* 어느 쪽이
우월하다거나 열등한 것이 아니라 서로 다를 뿐이다. 비교해보지
않으면 이런 차이를 알 수 없다. 혹은 워프의 말처럼 "우리는 늘 우
리 집단의 언어 분석이 현실을 더 정확히 반영한다고 믿는다."[6]

---

* 에케하르트 말로트키(Ekkehart Malotki)와 스티븐 핑커(Steven Pinker) 같은 학자들은 워
프의 연구를 비판하면서 그가 호피족에게는 시간 개념이 없다고 (잘못) 설명했다고 지적한
다. 하지만 이는 워프의 설명을 오해한 지적으로 보인다. 여기서는 이 논쟁에 직접 뛰어들
지 않고 사람들이 달력과 시간을 보는 관점은 다양하고 보편적이지 않다는 정도만 지적하
겠다.

이런 관점에서 석유통 수수께끼가 풀렸다. 워프는 창고 작업자들이 '가득 참(full)'으로 표시된 석유통을 다룰 때 더 조심하는 것을 보았다. 그런데 '비어 있음(empty)'으로 표시된 석유통이 보관된 창고에서는 부주의하게 담배를 피웠다. 왜일까? 영어로 'empty'는 'nothing(아무것도 없음)'을 연상시키는 데다 지루하고 무료하고 무시해도 되는 것으로 보이기 때문이다. 하지만 '비어 있음'으로 표시된 석유통에는 인화성 가스가 가득 차 있었다. 워프는 창고 관리자에게 작업자들에게 '비어 있음'의 위험성을 주지시키라고 조언했고, 이후 폭발 사고는 일어나지 않았다.[7] 사실 이 수수께끼는 과학만으로는 풀리지 않았다. (과학과 함께) 문화 분석이 수수께끼를 풀어주었다. 오늘날 은행 거래나 기업 합병이나 전염병의 범유행에서도 풀리지 않는 수수께끼가 나타날 때 같은 원리(인류학의 시야로 우리가 무시하는 것을 보는 방법)가 가치를 발할 수 있다.

"의문이 가장 적게 드는 가정이 가장 의심스러울 때가 많기" 때문이다. 이것은 19세기 프랑스의 의사이자 인류학자인 폴 브로카(Paul Broca)가 했다고 전해지는 말이다.[8] 언어든 공간이든 사람이든 물건이든 '시간' 같은 보편적인 개념이든, 우리가 당연하게 여기는 것을 간과하면 위험해질 수 있다.[9]

수염을 예로 들어보자. 2020년 봄 코로나19 봉쇄령이 내려질 즈음 나는 화상회의에서 평소에는 깔끔하게 면도하던 미국과 유럽의 남자들이 수염을 기른 채 화면에 나타나는 것을 보았다. 이유를 묻자 "면도할 시간이 없다"거나 "사무실에 나가지 않으니 굳이 면도할 이유가 없다"는 대답이 돌아왔다. 앞뒤가 맞지 않는 대답이었다. 봉쇄령 중에는 여가시간이 더 늘어날 테고, 또 전문가의 '얼굴'로 나오면 그들에게 돌아갈 이익이 더 클 터였다(줌Zoom 화상회의에는 얼굴이 경악할 정도로 클로즈업되지 않는가). 이렇게 코로나19 범유행 시대에 수염을 기르는 남자들이 폭발적으로 증가한 현상은 반세기 전에 아프리카에서 연구하던 인류학자 빅터 터너의 '리미널리티(liminality)' 개념으로 이해할 수 있다. 리미널리티 개념에 따르면 대개의 문화에는 전이 시점을 의미하는 의식(儀式)과 상징이 있는데 그것은 달력(새해)도 되고 생애의 시작점(성인기로의 진입)도 되고 중요한 사회적 사건(국가의 독립)도 된다고 한다.[10] 이런 전이 시점을 라틴어로 '문지방'을 뜻하는 '리멘스(limens)'에서 유래한 '리미널(liminal)' 순간이라고 한다. 보통 전이 시점에는 평소의 상징적 질서가 전복되고 '정상'이 아닌 상태가 나타난다. 평소 깔끔하게 면도하던 남자들이 코로나19 범유행 중에 갑자기 수염을 기른 모습은 리미널리티의 상징으로 보였다. 전문직 남자들에게 수염은 '정상'이 아니므로 수염을 기르는 것은 그들이 봉쇄령을 비정상으로(무엇보다도 전이 시점으로) 인식한다는 의미였다.

그러면 실제로 수염을 기른 금융인이나 회계사나 변호사들이 이런 식으로 수염을 설명했을까? 대체로 아니었다. 상징과 의식이 강력한 이유는 우리가 어렴풋하게만 인식하는 문화적 패턴을 반영하고 강화하기 때문이다. 하지만 기업이나 정치 지도자들이 리미널리티 개념을 알았다면 공포에 빠진 직원과 국민에게 희망의 메시지를 전할 수도 있었을 것이다. 누구도 불확실한 상태, 곧 봉쇄령이 무기한 이어질지 모르는 상태를 좋아하지 않는다. 이런 상태를 전이와 실험과 재생 가능한 경계의 시기로 이해했다면 더 고무적으로 보였을 것이다. 상징의 힘을 이해하지 못해서 기회를 놓친 것이다. 같은 논리가 마스크에도 적용된다.

혹은 더 심각한 예로 구글(Google)의 자회사 직소(Jigsaw)의 사례를 들어보자. 최근에 직소의 임원들은 온라인에서 퍼지는 음모론으로 심각한 고민에 빠졌다. 지구는 평평하다는 것처럼 무해해 보이는 음모론도 있다(이런 음모론이 정말로 있다). 하지만 '백인 말살' 음모론(유색인종 집단이 백인 사회를 몰살시키려 한다는 음모론)이나 2016년 '피자게이트' 음모론(미국의 대선 후보였던 힐러리 클린턴이 워싱턴의 한 피자 가게에서 악마적인 아동 성착취 조직을 운영한다는 주장)처럼 위험한 것도 있다.[11]

구글의 경영진은 그들이 제일 잘 아는 것, 곧 기술을 이용해 음모론에 맞서기로 했다. 빅데이터 분석으로 음모론의 파급 경로를 추적하고, 검색 엔진 알고리즘을 변형해서 사실(fact)에 기반한 정보의 노출도를 높이고, 의심스러운 콘텐츠에 깃발 표시를 붙이고, 위험한 콘텐츠를 삭제했다. 하지만 음모론은 계속 퍼져나가 무서운 결과를 낳았다(피자게이트 사건의 경우 2016년 말에 실제로 총을 든 남자가 해당 피자 가게에 침입했다). 그래서 2018년에 직소의 경영진은 한 가지 실험을 진행했다. 직소의 연구자들이 레드어소시에이츠(ReD Associates)라는 컨설팅 회사의 민족지학자*들과 협력하여 미국의 몬태나부터 영국의 맨체스터까지 두 나라의 음모론자 40여 명을 만났다.[12] 그리고 이런 만남에서 경영진의 예상 중 일부가 틀린 것으로 드러났다. 우선 학식 있는 엘리트들의 예상과 달리 음모론자는 괴물이 아니었다. 공감하면서 들어주기만 하면 그들의 주장에 격하게 반박해도 대체로 친절하게 나왔다. 둘째, 기술 전문가들은 음모론자에게 중요한 것이 무엇인지 이해하지 못했다. 실리콘밸리에서는 전문적이고 번드르르한 웹사이트에 올라온 정보가 어설픈 아마추어 사이트에 올라온 정보보다 더 믿을 만하다고 전제한다. 기술 전문가들이 그렇게 생각하기 때문이다. 하지만 음모론자들은 어설픈 사이트만 신뢰했다. '세련된' 사이트는 재수 없는 엘리트들이 만든다고 생각하기 때문이다. 음모론의 허위를 폭로하려면 먼저 이런 특징을 이해해야 한다. 마찬가지로 직소의 연구자들은 다양한 음모론의 위험도를 정하는 것이 시급하다고 생각했었다(가령 지구 평면설과 백인 말살 음모론을 다르게 다루어야 한다고 보았다). 하지만 음모론자들을 직접 만나보니 음모론의 내용보다는 이상한 논리 안에서 자신의 정체성과 공동체를 정의하는 수준이 더 중요했다. 결과적으로 연구자들은 "음모론의 유형보다는 음모론자의 유형을 구분하는 것이 더 중요하다"고 보고했다.[13]

연구자들은 또 한 가지 특징도 발견했다. 이런 중요한 통찰 중 어느 하나도 컴퓨터만으로는 얻을 수 없었다는 점이다. 빅데이터는 무슨 일이 일어나는지 설명해줄 수 있다. 하지만 그런 일이 왜 일어나는지는 제대로 설명해주지 못한다. 상관관계는 인과관계가 아니다. 마

* 민족지학(ethnography)이란 인류학에서 사람들을 연구하기 위해 주로 사용하는 방법, 곧 개방적인 집중 대면 관찰법을 일컫는 용어다. 인류학자가 아닌 연구자들도 본격적인 인류학 이론을 끌어오지 않고도 민족지학 기법을 활용하므로 모든 민족지학이 인류학은 아니다. 반면에 거의 모든 인류학자가 민족지학을 사용한다. 비즈니스 세계에서는 '민족지학'이라는 용어를 인류학 대신 자주 사용한다. 덜 딱딱하게 들리기 때문이다.

찬가지로 심리학은 개인이 왜 음모론에 빠지는지 설명해줄 수는 있어도 음모론이 어떻게 집단의 정체성을 규정할 수 있는지는 설명해주지 못한다(이런 면에서 극우 단체 큐어넌QAnon의 음모론에는 과거 민간 전승의 역할이 반영된다).[14] 사실 사람들을 직접 만나 열린 마음으로 경청하고 맥락을 연구하고 특히 사람들이 말하는 내용만큼 말하지 않는 무언가를 알아채는 방법이 무엇보다 중요하다. 노키아의 인류학자 트리시아 왕(Tricia Wang)은 빅데이터에는 '심층적' 자료가 필요하다고 말했다. (인류학자 클리퍼드 기어츠의 표현을 빌리자면) 문화에 대한 '심층적 기술(thick description)'에서 나오는 질적 통찰이 필요하다는 뜻이다.[15]

그러면 마법처럼 음모론을 멈출 수 있을까? 안타깝게도 아니다. 싸움은 계속된다(기술 회사에 대한 비판도 마찬가지다). 다만 이런 통찰은 구글 경영진에게 중대한 무언가를 제공했다. 바로 실수를 보고 바로잡는 방법이다. 문제는 이런 시도가 여전히 드물다는 것이다. 트위터의 공동창업자 잭 도시(Jack Dorsey)는 SNS를 다시 발명할 수만 있다면 컴퓨터과학자와 함께 사회과학자부터 고용할 거라고 말한다. 그러면 21세기 디지털 풍경이 전혀 다르게 보였을 것이다. 더 나아 보였을 것이다.[16]

◆ ◆ ◆

이 책은 지금까지 간략히 소개한 인류학의 세 가지 핵심 원리를 반영하여 '낯선 것을 낯익게 만들기'와 '낯익은 것을 낯설게 하기'

그리고 '사회적 침묵에 귀 기울이기'로 구성된다. 이 책은 나의 이야기로 시작해서 나의 이야기로 끝맺는다. 내가 타지키스탄에서 '낯선 것'을 연구하면서 무엇을 배웠고(1장), 이렇게 배운 지식을 어떻게 활용해서 시티오브런던(City of London, 증권거래소와 잉글랜드은행이 있는 런던의 금융지구 – 옮긴이)과 〈파이낸셜 타임스〉에서 '낯익은 것'을 탐색했으며(4장), 이후 월스트리트와 워싱턴과 실리콘밸리에서 어떻게 사회적 침묵을 밝혀냈는지(7장, 8장, 10장) 살펴본다. 이 책은 또한 인류학이 어떻게 인텔과 네슬레, 제너럴모터스, 프록터앤갬블(Procter & Gamble), 마스(Mars), 다니카(Danica) 같은 기업에 도움을 주었는지, 나아가 인류학이 어떻게 전염병의 범유행에 대처하고 실리콘밸리 경제의 기틀을 잡고 디지털 작업을 발전시키고 지속 가능성 운동을 수용하는 방법과 같은 정책 문제를 설명하는지 보여준다. 현재 우리가 당면한 문제에 곧바로 적용할 수 있는 실용적 '해법'을 우선적으로 알아보고 싶다면 이 책의 후반부로 바로 넘어가도 된다. 하지만 전반부의 여러 장에서 인류학의 지적 도구가 어디에서 나왔는지 개관하므로 이해에 도움이 될 것이다.

그전에 세 가지 짚어둘 점이 있다. 첫째, 이 책에서는 인류학적 시야가 다른 지적 도구를 대체하는 것이 아니라 보완한다고 강조한다. 음식에 소금을 치면 재료가 잘 섞이고 풍미가 살아나듯이 경제학이나 데이터과학이나 법학이나 의학을 비롯한 여러 분야에 인류학의 개념을 더하면 더 깊이 있고 풍부한 분석이 나온다. 요즘은 특히 컴퓨터과학과 사회과학을 융합하는 작업에 주목해야 한다. 둘째, 나는 이 책에서 소개하는 개념이 인류학에서만 발견된 것처럼 말하지 않는다. 일부는 사용자 경험 연구(USX)와 사회심리학, 언어학, 지리학, 철학, 환경생물학, 행동과학에서 나왔다. 바람직한 현상이다. 사실 학문의 경계는 인위적으로 나뉘었고 대학의 부족주의를 반영한다.* 21세기 학문의 경계를 새로 정의할 필요가 있다. 인류학적 시야를 어떤 용어로 표현하든, 지금 우리에게 그것이 필요하다.

셋째, 이 책은 나의 회고록이 아니다. 나의 이야기가 기승전결을 이루는 데는 나름의 목적이 있다. 인류학은 단일한 이론보다는 세계를 보는 독특한 방식으로 정의된다는 점에서 인류학의 사고방식을 설명하는 가장 간단한 방법은 인류학자가 무슨 일을 하는지 소개하는 것이다. 내 이야기가 다음 세 가지 질문에 답이 되어 이 문제를 조명해주기를 바란다. 타지크인들의 결혼 풍습에 관한 연구가 왜 현대의 금융시장과 기술과 정치를 들여다보게 해주는가? 이것이 왜 다른 전문가들에게 중요한가? 인공지능에 의해 새롭게 구축되는 세계에서 왜 또 하나의 'AI', 곧 인류학 지능(anthropology intelligence)이 필요한가? 세 번째 질문이 이 책의 핵심이다.

---

* 인류학자들은 '부족(tribe)'과 '부족주의(tribalism)'라는 용어를 싫어한다. 경멸적으로 들릴 수 있는 데다 이들 용어가 친족 구조에서 갖는 학술적인 의미를 반영하지 못하기 때문이다. 맞는 말이다. 하지만 이 책에서는 의사소통의 용이성을 위해 대중적인 의미로 '부족'과 '부족주의'를 사용한다.

1부

'낯선 것'을
낯익게 만들기

2018년 도널드 트럼프는 아이티와 아프리카의 일부 국가들을 "거지 소굴"이라고 매도하면서 엄청난 비난을 받았다. 비난받아 마땅했다. 하지만 이런 공격적인 표현 덕에 우리 모두를 따라다니는 불편한 진실이 드러났다. 인간은 본능적으로 낯선 문화를 피하고 경멸한다는 진실. 하지만 인류학은 '낯선 것'과 문화 충격을 수용하려는 시도에는 그만한 가치가 있다고 가르친다. 인류학은 이런 용도로 참여 관찰(혹은 '민족지학')이라는 도구를 발전시켰다. 하지만 이 도구를 학술적으로만 사용해야 하는 것은 아니다. 비즈니스와 국가 정책의 영역도 인류학의 원리를 빌려 쓸 수 있다. 세계화 시대에 투자자든 금융인이든 경영인이든 정책 입안자든(혹은 국민이든) 살아남아 번창하고 싶은 사람이라면 누구나 인류학의 원리를 받아들여야 한다.

1
새의 눈, 벌레의 눈

■

소련 변방의 결혼 풍습 연구가
세상에 무슨 쓸모가 있을까.

어느 볕이 좋은 가을날에 나는 흙벽돌집 문지방에 서 있었다. 그 집
뒤로 눈부시게 아름다운 풍광이 펼쳐졌다. 가파른 바위 협곡 사이
로 황금빛으로 물든 나뭇잎과 초록의 초원이 펼쳐지고 위로는 눈
덮인 산봉우리와 파란 하늘이 보였다. 1970년대 말 영국에서 소련
의 아프가니스탄 침공 뉴스에서 봤던 아프간의 험준한 풍경과 닮
았다. 나는 1990년에 아프가니스탄에서 160킬로미터 떨어진 소련
타지키스탄 '칼론' 계곡의 '오비사페드' 마을로 들어왔다.*

"아-살람! 치 켈 슈모? 나그제? 틴제? 소제? 쿠베?" 내 옆에 있던
중년 여인이 타지크 말로 소리쳤다. 아지자 카리모바라는 이름의

여인은 타지크의 수도 두샨베의 학자였다. 카리모바는 나와 함께 승객이 빽빽이 들어찬 미니버스를 타고 오비사페드까지 울퉁불퉁한 길을 세 시간 달려와서 나를 마을 주민들에게 소개해주었다. 카리모바는 이 지역의 흔한 복장이었다. '아틀라스'라는 독특하고 화사한 문양이 찍힌 튜닉과 바지를 입고 머리에 스카프를 둘렀다. 나도 같은 차림이지만 스카프가 자꾸만 흘러내려 애를 먹었다. 제대로 묶는 법을 몰랐다.

흙벽 뒤에서 사람들이 나타났다. 여자들은 나처럼 아틀라스 튜닉을 걸치고 머리에 스카프를 둘렀고, 남자들은 정수리를 덮는 모자를 쓰고 셔츠와 바지를 입었다. 다들 내가 알아듣지 못하는 말로 소란스럽게 떠들었다. 그들이 내게 그 집을 가리켰다. 문 안으로 들어서자 파란색과 흰색으로 반씩 칠한 실내의 벽이 눈에 들어왔다. '왜지?' 나는 속으로 물었다. 자수를 놓은 화사한 색상의 쿠션들이 벽에 기대어 높이 쌓여 있었다. '저건 무슨 용도지?' 텔레비전에서 요란한 타지크 음악이 흘러나왔다. 더 많은 사람이 소리쳤다. 사람들이 바닥에 쿠션을 놓아서 '좌석'을 만들고 천을 펼쳐서 '식탁'을 만든 뒤 천 위에 주황색과 흰색의 찻주전자와 사발, 단과자 한가득, 황금색의 납작하고 둥근 빵을 차렸다. 특히 빵을 아주 조심스럽게 쌓았다.

어디선가 젊은 여자가 나타나 하얀 사발에 녹차를 따르고 그 물

---

* 오비사페드 마을과 칼론 계곡('하얀 물'과 '큰'이라는 뜻)은 내가 박사학위 논문에서 사용한 가명이다. 내전 중이나 내전 뒤에라도 이 마을에 미칠 혹시 모를 영향을 피하기 위해서였다. 지도교수와 마을 사람들 이름도 모두 가명이다.

을 다시 주황색 찻주전자에 따랐다. 이렇게 사발에 따랐다가 다시 주전자에 담기를 세 차례 반복했다. '왜지?' 아이들이 방 안에서 뛰어다녔다. 아기가 양탄자 밑에서 빽빽 울었다. '아기가 양탄자 밑에서 뭘 하는 거지?' 그러다 흰머리를 길게 땋은 덩치 큰 할머니가 내게 큰소리로 말했다. '저 할머니는 누구지?' 놀이기구라도 탄 기분이었다. 모든 장면과 소리가 내가 다 소화하지 못할 만큼 정신없이 소용돌이쳤다.

"무슨 일이에요?" 나는 내가 잘 아는 러시아어로 카리모바에게 물었다. 타지크어는 기초적인 표현만 알았다.

"선생님이 누구고 뭐 하시는 분인지 물어보네요." 카리모바가 답했다.

나는 카리모바가 뭐라고 답해줄지 궁금했다. 사실 이 질문에는 간단한 답이 있었다. 나는 1990년에(훗날 소련의 마지막 해로 기록되지만 당시에는 아무도 그 사실을 몰랐다) 영국 케임브리지대학교와 두샨베 사이의 첫 교환 프로그램으로 인류학 박사학위 연구를 위해 타지키스탄에 왔다. 그리고 카리모바는 내가 결혼 풍습을 연구하도록 칼론 계곡에 데려다준 것이다. 나는 이 연구를 통해 중요한 질문, 곧 타지키스탄에 이슬람과 공산주의 사이의 '충돌'이 있느냐는 질문의 답을 알아보고 싶었다. 하지만 같은 질문에 더 한참 길게 설명할 수도 있었다. 애초에 내가 인류학에 끌린 이유는 세상을 탐색하고 인간으로 사는 것이 어떤 의미인지 알고 싶었기 때문이다. 그리고 인류학을 공부하면서 내가 알고 싶은 질문의 답을 얻기 위해서는 사람들의 삶으로 들어가 '민족지학'으로 다른 관점을 이해해야 한다는 것을 배웠다. 멀리 케임브리지대학교 도서관에 앉아 있을 때는 간단한 (그리고 고상한) 개념으로 들렸다. 하지만 파란색과 흰색으로 칠한 그 방에서 쿠션을 깔고 구부정하게 앉아 있자니 그리 간단해 보이지만은 않았다. '이거 완전 정신 나간 짓일까?'

나는 카리모바에게 마을 사람들한테 뭐라고 말해줬는지 물었다. "선생님이 저랑 같이 연구하시는 분이니 많이 도와달라고 부탁드렸어요. 그러시겠대요."

나는 깊이 숨을 들이마시고 사람들에게 미소를 지으며 말했다. "아-살람(안녕하세요)!" 그리고 손으로 나를 가리키며 러시아어로 "야 스투디엔트카(전 학생입니다)"라고 했다. 이어서 타지크어로 말했다. "탈레반-암."*

그러다 내가 러시아어로 단어를 잘못 말해서 혼동을 일으킨 것을 알았다. 그래도 일단은 미소 짓는 얼굴들을 보고 안도했다. 나는 차를 따라주던 검은 머리의 젊은 여자와 눈이 마주쳤다. 야위고 지적인 얼굴이었고, 그녀의 아틀라스 튜닉에 어린아이 둘이 매달려 있었다. 그녀가 자기를 가리키며 말했다. "이-디-굴." 귀먹은 바보한테 말하듯이 천천히 큰소리로 한 자씩 또박또박 말했다. 조그만 여자아이가 따라 말했다. "미-치-고-나." 그리고 동생을 가리키며 "감-지-나"라고 하고는 아기의 울음소리가 새어 나오는 양탄자를 향해 손짓하며 말했다. "제-비." 그러더니 그 방 안에 있는 물건

---

* 서구에는 탈레반이 이슬람 단체의 이름으로 알려졌지만 타지크어와 페르시아어와 다리어로는 '학생'이라는 뜻이다. 이 말이 이슬람 단체의 이름이 된 이유는 이 단체의 추종자들이 이슬람 '학생'을 자처하기 때문이다.

들을 하나하나 가리키며 말했다. "메사(테이블)!", "초이(차)!", "논(빵)!", "다스타르칸(테이블의 기능을 하는 바닥에 깔린 천)!"* 나는 놀이를 하듯이 아이의 말을 따라 했다. '어린아이처럼 해보면 어떻게 해야 할지 배울 수 있겠지!'

이것은 무엇보다도 본능에서 나온 행동이지만 이 책의 요점을 잘 드러낸다. 인류학적 시야의 한 가지 교훈으로, 가끔은 세상을 어린아이처럼 바라보는 것이 중요하다는 점이다. 우리 시대 수많은 지식의 도구는 문제를 해결할 때 미리 방향을 정하고 위에서 아래로 내려오고 경계를 명확히 하라고 요구한다. 17세기 유럽에서 출현한 과학적이고 실증적인 탐구법은 관찰의 원칙을 중시하면서도 대개는 먼저 연구하려는 주제나 해결하려는 문제를 정의하고 그다음에 결론을 (이상적으로는 반복해서) 검증하는 방법을 발전시켰다. 하지만 인류학은 다른 방향을 택한다. 인류학도 먼저 관찰부터 시작한다. 하지만 중요하거나 정상적인 것이 무엇인지, 혹은 주제를 어떻게 분류할지를 사전에 철저히 판단하지 않고, 일단 어린아이의 호기심으로 열심히 듣고 배우려 한다. 그렇다고 인류학자가 개방형 관찰법만 사용한다는 뜻은 아니다. 관찰 대상을 이론의 틀에 넣고 일정한 패턴을 찾을 때도 있다. 실증적 방법을 활용할 때도 있다. 하지만 인류학자는 무엇보다 열린 마음과 넓은 렌즈로 시작하

---

* 타지크어는 페르시아어에서 갈라져 나왔고, 많은 타지크어 단어의 철자가 페르시아어 사용자에게 익숙하기는 하다. 하지만 칼론 지방의 타지크어는 후두음이고 'a'를 'o'로 쓰는 경향이 있어서 철자를 쓰는 방식에 관해 합의된 방법이 없다. 그래서 이 책에서는 들리는 대로 표기했다.

는 데 목표를 둔다. 인류학자의 이런 접근법이 대규모 척도로 검증하고 반복 검증할 수 있는 자료를 찾는 과학자들에게는 거슬릴 수 있다.[1] 인류학은 해석하고 의미를 부여하는 학문으로서 주로 미시적 차원을 들여다보고 거시적 결론을 끌어낸다. 인간은 엄연히 시험관에 든 화학약품이나 인공지능 프로그램에 든 데이터와 다르므로 인류학의 심층적이고 개방적인 관찰과 해석이 중요할 수 있다. 특히 우리가 발견하게 될 무언가를 열린 마음으로 기다린다면 그 가치가 더 커질 것이다.*

실제로는 이런 이상을 따르기 어려울 때가 많다. 나 역시 오비사페드로 들어가면서 이런 이상을 따르지 못했기에 얼마나 어려운지 잘 안다. 나는 케임브리지대학교에 앉아 연구 계획을 세우면서 서구의 정책 집단에서 유행했지만 결국 틀린 것으로 밝혀진, 이슬람과 공산주의에 관한 개념과 편견으로 시작했다. 하지만 인류학의 핵심은 열린 마음으로 예기치 못한 상황에 직면하고 렌즈를 넓히고 이미 아는 것을 다시 생각하는 것이다. 따라서 이런 질문이 제기된다. 애초에 무엇이 이처럼 강박적으로 호기심을 갖는 인류학자 집단에 영감을 주었을까?

---

* 이렇게 말하면 누군가는 인류학이 실증적 연구가 아니라 주관적 분석을 사용한다는 이유로 물리학이나 의학과 같은 '경성(hard)'과학과 비교해서 '연성(《파이낸셜 타임스》)'과학이라고 단정할 수도 있다. 일례로 인류학계의 영향력 있는 학자인 클리퍼드 기어츠는 인류학자를 문화를 "읽거나" "해석하는" 사람들로 간주한다. 하지만 모든 인류학자가 기어츠의 관점을 따르는 것은 아니고 실증적 방법으로 연구하는 인류학자도 있다. 나는 '연성'이라는 표현이 경멸적으로 들린다는 이유에서 이 단어를 피했다.

28

◆ ◆ ◆

'인류학(anthropology)'이라는 말은 '인간 연구'를 뜻하는 그리스어 '안트로포스(anthropos)'에서 유래했다. 우연은 아니다. 역사상 최초의 '인류학자'로 문화를 체계적으로 기술한 사람이 그리스의 작가 헤로도토스(Herodotus)이기 때문이다. 그는 기원전 5세기의 그리스-페르시아 전쟁을 기술하면서 다양한 군대의 민족 배경과 전사로서의 장점을 상세히 기록했다.[2] 이후 로마의 역사가 타키투스(Tacitus)는 로마제국 변방에 있는 켈트족과 게르만족의 특성을 기술했고, 로마의 작가 플리니우스(Plinius)는 《박물지(Naturalis Historiae)》에서 식인풍습이 있는 것으로 알려진 개 머리를 한 사람들과 같은 다양한 민족을 기술했다. 페르시아의 대학자 아부 라이한(Abu Rayhan)은 10세기에 여러 민족을 상세히 기록했으며, 16세기의 프랑스 작가 미셸 드 몽테뉴(Michel de Montaigne)는 〈식인종에 관하여(Of Cannibals)〉라는 논문에서 사냥꾼들에게 전리품으로 붙잡혀 유럽으로 건너온 브라질의 투피남바 인디언 세 명에 관해 기술했다. 초기 인류학자들은 '문명'을 정의하기 위해 대조 대상이 되어줄 식인종에 집착했다.

19세기가 되어서야 '문화'(그리고 '타자')를 연구하는 것이 하나의 제대로 된 학문 분야로 출현했다. 몇 가지 역사적 사건이 충돌한 결과였다. 유럽의 18세기는 혁명의 시대로서, 인류학자 키스 하트의 말대로 "모든 인간이 공통으로 가진 인간 본성"을 연구하여 쓰러져가는 구체제를 민주적으로 타도하기 위한 지적 기반을 찾는 노력이 끊이지 않았다.[3] 이어서 19세기에는 찰스 다윈(Charles Darwin)이 생물학적 진화라는 개념을 발전시키며 인간이 신체적으로만이 아니라 사회적으로 어떻게 발전해왔는지에 대한 관심을 끌어냈다. 또 하나의 원동력은 제국주의였다. 빅토리아 시대의 대영제국에는 영국의 통치자들에게 이질적으로 보이는 문화들이 많았고, 영국의 상류층에는 이런 '낯선' 집단을 정복하거나 세금을 거두거나 지배하거나 교역하거나 개종시키기 위한 정보가 필요했다. 프랑스, 스페인, 네덜란드의 상류층도 마찬가지였고, 아메리카 원주민과 맞서던 미국의 신흥 상류층도 마찬가지였다.

1863년 모험가와 금융인이 섞여 있던 한 모임에서 인간 본성을 연구하는 '학회'(빅토리아 시대 잉글랜드에서 유행하던 일종의 토론 클럽)를 창립했다. 그들은 '카니발 클럽(Cannibal Club)'이라는 이름을 짓고 런던 트라팔가 광장 근처 마틴스 플레이스 4번가의 흰 벽토를 바른 학회 건물 창문에 해골을 내걸었다. 옆 건물의 기독교 선교사들이 해골을 떼어달라고 간청했지만 거절당했다.[4] 학회 지도부에는 동인도회사에서 일한 경험이 있는 영국인 탐험가 리처드 프랜시스 버튼(Richard Francis Burton) 경과 같은 남자들이 있었다. 런던 증권거래소와 관련된 사람들도 있었다. 1860년대 빅토리아 시대의 잉글랜드는 작가 앤서니 트롤로프가 훗날 《지금 우리가 사는 법》이라는 소설에서 그린 흥분된 분위기로 들떠 있었다.[5] 투자자들이 철도 회사 채권과 '식민지' 개발 사업권을 앞 다투어 사려다 보니 투자 리스크를 평가하기 위한 정보가 필요했다. "아프리카 탐험이나 중남미의 광산과 철도를 선전하던 사람들이 인류학의 몸값도 올려놓았다." 역사가 마크 플랑드로의 말이다.[6] 그런데 버튼과 같은 부류에게는 독특한 철학이 있었다. 그들은 유럽인과 미국인이 타 인종보다 생물학적으로, 정신적으로, 사회적으로 우월하다는 사실이 과학적으로 입증되었다고 믿었다. "야만인들은 도덕적으로나 정신적으로 문명을 퍼트리는 데 부적합하다. 다만 고등 포유류처럼 노예의 처지로 전락할 때는 예외다." 영국 육군 대령이자 카니발 클럽 회원인 어거스트 레인 폭스 피트리버스(August Lane Fox Pitt-Rivers)의 글이다.[7]

이들 자칭 인류학자들은 이런 인종차별적 태도(특징)에서 서서히 물러났다. 미국 남북전쟁 이후 카니발 클럽이 퀘이커교도 위주의 자칭 '민족지학자'들과 결합하여 왕립인류학회(Royal Anthropological Society)를 창립하면서부터다. 하지만 빅토리아 시대의 학자들은 여전히 진화론의 틀을 고집했다. 미국에서도 마찬가지였다. 일례로 1877년에 뉴욕 로체스터의 사업가이자 학자인 루이스 헨리 모건(Lewis Henry Morgan)은 《고대 사회(Ancient Society)》라는 책에서 "모든 사회는 같은 단계를 거쳐 진화한다. ……단순한 형태의 조직(가족, 조합, 부족)에서 시작해서 현대적이고 복잡한 민족국가로 발전한다" 고 주장했다.[8] 모건의 조수인 존 웨슬리 파월(John Wesley Powell, 남북전쟁에 북부군으로 참전했다)은 워싱턴의 정부에 '민족지학국(Bureau of Ethnology)'을 신설해서 아메리카 원주민 지도를 만들자고 설득했다. 1886년 파월은 이렇게 연설했다. "인류 문화에는 단계가 있습니다. 미개한 시대는 흙의 시대입니다. 문명의 시대는 철의 시대입니다." 아메리카 인디언, 아프리카계 미국인, 이누이트족은 "원시적이므로" 이들의 유물은 뉴욕 자연사박물관의 동물들 옆에 전시되는 것이 당연시되었다(훗날 "흑인의 목숨도 소중하다Black Lives Matter" 운동이 시작되기 전까지 누구도 이의를 제기하지 않았다).*

하지만 20세기에 지적 혁명이 일어나면서 인류학의 기반을 다졌다. 그리고 인류학은 기업의 회의실과 의회, 학교, 언론, 법정에서 벌어진 시민의 가치관과 관련된 21세기의 주요 논쟁에 대해 이론적 근거를 제공했다(다만 이런 다양한 현장에서 인류학을 제대로 아는 사람은 드물었다). 지적 혁명은 뜻밖에도 이누이트의 고향인 뉴펀들랜드의 배핀섬에서 시작됐다. 1880년대 초에 독일의 열정적인 청년 학자 프란츠 보아스가 독일의 킬대학교에서 자연과학 학위를 받고 북극으로 항해했다. 동물들이 눈이나 얼음과 어떻게 교감하는지 연구하기 위해서였다. 하지만 악천후로 몇 달간 고래잡이 지역에 발이 묶인 채 현지의 이누이트족과 지냈다. 그는 오도 가도 못하고 무료하게 지내면서 이누이트족의 언어를 배우고 민담을 수집했다. 그러다 예상치 못한 뭔가를 깨달았다. 이누이트족은 단지 물질적 분자의 집합체가 아니라 감정과 생각과 신념과 열정을 가진, 그와 똑같은 인간이라는 사실이었다. "나는 우리의 '좋은 사회'가 '야만인'에 비해 어떤 장점을 지녔는지 많이 생각해봤어요." 보아스가 뉴펀들랜드에서 오스트리아계 미국인 마리(나중에 아내가 된다)에게 보낸 편지다. "그들의 풍습을 들여다볼수록 우리에게는 그들을 깔볼 권리가 없다는 생각이 듭니다. ……우리 '고등교육을 받은' 사람

---

* 2018년부터 자연사박물관에서 아메리카 원주민의 유물에 역사적(곧 인종차별주의적) 맥락을 설명하는 자료를 붙였다. 자연사박물관 건물 앞에 있던 시어도어 루스벨트 동상도 철거되었다.

들이 상대적으로 훨씬 더 나쁘거든요."⁹

이후 보아스는 미국으로 건너가 1911년에 《원시인의 마음》을 출간했다. 이 책에서는 미국인과 유럽인이 다른 문화에 우월감을 느끼는 유일한 이유는 "우리가 이 문명에 속하고," 또 "우리가 태어난 이래로 이 문명이 우리의 모든 행동을 통제해왔기 때문"이라고 주장했다.¹⁰ 그러면서 눈을 크게 뜨기만 하면 다른 문화도 똑같이 소중하고 가치 있게 보일 거라고 강조했다. 당시(20세기 초) 뉴욕의 지식인 사회에서는 사회과학계의 코페르니쿠스 혁명과도 같은 사건이었다.¹¹ 보아스의 주장은 이단으로 몰렸고, 그는 학자로서 제대로 된 일자리를 구하기 힘들었다. 결국에는 컬럼비아대학교에 가까스로 들어가 마거릿 미드(Margaret Mead), 루스 베네딕트(Ruth Benedict), 에드워드 사피어(Edward Sapir), 조라 닐 허스턴(Zora Neale Hurston), 그레고리 베이트슨(Gregory Bateson)처럼 비슷한 생각을 가진 학생들의 관심을 끌었다. 이들은 1920년대부터 세계 각지로, 사모아부터 아메리카대륙의 마을들로 퍼져나가 다채로운 문화를 연구하면서 보아스가 세운 지식의 틀을 답습했다.

한편 대서양 건너에서도 유사한 지적 혁명이 일어났다. 영국의 선구적인 지식인 앨프리드 레지널스 래드클리프-브라운(Alfred Reginald Radcliffe-Brown)은 20세기 초에 "세상을 개혁하기 위한 무언가를 해서 빈곤과 전쟁을 없애고 싶다"는 뜻을 세우고 안다만 제도와 오스트레일리아로 갔다. 그 지역의 관습과 의식이 사회를 어떻게 작동시키는지 알아보기 위해서였다. 더 영향력 있는 학자인 폴란드계 영국인 브로니슬라브 말리노프스키는 1920년에 런던정경대학교의 경제학 박사 과정에 들어갔다. 이후 그는 오스트레일리아로 건너가 원주민 공동체의 경제를 연구했다.

1914년에 1차 세계대전이 발발했을 때 말리노프스키는 '적국인'으로 분류되어 폴리네시아의 트로브리안드 군도로 추방당했다. 그는 해안에서 천막을 치고 지내면서 조개껍데기와 목걸이와 ('쿨라'라는) 완장을 주고받는 트로브리안드 군도의 복잡한 선물 교환 풍습을 연구해서 박사학위를 따기로 했다. 처음 계획한 대로 위에서 아래로 내려오는 방식으로는 이곳의 경제 제도를 조사할 수 없었다. 그래서 그가 해볼 수 있는 유일한 방법으로 연구하기로 했다. 목격자 관찰 방식이다. 보아스처럼 말리노프스키도 애초에 계획에 없던 길로 우회하면서 인생 항로를 바꾸었다. 런던으로 돌아온 그는 낯선 '타자'를 이해할 유일한 방법은 그 사람들 속으로 들어가 직접 관찰하는 것이라고 단언했다. 그렇다고 내부자가 되어야 한다거나 당시 대영제국에서 유행하던 표현대로 '원주민처럼 살라'는 뜻은 아니었다. 말리노프스키는 이렇게 적었다. "아무리 똑똑한 원주민이라도 쿨라를 거대하게 조직된 사회구조의 개념으로 명료하게 이해하지 못하고 쿨라의 사회학적 기능과 영향에 관해서는 더 이해하지 못했다." 그래도 "원주민의 관점과 그가 삶과 맺는 관계를 이해하고 세상을 보는 그의 시각을 알아채는" 것이 중요했다.[12] 외부인인 동시에 내부인이 되어야만 선명하게 이해할 수 있었다. 내부인은 쿨라를 당연하게 여기고 외부인은 쿨라를 사소하게 치부했다. 하지만 내부인이자 외부인이 되어보면 복잡하고 정교한 쿨라 교환 체계에는 어떤 기능이 있다는 것을 알 수 있다. 우선 쿨라는 여러 섬을 연결하여 사회적 유대를 강화하고 신분제를 정착시키는 기능을 했다.

말리노프스키는 이 개념을 '참여 관찰'이라고 일컬었다. 이후 이 개념이 퍼져나가 런던, 케임브리지, 옥스퍼드, 맨체스터의 여러 대학에서 새로운 학문 연구자를 양산했다. 이들은 (보아스의 제자들처럼) 세계의 구석구석으로 퍼져나가 다른 사회를 연구했다. 이 새로운 학문 부족에는 에드워드 에번스 프리처드(Edward Evans-Pritchard), 메이어 포르테(Meyer Fortes), 오드리 리처즈(Audrey Richards), 에드먼드 리치(Edmund Leach)가 있었다. 프랑스 파리에도 새로운 인류학자 집단이 출현했다. 그중 클로드 레비스트로스(Claude Lévi-Strauss)는 브라질로 갔고, 피에르 부르디외(Pierre Bourdieu)는 프랑스의 식민지이던 알제리에서 연구했다. 세계 곳곳으로 퍼져나가는 이들의 시도에는 하나의 공통된 주제가 있었다. 인간은 자기네 문화를 당연한 것으로 생각하지만 사실은 그렇지 않다는 것이었다. 방대한 문화의 스펙트럼에서 우리의 관행이 정상이라거나 항상 우월하다고 생각하는 것은 어리석은 일이다.

지금은 이런 생각이 진부해 보일 만큼 당연하게 느껴진다. 세계의 많은 지역에서 관용이 법 체계에 스며들고 인종차별, 성차별, 동성애 혐오 등을 금지하는 법도 마련되었다(비록 현실에서는 이런 이상을 무시하는 예가 많기는 하지만). 하지만 역사가 찰스 킹(Charles King)은 이런 지적 혁명에 관한 글에서 불과 한 세기 전만 해도 문화 상대주의가 얼마나 급진적으로 들렸는지 강조한다. 혹은 얼마나 선동적으로 들렸는지. 독일 나치스의 선동가 요제프 괴벨스(Josef Goebbels)

가 1933년에 분서(焚書)를 계획했을 때 보아스의 책이 불길에 던져질 첫 번째 후보가 되었다. 나치스의 분서 사건은 컬럼비아대학교 신문 1면에 실렸다.[13] 인류학자가 아닌 사람들에게 인류학은 시시하거나 이국적인 사치로 보일 수 있다. 나치스에게 (그리고 보아스에게) 문화 상대주의와 같은 인류학 개념은 '인간'과 '문명'의 의미에 관한 실존주의적 싸움을 야기했다. 따라서 인류학자 웨이드 데이비스(Wade Davis)는 인류학이 현재의 세계에 줄 수 있는 가장 큰 선물은 "토착주의와 미움이라는 적에 대한 해독제, (그리고) 선동적인 정치인들의 수사에 대적할 이해와 관용과 연민이라는 백신"이라고 말한다. 우리에게 꼭 필요한 것이다.

◆ ◆ ◆

보아스가 배핀섬에 들어간 지 거의 한 세기가 지난 1986년에 나는 케임브리지에 들어가 '아크 앤 안스(Arch and Anth)'라는 특이한 이름의 학과에서 학업을 시작했다. '고고학(archeology)'과 '인류학(anthropology)'을 줄인 말로, 이 학과의 복잡하게 뒤얽힌 (고통스러운) 과거를 반영하는 이름이기도 하다. 빅토리아 시대의 '인류학자들'은 인간을 이해하려면 문화와 생물학적 진화와 고고학을 함께 연구해야 한다고 믿었다. 하지만 20세기 말의 인류학자들은 생물학을 숙명으로 받아들이지 않았고, 문화와 사회에 관한 연구는 인간생물학과 진화에 관한 연구와는 (대체로) 별개의 학문으로 발전했다. 전자는 '사회' 혹은 '문화'인류학으로 발전했고,* 후자는 '체질'인류학으로 발전했다. 하지만 둘 사이의 경계가 완벽히 구분되는 것은 아니었고, 지금도 그렇다. 가령 조지프 헨릭(Joseph Henrich), 브라이언 던바(Brian Dunbar), 유발 하라리(Yuval Harari), 재레드 다이아몬드(Jared Diamond) 같은 작가들은 생리학과 지리학과 환경이 문화에 어떤 영향을 미치는지(그 반대는 어떤지)를 훌륭하게 탐색했고, 미국의 대학에서는 사회인류학과 체질인류학을 통합하기도 했다. 하지만 영국에서는 여전히 분리되어 있었다. '아크 앤 안스'는 부적절한 명칭, 더 정확히 말하면 조직이나 제도가 역사의 산물임을 보여주는 기호였다.

이 과정에는 다른 특이한 부분도 있다. 1980년대의 인류학계는 '문화 상대주의'와 '참여 관찰'이라는 쌍둥이 같은 두 개념에 지배되었다. 여기에 사회 제도가 어떻게 일관되게 유지되고(래드클리프 브라운이 연구한 '기능주의functionalism'를 반영한다) 문화가 어떻게 신화와 의식을 통해 마음의 지도와 문화의 '의미망(webs of meaning, 클리퍼드 기어츠의 개념)'을 형성하는지 이해하려는 욕구가 더해졌다. 보아스와 말리노프스키의 초창기 후예들의 목적의식은 이렇듯 뚜렷했지만, 1980년대에 이르러 인류학은 더 분열되었다. 인류학자들은 인류학의 식민주의 유산에 대한 수치심으로 인류학의 잘못을 파헤치는 데 몰두했다(현재는 더 심하다).[14] 이들은 진정한 '참여 관찰'을 제대로 수행하는 것이 어렵다는 것을 알았다. 연구자가 어떤 사회

* 20세기에 미국의 인류학자들은 '문화인류학'이라는 용어를 사용했지만 영국에서는 '사회인류학'이라는 용어를 선호했다. 영국의 인류학자들은 사회 체제에 더 중점을 두지만 (기어츠 같은) 미국의 인류학자들은 문화적 패턴을 더 중시했기 때문이다. 하지만 현재는 거의 같은 의미로 쓰인다.

에 들어가기만 해도 연구 대상에게 변화를 일으키는 데다, 연구자마다 각자의 편견이 있기 때문이다. 게다가 인류학자들은 학문의 경계선을 어디에 그어야 할지도 확신하지 못했다. 초기 인류학자들은 비(比)서구 사회를 연구했다. 하지만 20세기에는 점차 렌즈를 서구 사회로 돌렸다. 보아스 같은 학자들이 모든 문화는 낯설다고 했던 주장이 반영된 현상이었다. 또 한편으로는 19세기의 제국이 몰락하면서 일부 지역이 적대적으로 변해 과거에는 자주 가던 장소에서 더는 연구를 진행하기 어려워졌다(1960년대에 가나의 국무총리는 그의 조국이 선교사와 식민 통치자와 인류학자들이 옭아맨 사슬을 벗어던지는 장면이 담긴 그림을 집무실에 걸었다).[15] 인류학자들은 서구 문화를 연구하기 시작하면서 경제학자와 지리학자와 사회학자가 지배하는 영역으로 진입했다. 그래서 이들 학문과 경쟁해야 할까, 협력해야 할까? 인류학자들이 이 질문의 답을 찾는 과정에서 인류학 안에 여러 하위 분야가 출현했다. 경제인류학, 페미니즘인류학, 의료인류학, 법인류학, 디지털인류학. 풍성하긴 하지만 혼란스러운 조합이다.

하지만 모두를 아우르는 한 가지 중요한 특성은 바로 인류학자 특유의 집착에 가까운 호기심이다. 인류학자들은 틈새를 들여다보고 특이한 장소를 찾아다니고 세계 각지의 수많은 사회로 조심스럽게 들어가려 한다. 나는 인류학자들이 머나먼 밀림이나 섬부터 현대의 기업에 이르기까지 온갖 장소에서 진행한 방대한 연구 논문을 읽으면서 매료되었다. 사실 내가 인류학을 선택한 동기는 인류학의 역사만큼이나 복잡다단하다. 나는 런던의 어느 평범한 교외 지역에서 자랐지만, 우리 집안에는 영국의 식민지 과거에 대한 민족 공동의 기억이 짙게 배어 있었다(증조부는 보어 전쟁에 참전했고, 종조부는 인도제국 관리직으로 일했고, 아버지는 싱가포르에서 살다가 2차 세계대전 중에 일본군의 침공을 피해 어머니와 함께 피난했고, 할아버지는 포로수용소에 수용되었다). 나는 1970년대 음울한 교외의 삶에서 벗어나 '모험'을 찾아다녔고, 모호하면서도 이상주의적으로 '좋은 일'을 하고 싶었다. 그래서 1989년에 케임브리지대학교의 인류학 박사 과정에 들어갔다.

원래는 대학 시절에 몇 달간 여행한 티베트에서 현지 탐사를 진행하고 싶었다. 하지만 톈안먼광장에서 시위가 일어나면서 중국이 문을 굳게 걸어잠궜다. "타지키스탄은 어떤가?" 인류학과 캐럴라인 험프리 교수의 제안이었다. 나는 케임브리지 킹스칼리지의 아름다운 교정에 자리한 교수실에 낙담한 채 앉아 있었다. 험프리는 1960년대 몽골의 소비에트 농장에서 부랴트족의 "마법의 그림"과 종교를 연구했다. 서구의 관찰자가 소비에트 집단농장에 들어가 직접 연구한 최초의 논문이었다.[16] 험프리는 이후에도 소련 학자들과 꾸준히 교류했다.

나는 타지키스탄에 관해서는 아무것도 몰랐다. 사실 지도에서 위치도 짚지 못했다. 하지만 험프리가 타지키스탄의 아지자 카리모바라는 소련 학자를 알았고, 냉전 시대에는 타지키스탄 같은 지역이 서구 연구자들에게 굳게 닫혀 있었지만 1989년에 소련의 개혁 정책인 '페레스트로이카(perestroika)'가 시작되면서 오랜 세월 굳게 닫혔던 문이 조금씩 열리고 있었다. 험프리는 카리모바가 나를 도와줄 거라고 했다. 그렇게 나는 소련에 연구 비자를 신청했다. 놀랍게도 비자가 나왔다. 정확히 말하자면 나는 소비에트 타지키스탄의 수도 두샨베에 있는 대학교의 민족지학과(에트노그라피야etnografiya)에 등록되었다. 나는 이것이 실제로 어떤 의미인지 몰랐다. 그때는 누구도 몰랐다. 동구권 밖에서는 누구도 두샨베의 민족지학과에서 대학원 연구를 진행한 적이 없었다. 나는 이것도 일종의 모험이라고 생각했다. 말리노프스키와 보아스와 미드처럼 나는 문화 충격을 끌어안고 싶었다.

◆ ◆ ◆

1990년 여름에 나는 두샨베로 날아갔다. 비행기가 뜨겁게 일렁이는 이 소비에트 도시에 착륙할 때 산으로 둘러싸인 스탈린 시대의 아파트 단지가 보였다. 두샨베는 한 세기 전 이국적인 '타자'를 대표하던 배핀섬이나 폴리네시아 같은 곳이었다. 말하자면 1970년대의 영국에서 냉전 시대의 수사와 공포에 사로잡혀 성장한 사람에게 이국적 '타자'는 소비에트 제국의 변방이었다. 나는 유학을 준비하면서 러시아어를 집중적으로 공부했다. 타지크어를 배우려고도 했다. 하지만 내가 겨우 구할 수 있는 '독학 타지크어' 책은 소비에트 공산당에서 러시아어로 만든 두툼한 어학 책이었다. "5개년 계획을 달성하자!"나 "국제주의와 사회주의와 동지애를 찬양하라!"나 "우리는 모두 목화 따는 것을 좋아한다!" 같은 문장으로 타지크어 문법을 설명했다.

소련식 에트노그라피야에 적응하는 것은 무척 어려웠다. 러시아어인 이 단어는 영어의 'ethnography'를 직역한 말처럼 들렸다. 하지만 실상은 달랐다. 사실 더 나은 번역은 '민속 연구'이고, 엄밀히 말하면 마르크스주의의 렌즈를 통한 민속 연구였다. 하지만 얄궂게도 파월이나 모건 같은 19세기 미국의 인류학자들이 만든 개념에서 영감을 받은 학풍이었다. 사실 이들 인류학자가 모든 사회가 봉건제나 야만에서 문명으로 '진화'하는 과정에 관한 이론을 제시한 후, 칼 마르크스(Karl Marx)와 프리드리히 엥겔스(Friedrich Engels)가 이 이론을 토대로 인류는 공산주의로 '진화'한다고 주장했다. 따라서 에트노그라피야 학과는 20세기 영국과 미국의 인류학이 격하게 거부하는 19세기 진화론의 틀에 갇혀 있었다. 그래도 나는 내가 구할 수 있는 에트노그라피야 서적을 모두 구해서 훑었다(사실 첫 번째 장과 마지막 장은 공산당에 대한 형식적인 찬양 글이었기에 중간 부분만 읽었다).

"그럼 에트노그라피야에서 어느 쪽을 연구하고 싶어요?" 내가 두샨베의 대학으로 찾아갔을 때 카리모바가 던진 질문이다. 우즈베키스탄의 역사적인 도시 부하라 출신인 카리모바는 개인의 의지와 집안의 공산당 배경 덕에 대학의 학자라는, 모두가 선망하는 지위에 오른 뚝심 있고 활기찬 여자였다.

"결혼 풍습"이 내가 준비한 대답이었다. 하지만 정확한 대답은 아니었다. 케임브리지의 조용하고 안전한 도서관에서 타지키스탄 관련 자료를 읽기 시작했을 때 나를 사로잡은 주제는 이슬람과 정치 분쟁이었다. 1920년대 이전에 타지키스탄 지역은 러시아와 대영제국이 실크로드 지역에 대한 지배권을 두고 다투는 '거대한 게임(Great Game)'에서 졸(卒)에 해당하는 지역이었다.[17] 두샨베를 둘러싼 계곡은 명목상 러시아 영토였지만 실제로는 자율적으로 굴러가면서 이슬람 수니파 문화를 당당히 고수했다. 하지만 1917년에 러시아 혁명이 일어나고 소비에트 공산주의자들이 이 지역을 장악하면서 이슬람의 문화 유산을 말살하려고 시도했다. 이후 수십 년간은 평화로워 보였다. 하지만 냉전 시대에 CIA를 비롯한 지역 정책 전문가들은 중앙아시아의 이슬람교도들이 모스크바에 저항해 혁명을 일으킬 가능성이 가장 크다는 의미에서 이 지역을 소련의 "부드러운 아랫배(공격하기 쉬운 가장 약한 고리 – 옮긴이)"로 간주했다(혹은 희망했다).[18] 그리고 아프간 전쟁이 발발하면서 이런 생각에 힘이 실렸다.*

나는 이처럼 논쟁거리가 될 만한 주제를 연구하겠다고 밝히면 소련 당국이 비자를 내주지 않을 거라고 판단했다. 그래서 결혼 풍습을 연구한다는 계획안으로 비자를 신청했다. 결혼 풍습은 서구 인류학자들이 폭넓게 연구해온 주제다. 사실 아프가니스탄 인근에서 연구한 인류학자 낸시 태퍼가 "결혼(결혼이라는 이념과 관련 풍습)은 세계 각지의 많은 사회에서 핵심"을 이룬다고 말했고,[19] 인류학에서는 이 말을 주문처럼 외우기 시작한 참이었다. 역사의 아이러니는 러시아 공산주의자도 이 말에 동의했다는 점이다. 1920년대에 소비에트 공산주의자들은 이슬람 문화를 근절하기 위해 이른바 쿠드줌(우즈베키스탄어로 '맹습') 작전을 펼치면서 여성을 "해방"시

---

* 이쯤에서 '이 여자, 간첩이었나?'라고 의심할 독자도 있을지 모르겠다. 물론 전혀 아니다. 그래도 '정말 간첩이었다고 해도 설마 그렇다고 이실직고하겠어?'라는 생각이 드는가? 이 책을 쓰는 행위 자체가 은밀히 활동해야 하는 간첩이 할 수 있는 일이 아니다.

키고 전통적인 결혼 풍습을 타파하여 이슬람 문화의 "못을 흔들고" 공산주의로 개조시키려 했다.[20] 그리고 쿠드줌 작전의 일환으로 부하라와 사마르칸트에서 여자들에게 베일을 찢으라고 강요하고 중매결혼과 같은 이슬람 풍습을 금지하고 결혼 연령을 높이고 새로운 소비에트의 결혼 의식을 도입했다.* 쿠드줌 작전은 오래가지 못했다. 하지만 쿠드줌의 유산으로 결혼이라는 주제는 실제로 나를 매료시킨 주제인 이슬람교와 공산주의의 충돌을 연구하기 위한 좋은 수단이 되었다. 아니, 그러기를 바랐다.

내가 선택한 주제에 카리모바가 반색했다. 소비에트의 에트노그라피야에서는 '투이'라는 '전통' 결혼식에 관해 연구를 풍부하게 축적한 데다 카리모바 자신이 흥겨운 결혼 파티에 가는 걸 좋아했기 때문이다. "투이에 많이 데려가 드릴게요!" 어느새 어둑어둑해진 두샨베의 연구소에서 카리모바가 내게 약속했다. 결혼식에서는 춤을 많이 춘다고도 말해주었다. 그리고 몇 주 뒤에 우리는 금방이라도 부서질 듯한 만원 미니버스에 올라 몇 시간을 달린 끝에 눈부시게 아름다운 칼론 계곡에 도착했다. 카리모바가 앞장서서 비포장 산길을 따라 협곡을 지나 오비사페드로 들어갔다. "저기서 투이가 열릴 거예요!" 카리모바는 흙집을 가리키며 말했다. 나의 현지 탐

---

* 중앙아시아 역사에 관한 이런 주석은 외부 세계에 거의 알려지지 않았지만 매우 흥미롭다. 얄궂게도 러시아 공산주의자들은 지극히 인류학적인 지식의 틀을 참조했다. 여자들은 전통문화를 결합하는 '못'과 같은 존재이고 결혼과 친족은 그 못이 제자리에 박혀 있게 하는 핵심 요인이므로 우선 여자들을 해방시키면 사회가 변화할 거라고 본 것이다. 이런 논리에 따라 소비에트 운동가들은 이 지역의 여성 평등을 장려하기 위해 열심히 노력하면서 훗날 서구의 원조 단체들이 어떤 일을 하게 될지 예고했다.

사가 시작되었다. 그때 나는 앞으로 무슨 일이 벌어질지도 몰랐고, 내가 배우려는 것이 결국 월스트리트와 워싱턴을 연구하는 데도 유용하게 쓰일 줄은 꿈에도 몰랐다.

◆ ◆ ◆

이후 몇 주 동안 나는 말리노프스키와 보아스(혹은 케임브리지의 교수님 험프리와 겔너)의 뒤를 따르려 했다. 소련에서 받은 비자에 두샨베의 타지크 국립대학교에 머무는 것으로 명시되어 있어서 오비사페드에서만 지낼 수는 없었다. 그래서 며칠에 한 번씩 버스를 타고 오비사페드로 가서 카리모바가 소개해준 어느 대가족의 집에서 지냈다. 남자 형제들과 그들의 아내들 그리고 아이들이 모여 살고 비비굴이라는 이름의 과부가 가장인 집이었다. 머리색이 짙은 이 디굴이라는 이름의 여자가 나를 보살피고 도와주었다(그녀의 아이들이 내게 처음으로 현지어를 가르쳐주었다).

차츰 일상의 틀이 잡혀갔다. 날마다 아이들이 집 안의 다스타르 칸 주위에 모여서 내게 새로운 타지크어 단어를 가르쳐주는 놀이를 했다. 아이들은 내가 단어를 틀리게 발음하면 까르르 웃어댔다. 학교에 가지 않는 날에는 나를 데리고 마을을 돌아다니는 놀이를 했다. 저녁이면 가파른 산길로 뛰어 올라가서 목초지에 흩어진 염소들을 모았다. 나도 가끔 따라갔다. 고지대의 목초지에서 뛰어다니는 시간은 드물게 혼자 있는 시간이었다. '〈사운드 오브 뮤직〉의 타지크판 마리아가 된 기분이네' 하고 생각하며 혼자 웃었다. 그리

44

고 점차 다른 집안일도 거들었다. 여자들과 둘러앉아 당근을 썰어 오슈플로프(기름기 많은 볶음밥과 당근과 내가 싫어하는 양고기로 만든 음식)라는 이 지방의 토속음식을 만들고, 개울에서 물을 길어오고 (마을에 전기가 들어오기는 해도 수돗물은 나오지 않았다), 방바닥을 닦고, 아기를 돌봤다(첫날 수놓은 양탄자인 줄 알았던 물건은 사실 아기의 요람이었다).

그리고 내 '숙제'도 했다. 숙제는 카리모바가 마을 사람들에게 내가 오비사페드를 찾은 이유를 설명할 때 쓴 표현이다. 나는 노트와 카메라를 들고 이 집 저 집 돌아다니며 결혼에 관해 물었고, 무엇보다도 그 질문을 매개로 무엇에 관해서든(모든 것에 관해) 대화를 나누었다. 인류학의 고전적인 기법이었다. 인류학자는 한 가지 미세한 차원의 주제나 의례나 풍습에 집중하다가 서서히 렌즈를 넓혀서 전체 풍경을 담으려 한다. 1990년에 칼론 계곡의 결혼식은 이슬람 전통에 따라 가족이 주관하는 행사였다. 마을 사람들은 미국이나 유럽의 중산층 가정에서 부동산 시장이나 이직이나 휴가 계획이나 자녀 교육에 관해 상의할 때와 같은 정도의 열의로 결혼 계획과 피로연에 집착했다. 누가 누구와 결혼하나? 누가 누구와 결혼하게 될까? 신부의 지참금으로 얼마나 낼까? 누가 최고의 결혼식을 치렀는가? 마을 사람들은 날마다 신부와 신랑들의 빛바랜 사진을 꺼내 가계도를 그리면서 신부가 시집올 때 가져온 화사한 쿠션과 양탄자를 헤아렸다. 마을 사람들은 내게 다스타르칸 위에 밀가루, 빵, 물, 흰옷, 단과자를 차려놓고 치르는 길고도 복잡한 예식에 관해 설명해주었다. '물라(율법학자)'라고 불리는 사람이 예식을 거행

할 때도 있었다. 하지만 대개는 나이 든 여자들이 예식과 기도를 주관했다. 신혼 부부는 지역의 소비에트 관청에 가서 혼인 신고를 했고, 피로연으로 순례에 오르듯 차를 타고 계곡을 더 내려가서 레닌 동상 앞에서 사진을 찍었다. 나는 사람들이 들려주는 이야기를 받아 적었다. 그리고 그들이 해주지 않는 말도 적었다.

결혼식의 하이라이트는 투이 칼론, 곧 결혼 피로연이었다. 마을 사람들이 꼭두새벽부터 광장에 테이블을 내놓고 빵과 단과자와 오슈플로프를 잔뜩 차렸다. 요란한 타지크 음악이 계곡의 암벽에 부딪혀 메아리쳤다. 그리고 모두가 둥글게 서서 인도나 페르시아의 춤과 비슷한 동작으로 몸을 흔들며 몇 시간이고 춤을 추었다. "같이 춰요!" 음악이 시작되자 마을 사람들이 나를 불렀다. 처음에는 거절했다. 하지만 아이들이 끈질기게 졸라댔다. 오비사페드 사람들은 걸음마를 뗄 때부터 남들을 보면서, 또 텔레비전에서 공산주의 선전 사이사이에 나오는 타지크 무용 관련 프로그램을 보면서 춤을 익혔다. "춤을 못 추면 시집 못 가요!" 그 집의 할머니 비비굴이 나한테 자주 나무라듯 말했다. 그래서 폭설로 집 안에 갇힐 무렵에는 아이들의 동작을 보고 따라 추기 시작했다. 1991년 초봄에는 나도 결혼식 춤판에 끼어들 만큼 리듬에 익숙해졌다. 그리고 늦봄에는 어디서 타지크 장단이 들리기만 하면 팔이 절로 들썩거렸다. "손이 타지크 사람이 다 됐네." 나 혼자 농담을 했다. 인류학자 사이먼 로버츠의 표현을 빌리면 마을의 관습이 서서히 내게 "체화(embodied)"되었다.[21] 혹은 역시 마이너의 표현을 빌리면 한때는 완전히 "낯설어" 보이던 행동이 예기치 못한 방식으로 은근히 "낯익어진" 것이다.

(이 마을에 온 지 여러 달이 지난) 1991년 3월 중순의 어느 날, 나는 칼론 계곡으로 올라가 회색의 낮은 콘크리트 건물로 향했다. 계곡 아래에는 아직 지저분한 잿빛으로 변한 눈이 쌓여 있었다. 긴 겨울의 끝자락이었다. 하지만 쨍한 붉은색도 여기저기 흩뿌려져 있었다. 레닌의 사진이었다. 여기는 소프즈, 곧 국영 농장이었다. 소련 훈장을 잔뜩 단 싸구려 회색 양복 차림의 하산이라는 남자가 나를 맞았다. 이 지역 소프즈를 운영하는 책임자였다.

"저는 에트노그라피야를 연구합니다." 내가 타지크어로 말했다. 타지크어를 맹렬하게 공부한 지 6개월 만에 꽤 늘었다. "소프즈와 투이에 관해 말씀 좀 나누고 싶어서요."

하산이 고개를 끄덕였다. 마을 사람들에게서 나에 대해 들은 모양이었다. 그는 내게 차를 따라주고 둥그런 빵을 테이블에 내왔다.

"라마단인가요?" 내가 물었다. 마을의 여자들도 이슬람교 금식을 지키느라 임신하거나 일하지 않는 한 음식을 입에 대지 않았다.

하산이 웃었다. "나는 공산주의자입니다!" 그가 타지크어에서 러시아어로 바꿔 말했다.

"이슬람교도이신가요?" 나도 러시아어로 바꿔서 물었다. 마을의 남자들은 두 언어를 모두 할 줄 알았고, 나는 상대가 쓰는 말을 따라 썼다.

"네!" 하산이 다시 타지크어로 답하고는 이렇게 덧붙였다. "아내는 집에서 라마단을 잘 지켜요."

'아하!' 나는 오비사페드로 오면서 결혼 풍습에 관한 연구를 통해 이슬람교와 공산주의 사이의 '충돌'을 알아보고 싶었다. 케임브리지에 있을 때는 그렇게 정반대인 두 신념 체계가 당연히 충돌할 거라고 생각했다. 하지만 오비사페드에서 지내면서 문제에 봉착했다. 이 마을은 결혼 풍습에서든 다른 무엇에서든 이념이 충돌하는 것처럼 보이지 않았기 때문이다. 앞서 말했듯이 쿠드줌 작전은 전통적인 풍습을 공산주의 풍습으로 대체하는 것을 목표로 했다. 어떤 면에서는 작전이 효과를 보았다. 내 연구에서도 소비에트 기간에는 결혼 연령이 급격히 상승한 것으로 나타났으니 말이다.[22] 일부다처제와 강제 결혼은 많이 사라졌다. 하지만 여전히 지참금을 내고 중매결혼을 했다. 게다가 모두가 공산주의자이므로 민족 정체성은 중요하지 않다는 것이 소련의 공식적인 구호이지만 오비사페드 사람들은 칼론 계곡 바깥의 사람과 결혼하는 것을 싫어했다.[23] 또 결혼 풍습에 레닌 동상으로 순례하는 절차가 포함되어 있기는 하지만 이슬람교 의식이 사라진 것도 아니었다. 나는 나중에 이렇게 적었다. "새로 출현한 풍경은 의식의 복잡한 브리콜라주(도구를 닥치는 대로 써서 만든 예술품 - 옮긴이)다. 소비에트 의식이 채택되기는 했지만 '전통적인' 의식의 대안이 아니라 확장이다."[24]

그러면 오비사페드 사람들이 이슬람교도의 정체성을 숨겼다는 뜻이었을까? 공산주의 국가에 대한 일종의 지하 저항운동이었을까? 처음에는 그런 줄 알았다. 사실 이 지역은 과거에 (외국인인) 나로서는 '진실'이라고 믿기 힘든 끔찍한 탄압을 받았다.

하지만 소포즈 사무실에서 하산의 이야기를 들으며 그 지역에서 벌어지는 상황에 대한 다른 설명이 존재한다는 생각이 들었다. 내가 나고 자란 영국 문화에서는 프로테스탄트 기독교의 영향으로 누구나 하나의 종교나 신념 체계를 가져야 한다고 믿는다. 인류학자 조지프 헨릭의 말을 빌리면 서구 문화에서는 "맥락에 따른 특수주의보다 공명정대한 원칙"을 중시하는 경향이 있고, "도덕적 진실이 수학 법칙처럼 존재한다"고 전제한다.[25] 지적 일관성을 미덕으로 여기고, 일관성이 없으면 위선으로 여긴다. 하지만 이런 사고가 보편적인 것은 아니다. 세상의 다른 많은 사회에서는 도덕이 맥락에 따라 달라진다고 전제하고, 가치관이 맥락에 따라 달라지는 것을 비도덕적이라고 여기지도 않는다. 하산의 행동에서 이런 차이가 함축적으로 드러났다. 중앙아시아 문화(그리고 다른 많은 이슬람 문화)의 공통된 주제는 '공적' 영역을 '사적' 영역과 다르게 취급해야 한다는 것이다. 남녀의 차이가 대개 이 지점에서 교차한다. 말하자면 공적 영역은 남성이 지배하고, 사적 영역은 여성이 지배한다. 하산은 이슬람과 공산주의의 차이를 이 두 가지 영역으로 확장한 듯했다. 공적 영역은 소비에트 공산주의 국가의 상징과 관행이 지배하고, 사적 영역은 이슬람의 전통적인 가치관의 보루였다. 여자들은 가정에서 전통적인 이슬람 문화의 수호자가 되었다.[26] 하산이 자기는 라마단을 지키지 않는 "좋은 공산주의자"라면서도 그의 아내는 라마단을 지키므로 "좋은 이슬람교도"라고 말할 때, 그는 거짓말을 한 것이 아니라 그 지역에 널리 퍼져 있는 듯한 구획된 정신적, 문화적, 공간적 체계를 소환한 것이다.

그러면 이런 구획은 의도적인 전략이었을까? 나도 확실히는 알 수 없었다. 다만 이런 양상은 프랑스의 인류학자 부르디외가 제안한 아비투스(habitus) 개념으로 해석하는 것이 최선이라는 생각이 들었다.[27] 이 개념에서는 인간이 공간을 조직하는 방식에는 주변 환경에서 물려받은 정신적, 문화적 '지도'가 반영된다고 주장한다(하지만 우리가 그 공간에서 익숙한 습관habit을 가지고 돌아다니는 사이 그 행위가 공유된 정신적 지도를 강화하고 그 지도를 우리가 전혀 알아채지 못할 만큼 지극히 자연스럽고 불가피해 보이게 만든다). 우리는 사회적, 정신적, 나아가 신체적 의미에서 주변 환경의 산물이고, 이들 각각의 측면이 서로를 강화한다(그래서 영어에서 '습관'과 '서식지·거주지habitat'의 어원이 같은 것이다). 하산이 러시아어와 타지크어를 섞어 말할 때마다 (혹은 아내가 라마단을 지키는 동안 그는 직장에서 빵을 먹을 때마다) 이슬람과 공산주의의 '충돌'을 완충하는 구획화가 반영되는 동시에 재현되는 셈이었다. 말하자면 이 마을에서는 '공산주의'가 두 체제 사이에서 충돌이 아니라 순응하는 방식으로 재정립되었다. 내가 박사학위 논문 주제를 찾기 위해 세웠던 (CIA와 같은 서구의 해외 정책 집단에서 끌어낸) 처음의 가정은 틀렸다.

◆ ◆ ◆

1991년 여름에 나는 산속의 오비사페드를 떠나 평지의 낯익은 세계인 케임브리지대학교로 돌아왔다. 나는 중요한 개념(냉전 시대의 '부드러운 아랫배' 이론은 틀렸다는 개념)을 발견했다고 자신하며 현지 탐사에 관한 논문을 쓸 생각에 들떴고, 그 논문으로 인류학이나 소비에트 연구에서 학문적 업적을 쌓을 수 있기를 바랐다. 하지만 세상은 예기치 못한 방향으로 흘러갔다. 케임브리지로 돌아오고 얼마 지나지 않아 모스크바에서 쿠데타가 일어나고 미하일 고르바초프(Mikhail Gorbachev) 서기장이 실각했다. 소련이 붕괴하기 시작한 것이다. 이 사건은 내 연구에 치명타였다. 박사학위 논문의 핵심 주제가 갑자기 현재의 인류학이 아닌 과거의 역사가 되어버린 것이다. 대신 새로운 기회가 구체적으로 다가왔다. 전부터 저널리스트가 되면 어떨까 고심하던 차였다. 저널리스트는 (인류학과 마찬가지로) 호기심을 동력으로 움직이는 직업이기 때문이었다. 소련이 혼돈 속으로 빨려들어가는 사이 소련에 있는 〈파이낸셜 타임스〉에 임시직 인턴 겸 기자 자리가 났다. 나는 그 기회를 잡았다.

7개월이 지난 1992년 늦봄에 타지키스탄에서 시위가 들끓었다. 나는 비행기를 타고 다시 두샨베로 향했다. 이번에는 저널리스트로서였다. 처음에는 거리가 무서울 정도로 변함 없어 보였다. 줄지어 늘어선 스탈린 시대의 아파트 건물도, 뒤죽박죽 흩어져 있는 흙벽집도 여전했다. 그러다 사태가 심각해졌다. 시위대가 거리로 쏟아져 나오고 충돌이 발생하고 정부군이 강력히 대응하고 총격전이 심해지다가 곧 내전으로 비화했다. 결국에는 사망자가 수만 명이나 나왔다.* 나는 공포에 질려서 앞에서 언급한 대로 〈데일리 텔레그래프〉의 기자 마커스를 비롯한 여러 기자와 함께 두샨베의 한 호

---

* 타지키스탄 내전은 구소련에서 발생한 분쟁 중 가장 알려지지 않았고, 따라서 사망자 수에 관한 정확한 자료가 거의 없다. 민주화운동 단체에서는 사망자 수를 3만 명에서 15만 명 사이로 추정한다. 어느 쪽이든 비극적으로 큰 수치다.

텔로 피신했다.

기자들이 내게 어떻게 돌아가는 상황이냐고 질문 공세를 퍼부었다. 처음에는 나도 어떻게 답해야 할지 몰랐다. 1년 전에 오비사페드에 머물 때만 해도 소련의 이쪽 변방은 지극히 평화로워서 사회가 무너질 수 있다고는 상상도 하지 못했다. 서구 정책 집단의 '부드러운 아랫배' 논쟁에도 불구하고 서구 세계의 누구도 실제로 소련이 그렇게 빠르게 붕괴할 거라고는 진지하게 예상하지 못했다. '내 연구는 완전한 시간 낭비였나?' 나는 내내 이런 의문에 사로잡혔다.

하지만 두샨베의 그 호텔에서 초조하게 추이를 지켜보다가 내가 오비사페드에서 본 것이 생각보다 쓸모 있다는 사실을 깨달았다. '부드러운 아랫배' 이론에서는 타지키스탄 같은 이슬람 지역이 공산주의 체제에 맨 먼저 저항할 거라고 예상했다. 하지만 그들이 맨 마지막이었다. 맨 처음 소련에서 떨어져 나간 것은 발트해 연안의 공화국들이었다(내가 〈파이낸셜 타임스〉의 프리랜서 기자로 처음 맡은 일은, 시위대가 콘크리트 건물 뒤에서 공산당과 교전하는 동안 리투아니아의 의회 건물에서 특전을 보내는 것이었다). 타지키스탄 정부는 구소련의 거의 모든 공화국이 독립할 때까지도 독립을 요구하지 않았다. 타지키스탄은 소련의 '부드러운 아랫배'이기는커녕 가장 단단한 안전지대가 아니었나 하는 생각이 들었다. '1년 전에만 논문을 발표했어도 선견지명이 있어 보였을 텐데.' 이런 씁쓸한 생각이 들었다.

게다가 결혼 풍습에 관한 내 연구는 의외로 연관성이 있었다. 나는 유럽의 전통 안에서 체득한 국가 관계에 대한 가정을 안고 오비사페드로 들어갔다. 이런 가정하에서는 민족국가를 상위의 정치 단위로 놓는다. '국가' 개념이 19세기 이래로 유럽 역사를 형성했기 때문이다. 따라서 '타지크인'은 '타지키스탄'에 살고 '타지크어'를 말하므로 나는 국가라는 렌즈로 그들을 연구하기 시작했다. 하지만 결혼 상대를 선택하는 과정을 들여다보고는 이런 가정이 틀렸다는 것을 깨달았다. 칼론 계곡의 마을 사람들은 그들과 같은 사람들, 그러니까 같은 마을 사람들하고만 결혼하고 싶어 했다. '타지크인'은 물론 칼론 계곡 사람이어도 안 되었다. 사실 소비에트 공산주의자들이 그 지역에 부과한 타지크주라는 개념(유럽 제국주의자들이 아프리카에서 인위적으로 국경선을 긋고 국가를 만든 것과 상당히 유사하다)을 받아들이지 않은 것이다.

1991년에 오비사페드에서 돌아다닐 때만 해도 이런 식의 배우자 선택이 단순히 나의 연구에 유용한 구체적인 정보로만 보였다. 하지만 1992년에 호텔에 숨어 있을 때는 그 현상이 정치적(그리고 비극적) 의미를 띠는 것으로 보였다. 반대파들이 두샨베의 거리로 몰려나와 타지크 정부 축출을 주장할 때 그중 일부는 자신을 '이슬람 정당' 소속이라고 밝혔다. 그래서 서구의 저널리스트들은 '이슬람 극단주의'와 '공산주의' 사이의 분쟁으로 해석했다. 아프가니스탄(그리고 이후 중동의 다른 많은 지역)의 사태를 설명할 때 자주 쓰는 표현이다. 그런데 사실은 그렇지 않았다. 나는 두샨베 거리에서 '타지크' 파벌들을 만나보면서 실제로 분쟁이 일어난 원인은 '이념'이 아니라는 것을 알게 되었다. 양쪽 파벌의 구성원 모두 이슬람교도이고 내가 오비사페드에서 목격한 공적 영역과 사적 영역의 구획에 따라 상황이 굴러가는 듯 보였기 때문이다. 사실 갈등의 핵심은 반대파와 정부가 칼론 계곡의 서로 다른 지역에서 나왔다는 것이었다. 그들은 소련 이후의 세계에서 누가 자원에 접근할지를 놓고 싸웠다. 종교가 아닌 지역 간의 갈등이었다.

이것이 중요했을까? 대답은 물론 '그렇다'였고 지금도 마찬가지다. 러시아, 미국, 중국의 경쟁이 새로운 '거대한 게임'을 형성하는, 화약고가 된 이 지역의 궤적을 이해하고 싶다면 말이다. 그리고 CIA 같은 정보 기관이 냉전 시대의 소련에서 취약한 지역을 잘못 판단한 이유를 이해하고 싶다면 말이다. 여기에는 지정학적 의미를 넘어서는 더 큰 교훈이 있었고 지금도 마찬가지다. 21세기 세계에는 통계와 빅데이터의 거대한 자료로 광범위하게 위에서 아래로 분석하는 방식을 숭배하는 분위기가 팽배하다(데이터세트가 크면 클수록 좋은 것으로 여겨진다). 물론 이런 대량 고속 처리를 통해 통찰력을 얻는 경우도 많다. 하지만 오비사페드에서 지낸 경험에 의하면 새의 눈으로 조망하는 대신 벌레의 눈으로 아래에서 위를 바라보고 이런 관점을 결합하려는 노력이 중요할 때가 있다. 이렇게 지역적이고 수평적인 집중 연구를 통해 상황을 3차원으로 탐색하고 개방형 질문을 던지고 사람들이 말하지 않는 것을 고민하는 시도도 의미가 있다. 다른 사람의 세계를 '체화'하고 공감하는 것도 가치가 있다. 아래에서 위를 바라보는 방식은 대개 깔끔한 파워포인트나 현란한 스프레드시트를 만들지 않는다. 하지만 위에서 조망하거나 빅데이터로 바라보는 관점보다 더 흥미로운 사실을 드러내기도 한다. 인류학자 그랜트 맥크랙켄은 "민족지학은 공감이다"라고 말했다. "'아, 저런 거군' 하고 생각하게 될 때까지 가만히 듣다 보면 갑자기 세상이 그들에게 보이는 대로 보인다."[28]

아래에서 위로 바라보는 방식을 수용하기란 쉽지 않다. 문화 충격이 굉장하다. 낯선 세계에 들어가 몰입하기까지 시간과 인내심이 필요하다. 민족지학은 서구의 분주한 전문가의 일지에 쉽게 끼어들지 못할 수 있다. 하지만 누구나 오비사페드 같은 곳에 가보지는 못하더라도 민족지학의 일부 원칙을 받아들일 수는 있다. 말하자면 주위를 둘러보고 관찰하고 경청하고 개방형 질문을 던지고 어린아이처럼 호기심을 가지고 '역지사지'해보는 것이다. 이런 방식은 정치인, 지도자, 경영인, 법조인, 기술 전문가 등 21세기 전문가 세계의 누구에게든, 특히 곤란에 처한 서구 엘리트 부족의 구성원에게 더더욱 필요하다.

2
킷캣과 인텔의 인류학자들

■

**그건 당신네 세계관이지
모두의 세계관은 아니야.**

캘리포니아주 마운틴뷰에 위치한 컴퓨터역사박물관(Computer History Museum)의 널찍한 회의장 분위기는 사뭇 진지했다. 2012년 9월이었다. 회의장 앞에는 애플 컴퓨터의 원형인 초기 모델을 비롯해 실리콘밸리를 주도하는 기술 혁신 집단에서 나온 각종 인공물이 전시되어 있었다.[1] 연어 빛깔의 〈파이낸셜 타임스〉도 쌓여 있었다. 사실 이 자리는 〈파이낸셜 타임스〉에서 기술 회사 대표들과 스탠퍼드 디스쿨(Stanford d.school) 관계자들을 대상으로 주최한 기업 토론 행사였다. 나는 〈파이낸셜 타임스〉 미국 지부의 편집국을 맡고 있었다.

그곳은 타지크의 산악지대와는 동떨어진 세계로 보였다. 어쩌면 아닐 수도 있었지만. 강단 위의 내 옆자리에 제네비브 벨(Genevieve Bell)이 있었다. 적갈색 고수머리를 풍성하게 풀어헤친 쾌활한 오스트레일리아 여자인 벨은 거대 컴퓨터 기업 인텔(Intel)을 대표했다. 벨은 어릴 때 20세기 인류학에 빠져 지냈다. 시드니에서 태어난 그녀는 어린 시절 어머니와 함께 오스트레일리아 오지로 들어갔다. 그녀의 어머니는 인류학 박사학위 연구를 위해 현지 탐사를 진행했던 것이다. 이후 8년간 벨은 앨리스스프링스 인근, 원주민 600여 명이 모여 사는 원주민 공동체에서 자랐다.* 벨은 이렇게 말했다. "전 학교를 그만두고 신발도 신지 않은 채 사람들을 따라 사냥하러 다니곤 했어요." 사막개구리에게서 물을 뽑는 법을 배우고 나무뿌리 틈새에 사는 오스트레일리아 '꿀벌레 큰나방 애벌레'를 간식으로 먹었다고 했다. "저는 참 운이 좋았어요. 더없이 축복받은 어린 시절을 보냈으니까요."[2]

벨은 아메리카 원주민 문화 연구로 인류학 박사학위를 받고 스탠퍼드대학교의 교수가 되었다. "저희 집에서 인류학은 직업이라기보다 사고방식에 가까워요. 세상을 보는 방식이라서 거기서 벗어날 방법을 몰라요. 예전 남자친구는 제가 휴가 친구로는 최악이라고 했어요. '넌 휴가를 현지 탐사처럼 대해'라고 말하기에 저는

* 오스트레일리아에는 오스트레일리아 원주민을 지칭하는 적절한 명칭에 관한 논쟁이 있다. 흔히 사용되는 '애보리지니(aborinine)'는 원주민 공동체에게 정중한 표현으로 인정받지 못하므로 나는 오스트레일리아의 대학들에서 제안하는 용어를 사용했다. https://teaching.unsw.edu.au/indigenous-terminology.

'나는 인생을 현지 탐사처럼 대해'라고 대꾸해줬어요."³ 1998년에 벨의 인생은 흥미로운 전환점을 맞았다.

어느 날 밤에 벨은 친구랑 스탠퍼드대학교 앞의 바에 갔다가 롭이라는 기업가와 얘기를 나누게 되었다. 그가 벨의 배경이 기술 분야에서 일하기에 적합하다고 조언했다. 얼마 후 세계 최대의 컴퓨터 칩 제조사인 인텔의 임원에게서 오리건주 포틀랜드의 인텔 연구소로 와달라는 요청을 받았다. "전 기술 분야는 전혀 모르는데요!" 그녀는 이렇게 대꾸했다고 한다. 그러자 "그러니까요"라는 답이 돌아왔다. 컴퓨터를 잘 아는 기술자는 이미 넘쳐난다면서 그들이 모르는 것은 컴퓨터 칩을 장착한 장비를 구입하는 전 세계의 인간이라고 했다. 그렇게 인텔이 벨에게 일자리를 제안했다.

벨은 독특한 진로 선택이라는 것을 알았다. 20세기에도 비즈니스계로 진출한 인류학자가 있다. 하지만 여전히 대다수의 인류학자는 기업이나 정부에서 일하는 것을 경계했다. 19세기 제국주의 시대에 인류학이 저지른 착취의 역사를 답습할까 두려웠기 때문이다. 문화적 문제도 있었다. 인류학을 선택하는 학생들은 대체로 관행을 따르지 않고 체제를 거부하는 성향이 있어서 어디서든 규칙을 따르기보다 분석하고 싶어 했기 때문이다.

벨은 애벌레를 먹던 어린 시절부터 틀을 깨는 것을 좋아했다. 인텔의 기술자들이 (적어도 서구인에게는) 오스트레일리아의 원주민 공동체만큼 이국적으로 보이지 않을 수 있지만 인류학의 미개척 영역이라고 생각했다. 벨은 21세기 비즈니스와 기술 분야에 인류학을 적용하면 어떤 상황이 펼쳐질지 궁금했다. 그리고 인류학에 실용적 가치가 있을지도 궁금했다.

"그럴 수 있을까요?" 내가 컴퓨터역사박물관에서 물었다.

"그럼요!" 벨이 답했다. 벨은 그녀와 사회과학자팀이 그녀가 (그리고 내가) 배운 인류학 수업을 기업의 세계에 주입하기 위해 어떻게 고군분투해왔는지 들려주었다. 쉽지 않은 여정이었다. 기술 전문가들이 항상 인류학자 같은 낯선(이국적인) 외부인의 말을 귀담 아들어주는 것은 아니었다. 사실 벨은 회의 중에 인텔의 최고경영자 폴 오텔리니(Paul Otellini)와 정면으로 부딪치기도 했다.[4] 하지만 인텔은 인류학자들의 조언 덕에 엄청난 실수를 면하고 기회를 얻었다. 이유는 단순했다. 서구 기업과 기술 세계의 아킬레스건은 고도로 숙련된 기술 전문가와 경영인이 남들도 모두 자기네처럼 생각한다고 (또 그래야 한다고) 생각하는 경향이 있다는 점이다. 그들은 낯설어 보이는 인간 행동을 무시하거나 조롱했다. 이런 사고방식은 세계화된 시대에 막대한 피해를 자초할 수 있었다.

문득 이런 의문이 들었다. '그런데 21세기의 기술 전문가와 경영인들에게 사고방식을 바꾸라고 설득하려면 어떻게 해야 할까?' 엄청난 난관으로 보였다.

◆ ◆ ◆

인텔 같은 기업이 왜 인류학의 통찰을 활용하게 되었는지 (또 활용해야 하는지) 이해하려면 잠시 21세기의 '세계화'에 깊이 드리운 역설을 살펴볼 필요가 있다. 어떤 의미에서 우리는 나날이 균질화

되어가는 세계에 살고 있다. 혹은 인류학자 울프 한네르스의 표현으로는 '코카콜로니제이션(Coca-colonization)', 곧 미국화된 세계에서 살고 있다.[5] 최근에는 상업, 금융, 정보, 사람의 흐름이 지구촌 구석구석을 점점 더 긴밀히 연결하고 있다. 따라서 코카콜라 병(혹은 컴퓨터 칩)과 같은 품목은 지구상의 거의 모든 지역으로 흘러 들어가면서 인류학자 데이비드 하위스가 말한 "문화적 식민화"까지는 아니어도 "지구촌 균질화"를 초래한다.[6] 하지만 문제가 하나 있다. 상징과 개념, 이미지, 인공물이 전 세계로 이동하더라도 현지의 이용자들에게 창작자의 의도가 전달되기는커녕 반드시 같은 의미를 갖는 것도 아니라는 점이다. 하위스는 코카콜라 병이 물리적으로는 똑같아 보일지라도 "러시아에서는 [코카콜라가] 주름살을 펴준다고 믿고, 아이티에서는 죽은 사람을 부활시킨다고 믿고, 바베이도스에서는 구리를 은으로 바꿔준다고 믿는다"고 적었다. 영화 〈부시맨(The Gods Must Be Crazy)〉에서 칼라하리 사막의 쿵(!Kung) 부족은 비행기 창문에서 떨어진 콜라병을 숭배물로 여긴다. 이 영화는 이른바 화물숭배(cargo cult) 현상에 관한 인류학 보고서에서 영감을 받았다. 화물숭배란 멜라네시아 등지에서 서구의 군대가 공중에서 떨어뜨린 물자를 숭배하는 현상을 의미한다.[7] 그저 먼 나라의 사소한 에피소드로 보일 수도 있지만 여기에는 중요한 의미가 담겨 있다. 사람들은 물건에 대해 저마다의 문화적 맥락에서 각기 다른 의미망을 형성한다는 점이다.

"인간은 동물을 상징화하고 개념화하고 동물에게서 의미를 찾는다." 21세기 인류학의 거물 클리퍼드 기어츠의 말이다. "경험을 이해하고 경험에 형식과 질서를 부여하려는 욕구는 우리에게 더 익숙한 생물학적 욕구만큼이나 실질적이고 절박하다."[8] 세계화의 한 가지 역설은 무역과 디지털 기술이 공통의 문화적 밈(meme)을 퍼트리면서도 한편으로는 디지털 기술의 발전으로 공동체마다 저마다의 문화적, 민족적 특수성을 표출하는 것도 수월해졌다는 점이다. 텔레비전과 라디오, (최근에는) 인터넷 같은 매체는 한 국가 안에서도 소수민족이 자기네 언어를 지키는 데 도움이 된다. 이주민들이 디지털 플랫폼에서 결집하고 소수민족이 민족의 상징을 중심으로 결속하거나 세계화의 상징을 거부할 수 있다(이 현상을 유쾌하고 유머러스하게 포착한 영화로, 오스트레일리아의 작은 도시에서 세계적인 음료 브랜드 코카콜라를 거부하는 이야기를 담은 1985년 작 〈코카콜라 키드The Coca-Cola Kid〉가 있다). 세계화는 어떤 영역에서는 통일성을 끌어내고 또 어떤 영역에서는 분열을 조장하면서 '코카콜로니제이션'을 모순된 개념으로 만든다.[9]

이로써 함정이 생긴다. 코카콜라 경영진은 실제로 뼈아픈 경험을 겪으며 이런 현상을 포착했다. 21세기 초에 코카콜라는 중국에서 차를 병에 담아 팔려고 했지만 중국 소비자들에게 외면당했다. 당황한 코카콜라는 인류학자들에게 조사를 의뢰했다. 컨설팅 회사 레드어소시에이츠의 연구자들이 본격적으로 조사를 실시한 뒤 녹차가 중국 소비자들에게 갖는 의미가 미국인들이 생각하는 녹차와는 다르다고 지적했다. "미국 남부 애틀랜타에 본사를 둔 코카콜라의 기업 문화에서 '차'는 바비큐와 어울리는 상쾌하고 달콤한 음료를 의미한다. 미국 문화에서 차는 더하기다. 늦은 오후에 정신을 차리기 위해 설탕과 카페인을 첨가하는 식으로 더하는 음료다." 레드 어소시에이츠의 공동설립자 크리스티안 마드스비에르그의 말이다. "하지만 중국 문화에서 차는 빼기를 의미한다. 차는 (명상처럼) 진정한 나를 드러내고 …… 소음과 오염, 스트레스와 같은 자극적이고 주의를 산만하게 만드는 요소를 제거해준다."[10]

마찬가지로 1990년대 후반에 메릴린치는 일본에서 주식 중개업을 확장하기 위해 미국에서 주식시장의 활황을 의미하는 황소를 로고로 내세워 광고했다.[11] 메릴린치의 경영진은 일본에서 소비자들 사이에 황소의 인지도가 높게 나타난 설문 조사 결과를 보고 기뻐했다. 하지만 사실 황소의 인지도가 높은 이유는 한국의 불고기를 연상시키기 때문이라는 사실을 알게 되었다. 언어학자 페르디낭 드 소쉬르(Ferdinand de Saussure)의 개념을 빌리면 소비재에 관한 기호 코드(semiotic code)는 맥락 의존적이다. 혹은 다시 기어츠를 인용하자면 물건과 관행에 관한 '의미망'은 저마다 다를 수 있다. 그것도 아주 광범위하게.

서구의 마케팅 수업에서 자주 드는 사례가 있다. 현재 스위스의 대기업 네슬레 소유인 미국의 이유식 회사 거버(Gerber)는 비교문화적 메시지와 관련해서 훨씬 심각한 실수를 저지른 적이 있다. 거버는 20세기 중반에 서아프리카에서 이유식을 판매하면서 국제사업부를 확장하기 위해 미국과 유럽에서 자주 쓰이는 광고 이미지인 웃는 아기 사진이 붙은 이유식 통을 사용했다. 하지만 아프리카의 일부 문화권에서는 통에 붙은 사진이 음식의 내용물을 보여준다고 간주했다.* "포장식품의 내용물을 포장에 표시하는 문화에 익숙한

[일부] 마을 사람들은 이유식 통 속에는 아기를 위한 식품이 아니라 아기로 만든 식품이 들어 있다고 생각했다." 하위스의 글이다. "그들은 미국인들이 식인종인가 의심했다."[12]

하지만 서로 연결된 세계에서는 문화 차이로 인해 함정이 생기기도 하지만 기회가 생길 수도 있다. 의미망이 다양하기도 하지만 유동적이기도 하다는 사실을 알아챈다면 기회를 잡을 수도 있다. 인텔 같은 기업만이 아니라 세계화된 세계에서 활동하는 거의 모든 사람에게 중요한 문제다. 문화적 변이와 유동성에 의해 놀라운 결과가 나타날 수 있다. 역시 네슬레의 사례인 일본의 초콜릿 바 킷캣 (Kit Kat)의 경우를 보자.

◆ ◆ ◆

20세기 대부분의 기간에 킷캣은 지극히 '영국적인' 상품이었다. 킷캣은 빅토리아 시대의 퀘이커교도 조지프 라운트리(Joseph Rowntree)가 자신의 이름을 따서 설립한 라운트리제과에서 처음 출시한 제품으로, 20세기에 영국의 공장 노동자들에게 "잠깐 쉬세요, 킷캣과 함께"와 "영국에서 가장 위대한 소박한 한 끼"라는 문구로 광고되었다.[13] 이후 1970년대에 라운트리제과(훗날 영국 기업 매킨토시 Mackintosh와 합병된다)는 킷캣에 영국 상표를 달아 여러 국가로 수출

* 네슬레는 이 사례의 진위를 확인해주지 않는다. 그러니 사실이 아닐 수도 있다. 하지만 실제 사건에서 유래한 이야기이고, 널리 퍼졌다는 점이 중요하다. 요컨대 남들도 우리와 똑같이 생각할 거라고 전제하는 것은 위험하다는 교훈을 준다.

했고 그중에 일본도 있었다. 일본에서의 판매 실적은 부진했다. 일본 엄마들이 킷캣은 너무 달아서 자녀에게 좋지 않다고 생각한 탓이었다.

하지만 2001년에 일본의 킷캣 브랜드(이후 네슬레가 인수)를 담당하던 일본인 마케팅 책임자들은 특이한 현상을 포착했다. 남쪽의 규슈 지방에서만 킷캣 판매량이 12월과 1월과 2월에 급증한 것이다.[14] 뚜렷한 이유는 없었다. 하지만 네슬레의 현지 경영진이 조사한 결과, '킷캣'이라는 이름이 규슈 지방 방언으로 '반드시 이길 거야'라는 의미의 키토카츠(きっと勝つ)와 비슷하게 들린다는 사실이 밝혀졌다. 그래서 12월과 2월 사이에 고등학교와 대학교 입시가 치러질 때 규슈의 학생들이 행운의 징표로 킷캣을 산 것이다.

처음에 고베의 네슬레 일본 지사에서는 이런 문화의 주름(혹은 돌연변이)이 실질적 가치를 지닌다고 보지 않았다. 스위스 네슬레 본사의 글로벌 브랜딩 규정이 엄격해서 일본에서 킷캣의 이름을 키토카츠로 바꿀 수는 없었다. 하지만 절체정명의 시점이었다. 현지 경영대학원 교수 필립 수가이(Philip Sugai)의 지적처럼 마침 일본의 킷캣 판매량이 부진하고 네슬레 경영진은 새로운 전략을 모색하라는 압박에 시달렸다. 일본에서는 "잠깐 쉬세요"라는 마케팅 문구가 통하지 않았다. 소비자 조사에서도 이유가 밝혀지지 않았다. 그래서 마케팅팀이 한 가지 실험을 실시했다. 소비자들에게 이 메시지의 문제가 뭔지 직접 물어보지 않고 몇 주에 걸쳐 청소년들에게 "잠깐 쉬세요"라는 개념을 어떻게 생각하는지 사진을 한 장 골라 보드에 붙이고 어떤 의미인지 그들의 생각을 설명하게 했던 것이다. 미국의 마케팅 업계에서 20세기 후반에 처음 출현한 이 방법은 민족지학 개념을 차용한 것이다. 일본에서 사업하는 서구의 기업들은 혼란스러운 문화 충돌을 겪을 때가 많아서 이 방법을 자주 활용했다.

일본 청소년들은 주로 음악을 듣거나 발톱에 매니큐어를 바르거나 잠을 자는 사진을 골랐다. 초콜릿을 먹는 사진을 고른 사람은 없었다. 이제 중요한 진실이 드러났다. 일본의 수험생들은 초콜릿을 먹으면서 '잠깐 쉬는' 것이 휴식이 된다고 전혀 생각하지 않았다. 그들이 원하는 좋은 휴식은 제대로 푹 쉬는 것이었다. 그래서 일본 네슬레의 마케팅 책임자 타카오카 코조는 이시바시 마사후미와 마키 료지를 비롯한 동료들과 함께 현지 광고에서 "잠깐 쉬세요"라는 문구를 줄이고 벚꽃 사진과 함께 "반드시 벚꽃이 필 거야!(꼭 합격할 거야!)"라는 문구를 넣기로 했다.

스위스 브베의 네슬레 본사 경영진이 이 이미지를 봤다면 그냥 예쁜 사진이라고 생각했을 수도 있었다. 하지만 일본에서 벚꽃은 입시 합격을 상징했다(일본 네슬레로서는 스위스 본사의 브랜딩 규정을 어기지 않으면서 킷캣의 새로운 브랜드 이미지를 구축하는 최선의 방법이었다). 다음으로 그들은 입시장 부근의 호텔 측에 부탁해서 투숙객들에게 "반드시 벚꽃이 필 거야"라고 적힌 엽서와 함께 킷캣을 공짜로 나눠주게 했다. "네슬레 본사에는 상황을 정확히 전달하지 않았어요. 이상하게 들렸을 테니까요." 이시바시가 훗날 내게 말했다. "일단 조용히 시작하고 효과가 나타나는지 보고 싶었어요."

효과가 나타났다. 킷캣 판매량이 급증했다. 학생들이 킷캣을 오마모리(일본 신사에서 신도들에게 파는 행운의 부적)처럼 생각하기 시작했다. 외부인에게는 킷캣이 그런 명칭에 어울릴 만큼 신성해 보이지 않을 수 있다. 하지만 일본인은 실용적인 사람들이다. 그리고 모든 문화에서처럼 그들의 기호 코드는 그들이 (혹은 남들이) 생각하는 것보다 더 유동적이다. 2003년에 일본의 인터넷 포털 구(Goo)에서 실시한 소비자 설문 조사에서는 무려 34퍼센트의 학생들이 킷캣을 오마모리로 활용하는 것으로 나타났다. 진짜 부적을 사용하는 비율인 45퍼센트에 이어 두 번째였다. 2008년에는 일본의 수험생 가운데 50퍼센트가 킷캣을 오마모리로 사용하는 것으로 나타났다. SNS에는 청소년들이 시험장의 책상 앞에 앉아 빨간 포장지의 킷캣을 조심스럽게 손에 쥐고 고개 숙여 기도하는 (아니, 정확히 말하면 겁에 질려 스트레스를 받는) 사진이 넘쳐났다.[15]

고베의 네슬레 일본 지사는 이윽고 브베의 네슬레 본사에 일본에서 벌어지는 상황을 알렸다. 일본 지사는 킷캣 상자에 수험생의 친지들이 행운의 메시지를 적을 수 있는 공간을 마련했다. 다음으로 우체국에는 빨간 킷캣 상자를 선불우표가 붙은 봉투에 넣을 수 있게 해달라고 요청했다. 2011년 후쿠시마 지진 때는 지역 철도 회사에 킷캣 상자를 기차표로 쓸 수 있게 해달라고 요청하기도 했다. 킷캣 일본 지사는 맛으로도 다양하게 실험했다. 영국에서 킷캣은 세 겹의 웨이퍼 사이에 바닐라 크림을 넣고 갈색 초콜릿으로 감싼 비스킷이다. 하지만 2003년에 일본 지사는 딸기 파우더를 첨가한 분홍색 킷캣을 만들었다. 이듬해에는 녹색의 말차 맛을 첨가했다. 얼마 후 무지개색의 다양한 킷캣이 나왔다. 보라색의 고구마 맛 킷캣, 또 다른 녹색의 와사비 맛 킷캣, 그밖에도 간장 맛, 옥수수 맛,

자두 맛, 멜론 맛, 치즈 맛, 버터 맛 킷캣이 출시되었다. 심지어 일본 월드컵 축구대표팀을 열심히 응원하는 팬들을 위해 한정판 '목캔디 맛' 킷캣도 출시되었다. 일본 웹사이트에는 이런 설명이 올라와 있다. "신제품 목캔디 맛 킷캣에는 목캔디 파우더 2.1퍼센트가 들어 있어서 …… 청량하고 상쾌한 맛을 선사한다." '목캔디 맛' 킷캣은 팬들이 더 열심히 응원하도록 도와주기 위해 기획되었다.[16]

2014년에 킷캣은 일본에서 베스트셀러가 되었고, 일본 문화와 밀접히 연결되어 공항에서 해외 관광객들에게 '현지'(일본) 기념품으로 팔렸다. 이어서 또 하나의 반전이 일어났다. 2019년에 네슬레가 영국을 비롯한 유럽 시장에서 말차 맛 킷캣을 판매하기 시작한 것이다. 사실 일본 수입품도 아니었다. 말차 맛 킷캣은 사실 독일의 공장에서 제조되었다. 영국의 빅토리아 시대 퀘이커교도 라운트리가 요크에서 출시한 영국의 초콜릿바가 맞이할 상황으로는 도저히 상상할 수 없는 것이었다. 스위스 브베의 경영진은 새로운 킷캣에 감명받아 이전에는 상상도 하지 못한 단계를 밟았다. 키토카츠 광고에서 (이시바시와 타카오카와 함께) 중요한 역할을 한 젊은 (감각의) 이사 마키 료지를 스위스 본사로 불러 킷캣의 글로벌 마케팅 전략팀을 맡긴 것이다. 일본인이 이런 역할을 맡은 것은 최초였다. "이 사례가 보여주는 것은 주류에서 벗어나 생각해야 한다는 겁니다." 마키가 입시를 앞두고 빨간 포장의 킷캣에다 기도하는 일본 청소년들의 사진을 보여주면서 스위스 동료들에게 한 말이다. 이시바시는 이렇게 말했다. "소비자들, 현지 소비자들의 말을 귀담아듣는 게 중요합니다. 어느 하나도 그냥 짐작해서는 안 됩니다." 초콜릿도 컴퓨터 칩도 마찬가지다.

◆ ◆ ◆

오스트레일리아의 인류학자 제네비브 벨이 1998년 오리건주 포틀랜드의 인텔 연구팀에 들어갔을 때 인텔은 전략적 기로에 서 있었다. 미국 서부 해안에 위치한 인텔은 여러 해에 걸쳐 세계 최대의 반도체 제조사로서 개인용 컴퓨터 생태계의 중심이 되었다. 하지만 업계의 풍경이 변하고 있었다. 인텔이 서구 시장을 지배하기는 했지만 아시아 같은 신흥 시장이 승승장구하고 있었다. 게다가 인텔은 사무용 컴퓨터를 제조하는 기업에 칩을 판매했지만 일반 소비자가 새로운 수요처로 빠르게 팽창하고 있었다. 인텔 경영진은 여성을 비롯한 비서구의 신규 소비자들을 이해해야 했다. 인텔의 기술 전문가 대다수가 남자라서 특히 이해하기 어려운 영역이었다. 벨은 나중에 이렇게 설명했다. "저는 오리건으로 이사 가서 잘 알지도 못하는 업계의, 아는 사람 하나 없는 회사에서 일을 시작했어요. 제 상사는 여자를, 모든 여자를 이해하기 위해 제 도움이 필요하다고 했어요. 그래서 제가 그랬죠. 지구상에는 여자들이 32억 명이나 산다고요. 그랬더니 상사는 '그래요, 그들이 원하는 게 뭔지 알려주면 참 좋겠어요'라고 하더군요."[17]

벨은 수십 명의 설계자와 과학자와 인지심리학자에, 켄 앤더슨(Ken Anderson)과 존 셰리(John Sherry) 같은 몇몇 인류학자가 함께하는 '사람과 관행 연구(People and Practices Research)'라는 연구팀에 합류했다.

앤더슨도 벨처럼 정통 인류학을 훈련받은 사람으로서 아조레스에서 음악 문화를 연구했다. 이 연구팀은 이미 미국의 소비자를 연구하기 위한 참신한 방법을 개발했다. 한번은 개조한 계산기를 냉장고 문에 붙여서 '냉장고 패드'라고 소개하고 소비자들이 컴퓨터가 주방에 들어오는 (당시로서는) 충격적인 개념에 어떻게 반응하는지 알아보았다. "냉장고 패드는 실제로 엔지니어들의 관심을 끌었어요." 셰리가 웃으면서 말했다. 하지만 벨의 임무는 미국 밖의 인도(India), 오스트레일리아(Australia), 말레이시아(Malaysia), 싱가포르(Singapore), 인도네시아(Indonesia), 중국(China), 한국(Korea)과 같은 지역을 연구하는 것이었다. 벨의 조교는 이들 국가의 앞 글자를 따서 I AM SICK이라고 불렀다.[18]

벨은 우선 현지의 대학과 컨설팅 회사를 통해 민족지학자들을 채용했다. 이들은 해당 국가의 일반 가정에서 며칠씩 지내면서 가족들이 어떻게 일하고 생활하고 기도하고 사람들을 만나는지, 기술이 그들의 삶에 어떻게 녹아드는지 관찰했다. 말리노프스키와 보아스의 후계자들이 추종하는 완전한 참여 관찰은 아니었다. 일부 개념을 차용한 방법이었다. 연구자들은 통계나 설문 조사에 의존하지 않고 관찰과 개방형 대화를 활용했다. 기어츠를 인용하자면 사람들이 일상에서 물건에 부여하는 "의미망"을 살펴보고 문화적 패턴을 "심층적으로 설명하는" 것이 목표였다. 따라서 벨의 연구자들은 소비자들에게 "컴퓨터를 어떻게 생각하십니까?"라고 묻는 대신, 우선 일상의 맥락을 들여다보고 컴퓨터가 어디에 들어가면 적합할지 보려고(상상하려고) 노력했다. 여기서 의문이 든다. 인류학자들이 전체 그림을 보고 '심층적 설명'을 내놓기로 했다면 무엇에 집중할지는 어떻게 알 수 있을까? 답은 패턴과 기호 코드를 찾아보는 것이다. 킷캣이 일본과 영국에서 다른 '의미망'을 형성하듯이 컴퓨터를 대하는 태도도 맥락에 따라 다를 수 있다. 벨은 말레이시아에서 기도하기 위해 메카의 위치를 찾으려고 휴대전화의 GPS 기능을 이용하는 이슬람교 공동체를 발견했다. 아시아의 다른 지역에는 종이로 만든 휴대전화를 제물로 태워서 조상들이 저승에서 사용하게 해주는 가족들이 있다. 중국에서는 사람들이 휴대전화에 복을 받으려고 사원으로 가져갔다.[19] 실제로 벨은 중국에서 (잔뜩 쌓인) 휴대전화를 팔지 않겠다고 하던 휴대전화 매장의 매니저를 만나기도 했다. 행운의 '번호'를 구할 수 없어서라고 했다. 벨은 훗날 이렇게 회고했다. "마치 몬티 파이선(Monty Python, 영국의 초현실적인 희극단 – 옮긴이) 공연의 한 장면 같았다. 전화기를 잔뜩 쌓아두고도 나한테 팔 물건이 없다고 하다니."[20]

공간의 패턴도 중요했다. 벨은 또 이렇게 적었다. "미국 사람들과 말레이시아 사람들이 함께할 때 멋진 순간을 만났다. 마침 내가 미국과 아시아의 차이는 사람들이 사는 집의 크기나 배치와 관련이 있다고 설명하던 중이었다. 인텔은 디지털 집에 관심이 많았고, 우리는 그 집이 어떤 모양일지 가정하는 데 공을 들였다." 미국의 설계자가 자녀의 방마다 컴퓨터가 있다고 말하자 "말레이시아 사람들은 '와! 애들이 각자 방을 따로 쓴다고요? 멋지네요!'라고 말했다."[21] 미국인들은 오히려 말레이시아인들의 반응에 놀랐다. 말레이시아인들은 미국인들이 놀라는 것에 놀랐다.

벨의 연구팀은 이런 통찰을 미국의 인텔에서 일하는 엔지니어들에게 전달하느라 애를 먹었다. 엔지니어들은 구체적인 수치로 문제를 해결하도록 훈련받은 사람들이지만, 인류학자들은 문화를 해석하기 위한 이야기를 들려주는 방법을 선호했다. "저희 인텔에는 낯익은 반도체 칩 등을 설계하는 딱딱한 과학자들 옆에 이런 '부드러운' 과학자들도 있습니다. 질적 연구의 정당성을 입증하고 측정하는 것이 훨씬 어렵습니다." 벨이 인텔에 들어간 지 몇 년 뒤에 당시 인텔의 최고기술책임자(이후 인텔의 CEO)였던 팻 겔싱어(Pat Gelsinger)가 어느 기자에게 한 말이다.[22] 한편 셰리는 이렇게 말했다. "(과학자와 인류학자 사이에) 문화적 번역의 문제가 다양한 차원에서 발생합니다."

하지만 인텔의 인류학자들은 이런 간극을 메우려고 시도했다. 벨은 포틀랜드에 위치한 인텔의 사무실 벽을, 컴퓨터를 사용하는 'ROW(Rest of the World, 전 세계)' 사람들의 대형 사진으로 도배했다. 그리고 스토리텔링으로 이런 메시지를 엔지니어들에게 전달했다. 엔지니어들이 메시지를 거부할 때도 있었다. 인텔의 인류학자들은 연구를 시작한 초기에 전 세계 소비자들이 놀랄 만큼 빠르게 휴대전화를 받아들인다면서 휴대전화에 주력하라고 경영진에 제안했다. 처음에는 제안이 묵살되었다(나중에 분석가들은 인텔의 전략적 실수라고 결론지었다). 종이 문제로도 큰 갈등이 있었다. 인텔의 엔지니어들은 자기네가 온라인으로 작업하는 데 익숙해서 미래의 사무실에서는 '종이가 사라질' 거라고 확신하고 남들도 그러고 싶어 할 거라고 가정했다. 하지만 인류학자들은 실리콘밸리의 기술자가 아닌 사람들을 만나보고 소비자들이 감성적인 측면에서 종이를 좋아한다는 점을 알았다. 벨은 이렇게 말했다. "인류학자들은 종이를 끈질기고 고집스러운 인공물이라고 부른다."

겔싱어는 인류학팀이 다른 영역에서 전략적으로 '실질적인 영향'을 미쳤다고 말했다. 21세기가 되기 전에 인텔의 경영진은 1인당 부(富)의 수준이 낮은 말레이시아 같은 시장에서는 PC를 판매하기 어려울 거라고 가정했다. 하지만 인류학팀은 이들 시장에서는 확대가족이 PC 이외에 수많은 제품에 공동으로 투자하고 교육을 매우 중시한다는 점을 발견했다. 그래서 이런 아이디어를 내놓았다. 확대가족의 다음 세대가 교육용으로 사용할 제품으로 PC의 위치를 선정하면 어떨까? 효과가 있었다. PC 판매가 증가했다. 다음으로 벨은 중국의 가정에서는 아이들이 PC에 정신이 팔려서 숙제를 안 할 수도 있다는 우려가 팽배한 것을 발견했고, 인류학팀은 엔지니어들에게 아이들이 컴퓨터 게임을 하지 못하게 막는 특수 '잠금장치'를 컴퓨터에 장착하자고 제안했다. 이후 엔지니어들은 중국의 PC 시장과 협력하여 '중국 홈러닝 PC'를 개발했고 2005년에 출시했다.[23] 이 모델은 잘 팔렸다. "처음에는 엔지니어들이 우리 말을 들으려고 하지 않았다. 아니, 성공 사례를 확인하기 전까지는 전혀 들으려 하지 않았다." 셰리의 말이다. "하지만 일단 무슨 일이 일어날 수 있는지 확인하자 우리 없이는 아무 일도 하려고 하지 않았다."

몇 년 사이 인류학팀은 인텔에서 점차 존중받았다. 벨은 '사용자 연구 책임자'로 승진하여 '디지털 홈' 사업팀을 책임지게 되었다. 그리고 사회학자 에릭 디시먼(Eric Dishman)과 토니 살바도르(Tony

72

Salvador)는 각각 '디지털 건강팀'과 '신흥 시장팀'을 맡아달라는 요청을 받았다. 그러자 실험 과정이 강화되었다. 엔지니어들이 집과 사무실과 자동차까지 사람들의 삶 구석구석에 컴퓨터와 칩을 삽입하는 사이 인류학팀은 그 뒤를 따라다니면서 가능한 모든 것을 관찰했다.[24]

예를 들어 2014년에 벨과 인류학자 알렉산드라 자피로글루 (Alexandra Zafiroglu)는 싱가포르의 한 지하 주차장에서 흰색 SUV의 차 주인 프랭크라는 남자를 만났다. 그들은 우선 프랭크에게 차에 있는 물건을 모두 비닐 시트 위에 꺼내놓게 하고 발판 사다리에 올라가 사진을 찍었다. 물건이 잔뜩 쌓여 있었다. 있을 법한 물건도 있었다. 자동차 설명서, 전자기기 설명서, 블루투스 헤드셋, 휴대용 GPS 시스템 같은 것들이었다. 그런데 나머지 상당수는 의외의 물건들이었다. 아이팟, 계산기, CD와 DVD, 차의 DVD 플레이어 리모컨, 무선 헤드폰, "우산, 골프채, 신용카드, 장난감, 사탕, 손세정제, 어머니에게 받은 조그만 부처상, 부처상이 놓여 있던 미끄럼 방지 패드"가 있었다고 나중에 어느 기자가 보도했다.[25] 엔지니어들에게는 모두 '쓰레기'로 보였다. 그들이 자동차를 위해 설계한 정교한 컴퓨터 기술과는 무관해 보이는 물건들이었다. 프랭크 자신도 '잡동사니'를 보고 당황한 듯했다. 벨과 자피로글루가 만난 다른 차의 주인들도 마찬가지였다. 그들이 먼저 이런 물건들이 있다고 말한 적은 없었다. 잡동사니를 일부러 숨긴 것은 아니지만 이런 물건이 잘 보인 것도 아니었다. 벨과 자피로글루가 비닐 시트에 펼쳐놓기 전까지는.

하지만 인류학자인 벨과 자피로글루에게는 어느 것도 그냥 '잡동사니'로 보이지 않았다. 사람들이 부끄럽게 생각하는 것이 흥미로운 진실을 드러낸다. 비닐 시트에 널려 있는 물건들은 두 가지 사실을 보여주었다. 첫째, 사람들은 그들의 영역을 나타내는 상징과 의식을 차에 보관하는 식으로 "차를 통해 물리적 안전뿐 아니라 사회적 안전을 지키려" 한다. "예를 들어 말레이시아와 싱가포르에서는 차 안에 앙파오(새해에 복을 빌며 주는 돈) 봉투를 일 년 내내 놓아둔다."[26] 둘째, 운전자들은 엔지니어들이 예상하거나 계획한 만큼 차에 장착된 기술을 사용하지 않는다. 엔지니어들은 차에 '내장형 음성 명령 시스템'을 장착하면서 운전자들이 이런 혁신 기술을 잘 활용할 거라고 기대했다. 운전자들에게 이 기술에 관해 물어보면 다들 잘 쓰고 있다고 답했기 때문이다. 하지만 인류학팀이 관찰한 결과, 운전자들은 교통체증으로 길이 막혀 지루할 때마다 개인 휴대용 기기를 사용하지, 엔지니어가 공들여 설계한 음성 명령 시스템을 이용하지는 않는 것으로 나타났다. 말과 현실이 달랐다.

벨은 엔지니어들에게 이런 양상을 그냥 무시하거나 비웃지 말고 진지하게 받아들여달라고 부탁했다. 그리고 운전자들이 차에 설치된 장치를 사용할 거라고 단정하지 말고 개인용 장치를 차에 **동기화**해줄 장치를 설계해보라고 제안했다. 여기에 더 중요한 교훈이 있었다. 전에는 엔지니어들이 혁신적인 아이디어를 떠올리고 사람들에게 강요하는 식이었지만 인류학자들은 먼저 다양한 사용자의 눈으로 세상을 보고 그들에게 반응해보라고 제안한 것이다. 컴퓨터 역사박물관에서 벨이 내게 말한 것처럼 그녀가 인텔에 심어주려

한 교훈은 이렇다. "그건 당신의 세계관이지 모두의 세계관이 아니다!" 단순한 말이지만 명심하고 적용하기는 매우 어렵다.

◆ ◆ ◆

2015년에는 인텔 사회과학 연구팀의 초점이 이동하고 있었다. 벨이 처음 이 연구팀에 합류했을 때는 주로 소비자가 기술(컴퓨터)에 어떻게 반응하고 기술이 사람들의 삶과 어떻게 어우러지는지 연구했다. 말리노프스키와 미드, 보아스의 지적 후예들이 사람들과 인공물, 의식, 공간, 상징 사이의 상호작용을 연구하는 방식이 반영된 연구였다. 하지만 21세기가 깊어가고 가상공간의 지배력이 커지면서 이제 초점은 네트워크로 더 많이 넘어갔다. 이제 기계는 그저 수동적인 물건이 아니다. 기계는 거의 작인(agency, 행위자의 의도나 욕구, 정신적 상태로 인해 일어난 행위의 발현 - 옮긴이)을 가지고 작동하면서 상호작용하는 장치에 가까워졌다. 따라서 인텔의 인류학자들에게 새로운 문제가 생겼다. 기계가 나름의 '지능'을 갖는다면 인간은 무엇을 해야 할까? 인공지능 장치에 문화를 프로그래밍해서 넣을 수 있을까? 인류학자들이 이런 지능 있는 기계를 새로운 '타자'로서 연구해야 할까? '사물 또는 상황'이나 사람만이 아니라 네트워크를 어떻게 탐색할 수 있을까? "이제 인류학은 사용자 경험에 관해서만 아이디어를 제안하는 것이 아니다. 기술을 전체론적 관점에서 바라보는 방식도 제안한다. 예를 들어 제품을 윤리적으로 개발하려면 어떤 가드레일이 필요한지 연구해야 한다." 셰리의 말이다. 앤더슨은 이렇게 말했다. "인류학은 '인간'이라는 동물을 진화론과 비교문화 이론으로 연구하면서 출발했다. 오늘날 새로운 인공지능의 등장으로 이제 인류학자는 인간다운 것이 무엇이고 인간답지 않은 것이 무엇인지를 두고 고민하게 되었다. 결국 …… 인류학이 인류를 넘어선 것이다."[27] 그러자 엔지니어들에게도 여러 가지 새로운 질문이 제기되었다. 인텔의 최고과학책임자 라마 나흐만(Lama Nachman)은 이렇게 말했다. "우리는 기술적으로 무엇을 설계할 수 있는지만 생각하던 엔지니어의 사고방식에서 벗어나 무엇을 설계해야 하는지를 이야기하는 세상으로 넘어가고 있다." 그리고 이렇게 덧붙였다. "전혀 다른 관점이다. 이렇게 하려면 사회적 맥락을 들여다보아야 한다."

그래서 인텔의 인류학자들은 인공지능을 둘러싼 '의미망'을 연구하기 시작했다. 그리고 몇 가지 미묘하지만 놀라운 특징이 드러났다. 예를 들어 독일의 소비자들은 노인 가정 치료에 인공지능을 기꺼이 받아들이는 듯했지만 인공지능 장치의 데이터가 집 밖으로 나가서는 안 된다는 단서를 달았다. 연구자들은 역사적으로 정부의 감시에 대한 독일 국민의 집단기억 때문인 것으로 해석했다. 반면에 미국에서는 인공지능 장치가 수집한 데이터가 집 안에서만 공유되는지 집 밖으로 나가는지에는 관심이 적었다. 대신 소비자가 장치에 대한 '작인'을 소유하게 되는 것을 더 우려했다. 가장 놀라운 (그리고 민감한) 연구는 중국과 미국의 안면 인식 기술 사용에 관한 것이다. 앤더슨이 네 명으로 구성된 강력한 연구팀의 일원으로서 이 연구를 진행했다. 아조레스의 전통음악 연주자들 사이로 들어가서 진행한 인류학 연구와는 거리가 멀었다. 하지만 접근법은 비슷했다. 미리 가정하지 않고 끈기 있게 관찰하고 경청하는 방식이었다. 이 연구는 여섯 장소를 중심으로 진행되었다. 네 곳은 소매 업체와 사무지구가 몰려 있는 중국 항저우에 있었다. 그중 두 곳을 '고등학교 X'와 '고등학교 Z'라고 하자. 나머지 두 곳은 미국 '마이러의 세인트 니컬러스(가명이다. 젠트리피케이션이 진행되는 도심에 위치한 사립 가톨릭 학교로서 유치원생부터 중학교 3학년생까지 다닌다)'와 '록카운티 경찰서(가명이다)'다.[28] 연구팀은 2년에 걸쳐 이들 지역을 방문하고 안면 인식 기술과 인공지능 시스템이 어떻게 사용되는지 관찰했다.

일부 결과는 그리 놀랍지 않았다. 미국의 연구 장소에서는 인공지능이 사생활이나 자유와 같은 미국의 핵심 가치를 위협한다고 경고하는 서구 매체의 어조를 반영하듯이 인공지능을 둘러싼 '윤리적 공포'가 드러났다. 하지만 인류학자들이 사람들의 (말이 아니라) 실제 **행동**을 관찰해보니, 사람들의 차에 들어 있던 '잡동사니'처럼 모순된 현상이 드러났다. 연구팀은 이렇게 설명했다. "마이러의 세인트 니컬러스 학교 교장은 최근에 안면 인식 시스템을 도입하여 …… 학교에 드나드는 사람들을 관찰했다." 다만 아이들이 아니라 어른만을 대상으로 '안전'하고 '윤리적'으로 진행했다. 그들이 실제로 안전하게 지키려는 대상이 아이들이었는데도 말이다. 연구자들이 학교에 인공지능 시스템이 필요한 이유를 묻자 교사들은 이렇게 답했다. "인공지능 시스템을 도입하면 교장과 안내실 직원이 모두의 이름을 확인하고 인사를 나누어 모두가 공동체 의식을 느끼게 해줄 수 있고 …… 아이들은 안전하고 행복하고 건강하고 독실해진다." 그런데 인공지능이 어떻게 아이들을 '독실해'지게 하는지는 아무도 설명하지 못했다. 마찬가지로 앤더슨에 따르면 록 카운티 경찰서에서는 경찰이 "광역수사대에서 안면 인식 소프트웨어 사용 허가를 받았지만 …… 이 경찰서의 지침에는 시나카운티의 공공 카메라가 아니라 개인 주거지나 상업 시설의 카메라에 찍힌 영상만 사용할 수 있다고 명시되어 있다." 왜 주거지의 카메라에 찍힌 영상은 허용되고 정부의 카메라에 찍힌 영상은 허용되지 않는지는 연구자와 경찰 모두에게 수수께끼였다.

한편 중국에서는 사정이 달랐다. 연구팀은 안면 인식 장치가 건물과 매장, 은행, 학교 어디에나 있고 "지극히 일상적이고 특별할 것이 없어서 이용자든 연구자든 인지하지 못할 때가 많다"는 점을 발견했다. 가령 한번은 연구팀이 참가자에게 그녀의 주거지에서 안면 인식 시스템을 통과해보라고 했다. 그녀는 시키는 대로 했다. 그런데 연구자들은 그 행위를 반복해달라고 요청해야 했다. 지극히 일상적인 상황이라 안면 인식 카메라와의 상호작용이 확인조차 어려울 정도로 지극히 '평범'했기 때문이다. 또 중국인 남자 참가자에게 안면 인식 시스템이 있는 현금자동입출금기에서 돈을 인출하게 했을 때도 마찬가지였다. "그 남자가 생각하는 게 눈에 보였어요. '아하, 외국인들이 안면 인식 장치를 흥미롭게 생각하는 건가? 아니면 내 돈을 뺏어가려는 신용 사기인가?' 이번에도 우리는 그 남자에게 세 번이나 행위를 반복해달라고 요청해야 했어요."

미국인들에게 이런 상황은 공포를 유발하기 쉽다. 특히 2017년에 중국 정부가 (안면 인식을 비롯한) 감시 도구를 이용해 신장 지구의 위구르족에 대한 억압과 인권 유린을 자행한다는 보도를 접했기 때문이다. 미국인들은 중국 소비자들도 자기네처럼 속으로는 감시 시스템을 싫어할 거라고 여겼다. 하지만 인텔 연구팀은 중국인들이 감시 도구를 미국인들처럼 생각할 거라고 가정하는 것은 착각이라고 강조했다. 그러면서도 중국인의 마음과 일상에서 무슨 일이 벌어지는지 완벽하게 이해하는 척하지는 않았다. 그들의 연구가 학술적 기준에서는 '얄팍했고' 연구팀이 통역자들에게 의존했으며(앤더슨이 중국어를 하지 못하므로) 정부의 통제가 심한 국가에서 진행한 연구라는 점을 충분히 인지했기 때문이다. 연구팀은 보고서에서도 "단편적인 장면으로 전체를 파악할 수는 없다"고 밝혔다.

하지만 이런 문제를 감안하더라도 중국인이 안면 인식 시스템에 반응하는 태도가 미국인과는 크게 다르다는 것을 알 수 있었다. "중국에서 압도적인 전제는 국가가 국민을 안전하게 지켜주기 위해 존재한다는 것이다. 70년 넘게 개인이든 기관이든 노골적이고 일상적으로 누군가를 감시해온 사회라 안면 인식 기술이 미국만큼 논란이 되지 않았다." 물론 약간의 반발은 있었다. 인텔 연구팀이 들여다본 '중국의 고등학교 Z'에서는 안면 인식 시스템을 이용해 학생들이 학교 매점에서 무엇을 먹을 수 있는지(혹은 먹을 수 없는지) 파악하여 과체중인 학생들에게 돼지고기 바비큐 대신 찐 생선을 제공했다. 하지만 부모와 학생이 "강력히 항의해서" 이 시스템은 폐기되었다. 연구팀은 학생들에게서 감시 시스템에 대한 불편감도 확인했다. 앤더슨의 연구팀이 40대 이상의 카메라를 설치해서 학생들을 관찰하던 '고등학교 X'의 준이라는 학생은 이렇게 말했다. "저희를 보호하기 위해 관찰한다고는 하지만 조금 섬뜩해요. 저희에 관해 너무 많은 것을 알게 되니까요. 화장실에 언제 가는지, 데이트는 하는지, 누구와 하는지까지 다 알 테니까요." (사실 이 학생의 의심은 정당했던 것으로 드러났다. 교사는 나중에 인텔 연구팀에게 "사실 준이 한 달 넘게 데이트한 걸 알았지만 준과 남자친구 둘 다 성적이 좋아서" 말리지 않았다고 말했다.)

하지만 이런 저항(혹은 우려)이 있다고 해서 미국인의 가정을 중국에 그대로 투사해도 되는 것은 아니었다. 중국에는 실제로 안면 인식 시스템이 곳곳에 깔려 있어서 특별할 것이 없었다. 앤더슨은 이렇게 적었다. "우리는 KFC의 손님들이 스크린으로 빠르게 주문하고는 잠깐 미소를 지으며 돈을 지불하는 장면을 관찰했다." 그냥 날마다 일상적으로 벌어지는 상황이고 도시 생활에서 "특이할 것 없는 일"이었다. 중국인들은 대체로 기술 혁신을 긍정적으로 받아들였다. 기술 혁신이 성장을 촉진하고 중국이 세계무대에서 더 강력한 국가로 자리매김하게 도와줄 거라고 믿기 때문이다. 중국인과 미국인이 기계의 장점을 인간과 비교해보는 관점에는 미묘하지만 중대한 차이가 있었다. 미국인은 기계가 뭔가를 결정한다는 개념을 두려워한다. 여기에는 〈2001: 스페이스 오디세이(2001: A Space Odyssey)〉(할이라는 인공지능 시스템이 우주선을 장악하고 끔찍한 상황이 벌어지는 영화) 같은 대중문화도 한몫했다. 하지만 중국에서는 문화혁명 같은 사건으로 인해 인간 관료에 대한 신뢰가 떨어져서 사람 대신 컴퓨터를 상대하는 것이 오히려 진보적이라고 느껴질 수도 있었다. 로봇은 그나마 덜 변덕스럽고 덜 잔혹했고, 인공지능 안면 인식 시스템은 뇌물을 요구하지 않았다. '개성'에 관해서도 미묘한 차이가 있었다. 미국인은 인공지능 안면 인식 시스템이 사생활과 인권을 침해할까 두려워했다. 하지만 중국에서는 애초에 인권 인식이 워낙 낮아서 안면 인식 카메라가 '단순히' 익명의 숫자가 아니라 개인의 고유한 생김새로 판단하는 방식이 오히려 나아 보이기까지 했다. 앤더슨은 이렇게 지적했다. "흥미롭게도 중국에서는 인공지능 안면 인식 기술 덕에 서구 문화에서 중시하는 개인이 더 강조된다."

그렇다고 인텔의 연구팀이 중국에서 안면 인식 기술을 활용하는 방식을 지지한다는 뜻은 아니라고 앤더슨은 강조했다. 하지만 인텔의 연구에서는 미국인들이 자기네만 기술을 인간의 삶과 어떻게 접목할지(혹은 기술이 어떻게 할 수 있고 어떻게 해야 하는지) 안다고 가정하는 것은 잘못이라는 결과가 나왔다. 이처럼 문화간의 차이에 대한 연구가 중요한 이유는 각 문화의 개념이 더욱 극명하게 드러나기 때문이다. 나아가 기술만이 아니라 생각과 태도도 국경을 넘을 수 있다는 점에서 미래에 대한 단서를 얻을 수도 있다. 앤더슨이 2017년에 연구를 시작할 때만 해도 미국인들은 안면 인식 기술이 일상에 침투하는 것을 두려워했다. 하지만 2020년에는 미국인들도 (중국인들처럼) 낯선 혁신 기술이 새로운 애플 스마트폰과 같은 장치에 장착되었다는 이유만으로 거의 태평하게 받아들였다. 그래서 또 하나의 시급한 질문이 제기된다. 사고방식과 기술이 예상보다 빠르게 국경을 넘고 변형된다면 한계를 어떻게 정의할 수 있을까?

나흐만은 이렇게 설명했다. "이제는 인공지능과 같은 분야에서 사용자의 욕구를 윤리적으로 충족시키는 쪽으로 초점이 넘어갔다. 그러려면 사회과학자와 엔지니어가 협업해야 한다."

미국인들은 서구에서만 이런 질문을 제기하거나 이런 식으로 양심의 가책을 표현하는 줄로만 안다. 하지만 역시나 착각이다. 인텔이 2008년에 처음 중국 시장에 진출했을 때 중국의 대학에는 '인류학'이라는 개념이 거의 알려지지 않았다.* 하지만 21세기 초에 인텔은 푸단대학교를 비롯한 여러 대학의 사회과학 학과에서 교육받은 중국인 연구자들을 고용해서 연구를 진행했다. 다른 소비재 기업들도 같은 길을 걸었다. 이런 개념이 확산되면서 이후 푸단대학교 출신 학자들이 리좀(Rhizome)이라는 컨설팅 회사를 차리고 "응용인류학을 전문으로 하는 중국 최초의 컨설팅 회사"를 표방하며 민족지학과 데이터과학을 융합했다.[29] 다음으로 2020년 여름에는 베이징의 중국사회과학회 소속의 자칭 비즈니스 인류학자 장지잉(Zhang Jieying)이 인터넷에 다음과 같은 진지한 글을 게시했다.[30]

"인류학의 가치는 세계화 시대에 국가 간의 문화를 번역해주는 데 있다." 장은 이렇게 말하면서 마이크로소프트와 인텔, 애플 같은 미국의 기업들이 바로 이런 용도로 사회과학 연구팀을 만들었다는 사실에 주목했다. 그리고 중국 기업들에도 이런 개념을 수용하라고 촉구하면서 세계화로 인한 독특한 문화적 모순(그리고 '의미망')

---

* 사실 중국에서는 20세기 초에 사회과학의 전통이 싹튼 적이 있다. 사회과학자 페이샤오퉁(費孝通)이 1947년에 중국 사회에 관한 훌륭한 논문을 썼다. 하지만 이후 문화혁명이 일어나면서 사회과학은 궤멸했다.

을 이해해야 하는 이유를 설명했다. "오늘날 중국의 기술 회사와 디지털 제품은 중국 밖으로 나가고 싶어 하므로 …… 인류학의 문화 번역이 필요하다."

장지잉은 중국 기업들이 인류학의 개념을 도입해야 하는 또 하나의 이유가 있다고 강조했다. 바로 윤리다. "과학과 기술이 발전하는 사이 인류학이 경고등 역할을 할 수 있다." 이 말은 인텔 연구팀의 말과 묘하게 비슷하게 들린다. 이렇듯 생각은 이동하면서 킷캣 초콜릿 바의 진화보다 훨씬 더 놀라운 방식으로 변형된다.*

2020년 말, 그러니까 마운틴뷰의 컴퓨터역사박물관에서 벨을 처음 만나고 8년쯤 지난 뒤에 나는 벨과 다시 전화로 대화를 나눴다. 비즈니스 인류학의 세계가 (그리고 벨이) 더 앞서 나가 있었다. 30년 전에는 기업에서 일하는 인류학자가 거의 없었다. 하지만 2020년 에는 민족지학 기술을 갖춘 사회과학자들이 여러 기술 회사로 진출했다. 예를 들어 인텔이 연구팀을 결성하기 직전에 제록스에서는 루시 서치먼(Lucy Suchman), 줄리언 오르(Julian Orr), 지넷 블룸버그(Jeanette Blomberg), 브리짓 조던(Brigitte Jordan) 같은 연구자들이 선구적인 연구 아이디어를 냈다. 이후 블룸버그는 IBM에서 멜리사 케프킨(Melissa Cefkin, 나중에 니산에 들어간다)과 함께 일했다. 마이크로소

---

* '세계화'라는 말은 흔히 한 가지 현상처럼 논의된다. 사실은 그렇지 않다. DHL과 NYU 스턴경영대학원이 공동으로 만든 '세계연결지수'가 보여주듯이 세계화를 구성하는 요소는 (적어도) 네 가지다. 상품, 돈, 사람, 생각의 이동이다. 21세기에는 인터넷을 통해 마지막 요소가 앞의 세 요소보다 훨씬 급속도로 폭발했다. https://www.stern.nyu.edu/experience-stern/about/departments-centers-initiatives/centers-of-research/center-future-management/dhl-initiative-globalization

프트는 닐 스틸(Nelle Steel), 다나 플린(Donna Flynn), 트레이시 러브조이(Tracey Lovejoy)를 중심으로 연구팀을 결성했다. 사실 마이크로소프트는 인류학자들이 가장 많이 진출하는 기업이 되었다. 애비게일 포스너(Abigail Posner)는 구글에서 사회과학을 발전시키며 톰 마시오(Tom Maschio)와 필 설스(Phil Surles) 같은 인류학 컨설턴트와 함께 일했다. 애플은 조이 마운트퍼드(Joy Mountford), 짐 밀러(Jim Miller), 보니 나디(Bonnie Nardi)를 비롯한 연구자들로 연구팀을 결성했다. 소비재 기업에서도 인류학자를 활용했다. 이런 추세가 뚜렷해진 것은 2005년에 인텔의 앤더슨이 마이크로소프트의 러브조이과 함께 EPIC이라는 약어로 더 유명한 '산업민족지학회담(Ethnographic Praxis in Industry Conference)'이라는 기구를 창설하면서부터였다. 사실 외부인에게는 이런 특이한 명칭이 당혹스러웠다. 그런데 이런 명칭에는 장점이 있었다. 엔지니어들에게는 이런 수수께끼 같은 명칭이 이국적이거나 선사시대의 이미지를 연상시키는 '인류학'보다 오히려 더 인상적으로 들린다는 것이다.

하지만 모든 인류학자가 이런 추세를 인류학의 승리로 생각한 것은 아니다. 사실은 전혀 아니었다. EPIC이 영향력을 키우기는 했지만 일부 인류학자는 기업에서 일한다는 개념 자체를 싫어했다. 인텔의 인류학자 케이시 키트너가 인도로 떠난 연구 여행에서 '트립'(가명)이라는 학자와 만난 에피소드가 현실을 보여준다.[31] 어느 밤에 트립과 키트너는 함께 담배를 피우면서 대화를 나눴다. "트립이 담배를 깊이 빨면서 물었다. '어떻게 인류학자이면서 인텔 같은 데서 일해요?' 키트너는 트립이 무슨 뜻으로 하는 말인지 알았다.

기업이 당신의 영혼을 빨아먹지 않냐? 기업의 이익을 위해 사람들의 삶을 파는 일이 혐오스럽지 않냐? 자본주의라는 짐승의 배꼽에서 일하면 어떤 기분이냐? 어떻게 그렇게 비윤리적인 조건에서 일할 수 있냐? 신념을 버리는 게 아니냐?"

키트너는 "아니"라고 답했다. 키트너는 인텔에서 일하는 것은 엔지니어들이 사람들에게 공감하도록 도와준다는 점에서 의미 있다고 믿었다. 또 벨은 이렇게 말했다. "우리가 하려는 일은 사람들에게 기술은 캘리포니아의 20대 백인 남자들을 위해서, 20대 백인 남자들에 의해서만 만들어지는 것이 아니라는 사실을 보여주는 것이다." 하지만 일부 인류학자들 사이에는 불편감이 여전하다. 비즈니스 인류학을 열렬히 지지하는 사람들조차 그들의 방법론이 희석되어 결국에는 사용자 경험(USX 혹은 UX) 연구, 인간 컴퓨터 상호작용(HCI), 인간 중심 설계, 인간 요인 공학 등에 흡수될까 봐 불안해했다.[32]

또 다른 문제도 있었다. 인류학자들이 기업에서 일하면서 변화하는 기업의 분위기에 휩쓸릴 수 있다는 점이다. 인텔도 예외는 아니었다. 21세기의 첫 10년간 인텔은 발 빠르게 인류학자들을 고용하고 인류학 연구를 활용해 고객을 확보하려 했다. 하지만 두 번째 10년의 중반에 구조조정이 일어나면서 인류학자들이 여러 사업 부문으로 흩어진 데다 그 수도 감소했다. 부분적으로는 인텔의 고객사들이 자체적으로 민족지학자들을 고용하고 인텔이 더 이상 PC 위주의 단일한 생태계 중심에 있지 않다는 것이 원인이었다. 또 한편으로는 아시아의 경쟁사들이 반도체 칩 부문에서 시장점유율을 높이는 바람에 인텔이 전략적 난관에 부딪힌 것도 원인이었다. 실제로 2020년 말에 인텔은 활동가들의 표적이 될 만큼 상황이 심각했다. 이론상으로는 인텔이 혁신적으로 사고하면서 앞을 내다보고 미래를 상상하고 기업 안팎의 문화적 패턴을 분석할 사람을 고용해야 할 필요성이 감소하기는커녕 오히려 늘어났다. 하지만 현실적으로 인텔 경영진은 (같은 처지에 몰린 거의 모든 기업과 마찬가지로) "비목적(non-core)" 사업 부문을 축소하는 식으로 대응했다.[33]

그래서 벨은 자신의 새로운 모습을 찾았다. 다시 한번. 2017년에 오스트레일리아로 돌아간 그녀는 계속 인텔의 선임연구원이라는 직위를 유지하며 오스트레일리아국립대학교의 3Ai라는 혁신 연구소의 소장이 되었다. 벨은 인류학자와 핵과학자, 사회학자, 컴퓨터 전문가를 중심으로 색다른 연구팀을 결성해서 인공지능으로 "미래를 안전하고 지속 가능하고 책임감 있게" 구축해줄 새로운 공학 분야를 개척하기로 했다.[34] 벨은 새 연구팀에 인텔의 알렉산드라 자피로글루를 채용했다. 20세기에 프로그래밍 가능한 컴퓨터가 개발되면서 소프트웨어 엔지니어가 출현했듯이, 21세기에는 가상물리 시스템(cyber-physical system)이 나오면서 (아직 이름은 없지만) 새로운 유형의 엔지니어가 출현할 거라는 취지에서 나온 시도였다. 벨은 인공지능과 과학과 기술을 다루는 오스트레일리아 정부 산하의 자문위원회에도 합류했다.

"처음 시작한 곳에서 멀리도 오셨군요." 벨과 통화하면서 내가 웃으며 말했다. 문득 어린 시절의 벨이 오스트레일리아 오지에서 애벌레를 먹는 모습이 그려졌다. 그리고 내가 오비사페드에서 보낸 시절을 떠올리며 '우리 둘 다 시작한 곳에서 멀리 왔네요'라고 말했을지도 모르겠다. 벨도 반박하지 않았다. 인류학자들이 처음에 오스트레일리아 원주민을 연구할 때는 새로운 변경, 곧 '낯설어' 보이는 문화를 탐색했다. 인텔에서 벨은 싱가포르 지하 주차장과 같은 의외의 장소에서 유사한 목표를 추구했다. 이제 벨은 '낯섦'의 새로운 변경, 곧 인공지능을 탐색하고 있었다. 이 모든 노력을 이어주는 끈은 벨이 컴퓨터역사박물관에서 내게 말한 목표였다. 바로 서구의 힘 있는 엘리트들에게 "그건 당신의 세계관이지 모두의 세계관이 아니다!"라고 말해줘야 한다는 것이었다.

경영자들이 이 말을 귀담아들어야 한다고 벨이 말했다. 엔지니어들도 마찬가지다. 하지만 이 말을 들어야 할 또 하나의 집단이 있다. 바로 정책 입안자들이다. 또 다른 관점을 무시하는 것은 세계화 시대의 비즈니스에 해롭다. 전염병의 위험, 특히 범유행의 위험과 싸우는 정부도 마찬가지다.

3
낯선 전염병과 싸우는 법

■

흔히 정부가 과학을 따른다고 말할 때
대개 의학만 따른다는 뜻이다.

하얀 수염을 기른 인류학 교수 폴 리처즈(Paul Richards)가 영국의 정부 청사 화이트홀의 애드미럴티 건물에 있는 18세기 풍의 화려한 회의실에 앉아 있었다. 사방의 벽에는 영국 고관들의 초상화가 걸려 있었다. 리처즈 앞의 반질반질한 마호가니 테이블 너머에는 의사였다가 관료가 된 크리스 위티(Chris Whitty)가 앉아 있었다. 머리가 벗어진 위티는 영국 정부의 해외 원조 최고과학자문이자 저명한 감염병 전문가였다. 2014년의 늦은 여름이었다.[1]

위티가 걱정할 만한 일이 있었다. 몇 달 전에 전염성이 매우 높은 에볼라가 영국의 옛 식민지 지역인 시에라리온과 인근의 라이베리아 그리고 기니로 퍼지기 시작했다. 세계보건기구(WHO)와 국경없는의사회(Médecins Sans Frontières, MSF) 같은 국제기구가 다급히 움직였다. 영국과 프랑스와 미국 정부도 신속히 대응했다. 미국의 버락 오바마 행정부는 병력 4,000명을 라이베리아로 급파했다. 하버드대학교를 비롯한 주요 기관의 세계 최고 의학 전문가들이 백신 연구에 들어갔고, 컴퓨터과학자들은 빅데이터로 에볼라를 추적했다.

하지만 성과가 없었다. 에볼라는 서아프리카의 방대한 밀림지대에서 계속 이동했다. 유럽과 미국 정부는 에볼라가 자국에 들이닥칠 상황에 대비했다. 미국 질병통제예방센터(CDC)는 세계가 에볼라와의 "전쟁에서 패하고" 있고 현재의 추세를 뒤집을 만한 획기적인 조치가 나오지 않는다면 100만 명 이상 사망할 거라고 경고했다.[2] 그리하여 위티가 리처즈를 비롯한 인류학자들을 불러 모아 질문을 던졌다. 왜 컴퓨터과학과 의학이 서아프리카에서 실패했는가? 서구의 과학 전문가들이 무엇을 놓쳤는가?

리처즈는 그 상황에 웃어야 할지 울어야 할지 몰랐다. 공교롭게도 20년 전에 영국의 각료 노먼 테빗(Norman Tebbit)이 이곳처럼 하얀 벽토를 바른 건물에서 "어퍼볼타 계곡 원주민들의 혼전 풍습에 관한 연구"와 같은 쓸모없어 보이는 연구나 하는 인류학자들에게 공공 자금으로 연구비를 대는 것은 낭비라고 주장했기 때문이다.[3] 리처즈야말로 당시 테빗이 겨냥한 전형적인 인물이었다. 영국 페나인 산맥 출신인 그는 지리학자로 시작했다가 40년 동안 시에라리온 산악지역의 멘데족 속에서 참여 관찰을 진행하며 그들의 언어로 말하고 멘데족 여인 에스더 모쿠와(Esther Mokuwa)와 결혼했다. 모쿠와도 경험 많은 학자로서 마호가니 테이블 앞에 위티와 마주 앉아 있었다. 리처즈는 원래 농경문화를 전공하다가 우주론이 행동을 형성한다(그리고 그 반대도 맞다)고 주장하는 프랑스의 지식인 에밀 뒤르켐(Émile Durkheim)의 이름을 붙인 '뒤르켐주의' 철학을 지지한 뒤로 멘데족의 풍습에 매료되었다. 리처즈는 결혼식이든 장례식이든 의식이 중요하다고 보았다.[4]

그런데 테빗이 이런 생각을 비웃은 것이다. 하지만 2014년 특이한 역사적 반전이 일어났다. 에볼라가 퍼져나가는 사이 서구인에게는 무서울 정도로 낯선 행동과 신념에 관한 보도가 나왔다. 환자들이 병원을 탈출하고 국제 구호원들을 피해 숨고 보건 전문가들을 공격하고(그리고 죽이고) 장례식에서 에볼라에 감염된 (전염성이 매우 높은) 시신을 만진다는 내용이었다. 위티가 "사람들이 죽은 자의 몸에 입을 맞춘다는 얘기를 들었습니다"라고 말했다. 서구의 기자들이 이런 내용을 경악할 정도로 세세히 보도했다. 그리고 이런 보도는 조지프 콘래드(Joseph Conrad)의 중편소설《어둠의 심연(Heart of Darkness)》에 나오는 이국적(인종차별적) 이미지를 연상시켰다.

"그 사람들이 아무 이유도 없이 시신에 입을 맞추는 게 아닙니다!" 모쿠와가 대꾸했다. 모쿠와는 동족이 죽어가는 것을 보고 깊은 슬픔에 잠겨 있었다. 한편으로는 몹시 화도 났다. 그녀는 범유행을 막기 위한 전략이 실패한 이유는 서구의 의학 '전문가들'이 현지인의 눈이 아니라 자신들의 전제로만 상황을 보려 했기 때문이라고 지적했다. 일말의 공감이 없다면 (혹은 낯선 것을 익숙해 보이게 만들려는 시도가 없다면) 의학이든 데이터과학이든 무용지물이 될 거라고 했다.

회의는 그렇게 끝났다. 참가자들이 우르르 나가는 사이 리처즈는 화려한 회의실 옆에 붙어 있는 역사적 명판을 보고는 헛웃음을 터트렸다. 사실 그 회의실은 1805년 트라팔가 전투에서 전사한 영국의 존경받는 해군 영웅 넬슨 제독의 시신이 안치되었던 곳이었다. 넬슨 제독이 사망하자 그의 시신은 브랜디통에 담긴 채 HMS 피클(사실이다)이라는 이름의 배에 실려서 영국으로 돌아왔다.* 이후 화이트홀의 그리니치와 애드미럴티 건물에도 전시되었다. 1만 5,000명 정도가 조문했다. 브랜디에 절여진 시신을 만지고 입을 맞추면서.[5]

"넬슨이 에볼라에 걸렸다면 런던 사람 모두가 에볼라에 걸렸을 겁니다!" 리처즈가 지적했다. 위티가 웃었다. 리처즈는 중요한 문제를 지적했다. 어떤 문화든 자신들의 행동 역시 이상해 보일 수 있다는 사실을 모른 채 다른 문화를 '이상하다'고 말할 권리는 없다는 점이다. 특히 범유행의 시대에는.

◆ ◆ ◆

'에볼라'라는 단어는 아프리카 콩고의 깊숙한 곳에 위치한 강 이

---

* 내가 지어낸 이야기가 아니라 진짜 있었던 일이다. 웃음이 나거나 놀랍다면 이렇게 자문해보라. 왜지? 내가 생각하는 '정상'은 뭐지? 그런 다음 넷플릭스 시리즈 〈더 크라운(The Crown)〉을 보고 1952년만 해도 조지 6세의 시신을 어떻게 방부처리해서 전시했는지 확인하라. '정상'의 개념은 변한다.

름에서 유래한다. 1976년에 의사들이 에볼라강 유역에서 이상하고 (무시무시하고) 새로운 '출혈열'을 보고했다. 처음에는 발열, 인후염, 근육통, 두통, 구토, 설사, 발진, 신부전, 내출혈로 시작했다. 존스홉킨스병원은 "감염 환자의 25~90퍼센트"가 사망하고 "평균 치사율은…… 50퍼센트 정도"임을 확인했다.[6] 13세기 유럽의 흑사병에 비견할 만한 수치였다.*

이후 30년간 에볼라는 아프리카의 여러 지역에서 간헐적으로 발생했지만 감염된 환자가 빨리 사망해서 이내 잠잠해졌다. 그러다 2013년 12월에 19세기 식민지 통치자들이 서아프리카의 넓은 산림지대를 '기니'와 '시에라리온' 그리고 '라이베리아'의 세 나라로 인위적으로 나누면서 생긴 구불구불한 국경선 근처에 위치한 기니의 게케두라는 도시 인근의 한 마을에서 두 살짜리 아이가 감염되었다. 그리고 이 지역의 사람들이 서로 뒤섞이고 국경선을 넘나들면서 순식간에 전파되었다.

짙은 색 머리의 미국인 수전 에릭슨(Susan Erikson)이 서구인으로는 처음 에볼라 소식을 들었다. 에릭슨은 젊은 시절에 2년간 시에라리온에서 미국 평화봉사단의 자원봉사자로 활동하던 이상주의자였다. 그리고 1990년대에 대학으로 돌아가 인류학 박사학위 연구를 진행하면서 방향을 살짝 틀었다. 문화 분석과 의학 연구를 결합했다. 이 '의료인류학' 분야에서 중시하는 개념이 있다. 질병과 건강

---

* 의료인류학자 폴 파머(Paul Farmer)는 이처럼 치사율의 범위가 큰 이유는 에볼라의 영향이 빈곤 수준, 보건, 기반시설에 따라 지역별 편차가 크기 때문이라고 설명했다.

을 문화, 그리고 사회의 맥락에 넣어서 이해해야 하기 때문에 인간의 몸을 '경성' 과학만으로 설명할 수는 없다는 개념이다. 의사들은 인체를 생물학적 관점으로 본다. 하지만 인류학자 매리 더글러스의 지적처럼 대다수 문화에서 인체는 오염이나 청결 등에 관한 신념을 반영하는 '사회의 이미지'로도 다뤄진다.[7] 그리고 이것은 건강과 질병과 의학적 위험을 보는 태도에 영향을 미친다. 혹은 더글러스가 공저한 핵과 환경과 의학적 위험에 관한 책에서 설명하듯이 "위험에 대한 인식은 사회적 과정"이므로 문화마다 "어떤 위험은 중시하고 어떤 위험은 경시하는 편향을 보인다."[8] 예를 들어 범유행 시기에 사람들은 '자신의' 집단이라고 정의하는 집단에 매달린다. 외부에서 오는 위험을 과대평가하고 내부의 위험을 과소평가한다는 뜻이다. 역사적으로 범유행은 외국인 혐오증과 관련이 있고, 사람들은 대체로 자국의 감염 위험을 안이하게 생각한다.

에릭슨은 원래 의료인류학 분야에서 시에라리온의 생식보건을 연구하고 싶었다. 하지만 1990년대에 이 지역에서 치열한 내전이 발발했다. 그래서 독일로 관심을 돌렸다가 다시 시에라리온으로 돌아왔다. 캐나다의 사이먼프레이저대학교에 적을 두고 디지털 보건 기술이 공중 보건에 어떤 영향을 미치는지 알아보았다. 2014년 2월 27일 아침, 시에라리온의 수도 프리타운의 셋방에서 일어난 에릭슨은 휴대전화로 "에볼라 같은 이상한 출혈열"에 관한 온라인 뉴스피드를 읽었다. "그냥 '그래', 조심하는 게 좋겠다고 생각했어요. 별로 걱정하지는 않았고요. 그런 식의 '무시무시한 질병'에 관한 뉴스피드는 많으니까요."[9] 그러다 보건부 장관이 대책 회의를 소집해, 정부 관료와 국경없는의사회, 유니세프, 세계보건기구 같은 여러 기관의 대표들을 불러 모았을 때 에릭슨의 연구팀도 참여 관찰을 진행하기 위해 참석했다.

에릭슨 연구팀의 현장 기록에는 이렇게 적혀 있다. "행정관이 회의를 시작하면서 에볼라와 확산 위험에 관해 간략히 설명한다. 그리고 본론으로 들어간다. '[에볼라와 싸우기 위한] 틀은 마련되어 있지만 그걸 가져다 시에라리온에 맞게 조정해야 합니다.' 그는 틀이란 [앞서 에볼라가 발생한] 우간다에 관한 세계보건기구의 문서이고 이것을 시에라리온에 맞게 수정해야 한다고 말한다. '우리가 이 자리에 모인 이유는 감시와 실험 계획을 세우기 위해서입니다.'"[10]

현장 기록은 이렇게 이어진다. "이 자리에 모인 사람들은 전에도 이런 일을 겪어본 것처럼 대응한다. 그들은 감시 도구를 논의하기 시작한다. 가령 에볼라 의심 환자를 확진하기 위한 기준을 검토하고 …… 몇 사람이나 RRT(Rapid Response Team, 신속대응팀) 훈련을 받아야 할지 논의하기 시작한다. 전국의 공공보건소(PHU) 1200개에, 개인 클리닉을 더하고 PHU 한 곳에 RRT 두 명을 배치하는 것으로 계산하면 2,500명을 훈련시켜야 한다고 결론 내린다."

그들에게는 이런 대화가 특별할 것 없어 보였다. 시에라리온의 공무원들은 세계보건기구와 같은 국제기구에서 작성하고 국제 보건업계에서 정당성을 인정한, 전염병 대응 지침을 따랐다. 하지만 그 자리에서 경청하던 에릭슨은 걱정에 사로잡혔다. 모두가 머리글자를 조합한 명칭을 부적처럼 주고받으면서 위험을 물리치고 힘을 행사하고 서구의 기부금을 풀려고 했기 때문이다. 전에도 비슷한 상황을 여러 번 보았다. 시에라리온이 에볼라 문제에 관해 자체적으로 결정할 만큼 주권을 갖지 못한다고 해도 그 자리의 누구도 시에라리온 사람들에게 무엇이 최선인지, 혹은 에볼라 환자들이 무엇을 원할지를 궁금해하지 않았다. '과연 이것이 전염병의 범유행과 싸우기 위한 최선의 방책일까?' 에릭슨은 생각했다. 이 질문의 답이 '아니다'일까 봐 두려웠다.

◆ ◆ ◆

2주 뒤인 3월 11일, 헬스맵(HealthMap)이라는 보스턴 소재 기술 플랫폼이 전 세계에 에볼라 경보를 내렸다. 미국식 혁신이 승리한 듯했다. 그전에는 새로운 세계적 질병의 발생을 경고하는 주체는 세계보건기구였다. 그런데 구글에서 투자받은 헬스맵이 선수를 친 것이다. "봇을 통해 에볼라가 다가오는지 확인하세요!"〈타임〉의 강렬한 표제 옆에는 아프리카 밀림을 배경으로 흰색 방호복에 고글을 쓴 의료 인력의 사진이 실렸다.[11] 〈패스트컴퍼니(Fast Company)〉에서는 "이 알고리즘이 어떻게 인간보다 먼저 에볼라 발생을 감지하는가!"라는 제목으로 기사를 냈다.[12] 이 소식에 서구 의료기구와 기술 전문가들은 흥분했다. 이런 디지털 도구가 에볼라를 추적할 뿐 아니라 향후 전염 경로를 예측하여 신속히 종식시킬 방법을 찾아줄 것 같았다. 실제로 하버드의과대학의 영국인 연구자인 캐롤린 버키(Caroline Buckee)는 케냐인들의 휴대전화 1500만 대를 분석하여 말라리아의 확산 경로를 추적한 적이 있었다. 버키는 에볼라에도 같은 방법을 시도하기 위해 통신 회사 오렌지(Orange)에 라이베리아의 휴대전화 데이터를 제공해달라고 요청했다. 버키는 말했다. "이제는 휴대전화가 없는 곳이 없으니 질병을 바라보는 방식도 달라지고 있습니다."[13]

하지만 지구 반대편 프리타운에 있던 에릭슨은 걱정에 사로잡혔다. 새의 눈으로 내려다보면 데이터과학이 인상적이었다. 그러나 벌레의 눈으로 올려다보면 그렇지 않았다. 우선 헬스맵 같은 사이트에서는 영어 뉴스를 추적할 뿐, 아프리카 현지어나 기니에서 쓰는 프랑스어 뉴스조차 추적하지 않았다. 게다가 말라리아용으로 개발된 모델이 에볼라에도 적용될 수 있을지도 미지수였다.[14] 무엇보다도 '핑' 하고 접속 상태를 알리는 안정적인 기지국도 적었다. 결국에는 인텔과 같은 문제에 부딪혔다. 누구든 (특히 서구의 기술 전문가들이) 삶을 대하는 태도가 모두 같을 거라고 전제하는 것은 잘못이었다. 미국이나 유럽에서는 주로 휴대전화와 일대일의 관계를 맺고 휴대전화는 '사적인' 재산이자 자아의 연장으로 여겨진다. 서구인들은 휴대전화를 잃어버리면 자신의 일부를 잃어버린 것처럼 느낀다. 시에라리온에서는 그렇지 않다. "휴대전화는 가족과 친구들 사이에서 옷이나 책이나 자전거처럼 빌려주고 거래하고 돌려쓰는 물건이다. 대가족이나 이웃이 휴대전화 한 대를 공유하기도 한다."[15] 따라서 시에라리온에서는 인구의 94퍼센트가 휴대전화를 소유하지만 서구의 기술 전문가들이 가정하는 것처럼 모두가 휴대전화를 한 대씩 소유하는 것은 아니다. 휴대전화를 소유한 사람도 있고 휴대전화가 없는 사람도 있다. '핑' 하는 알림음이 곧 한 개인을 의미하는 것이 아니다. 따라서 '핑'만으로 정확한 예측 모형을 만드는 것은 불가능하다. 데이터를 이해하고 싶다면 컴퓨터과학뿐 아니라 사회과학도 필요하다.

◆ ◆ ◆

2014년 초여름 에볼라가 급속도로 퍼져나갔다. 시에라리온과 기니, 라이베리아 정부는 국제 보건 기구들의 조언에 따라 에릭슨이 3월 회의에서 들은 표준 규약을 발표했다. 격리조치와 봉쇄령을 내리고 환자들을 에볼라 격리 치료소로 보내고 감염자가 친지를 (만지기는커녕) 만나지 못하게 하는 규정이었다. 더불어 감염자의 시신은 아무도 접촉하지 못하게 하는 '안전한' 방식으로 매장하게 했다. 이런 메시지는 포스터와 라디오 뉴스와 소책자로 알려졌다.

서구인의 눈에는 지극히 타당한 대응이었다. 하지만 상황은 비극적으로 흘러갔다. 인류학자 캐서린 볼튼(Catherine Bolten)이 이 문제에 관한 섬뜩한 관점을 제시했다. 볼튼은 에볼라가 강타하기 몇 년 전에 북쪽 지방의 중심 도시인 마케니에서 현지 탐사를 진행했다. 이후 미국으로 돌아온 뒤에도 마케니의 친구들과 계속 연락했다. 그중에는 마케니대학교의 변호사 애덤 고겐(Adam Goguen)이 있었다. 2014년 초여름에 에볼라가 그 지역을 덮치자 고겐은 볼튼에게 매일 이메일을 보내서 실시간으로 상황을 알렸다.

고겐의 마을은 정부의 명령을 따르는 몇 안 되는 지역 중 하나였다. 촌장이 영어를 알고 BBC 방송을 자주 듣는 데다 지역 NGO와 우호적인 관계를 유지해서 범유행과 싸우기 위한 세계보건기구의 규약을 충분히 이해했기 때문이다. 촌장은 마을을 외부와 차단하고 봉쇄했다. 덕분에 모두가 살아남았다. 하지만 이웃 마을의 촌장은 다른 길을 택했다. 그는 에볼라는 마법의 저주라고 선포하면서 에볼라 감염자를 '격리' 병원에 보내지 않고 봉쇄령을 따르지도 않았다. 고겐과 볼튼은 이후 공동 논문에서 이렇게 설명했다. "마을에서 격리 대상이 된 사람들이 다른 집으로 피신했다. 당국이 그들을 제대로 보살펴줄 사람들과 강제로 떼어놓을 거라고 예상하고 그에 따라 대응한 것이다. 심지어 에볼라가 마법의 저주가 아니라 전염병이라고 생각한 사람들조차 환자를 집안에서 몰래 간호했다."[16] 게다가 그들은 살아 있는 환자와의 '비접촉' 규정도 거부했다. 물론 죽은 사람과의 '비접촉' 규정도 거부했다. 에볼라에 걸린 사람이 죽으면 마을의 의식을 주관하는, 이른바 비밀결사가 전통적인 장례식을 준비했다. 감염된 시신으로.

현지의 한 간호사가 산 사람이든 죽은 사람이든 에볼라에 걸린 몸을 만지지 못하게 막으면서 의학적 위험을 설명했다. "그 간호사는 첫 장례식의 접촉자를 추적 조사해서 누가 (시신을 만진 후) 병에 걸릴지 정확히 예측했어요." 고겐이 볼튼에게 전한 말이다. 하지만 마을 사람들은 오히려 간호사를 공격하면서 "마법으로 자기네를 살육한다"고 비난했다. 군인들이 나와서 감염된 시신을 매장하면 주민들이 나중에 시신을 파내서 (시신을 만지며) 다시 매장했다. 그 간호사는 불굴의 용기를 발휘해 계속 세계보건기구의 메시지를 전파하려 했다. 그러나 "에볼라로 사망한 사람의 집을 격리하려 했지만 마체테로 무장한 마을 청년들에게 제지당했다. 격리 대상인 주민들은 …… 친척들 집으로 흩어져 숨었다." 그래서 43명이 더 감염되었다.

기니와 시에라리온, 라이베리아에서도 유사한 장면이 펼쳐졌다. 세계보건기구 관계자와 국경없는의사회와 각국 정부는 의학적 위험에 관한 교육을 강화하고 군인들을 통해 명령을 집행하려 했다. "지역사회에 에볼라의 위험에 관해 올바른 정보를 알리면 적절한 조치가 이어질 줄 알았다." 리처즈의 설명이다.[17] 하지만 오히려 역효과가 나타났다. 마을 사람들은 여전히 마법이나 정부의 계략으로 바이러스가 확산되는 거라고 믿었다. 기니에서는 성난 군중이 국경없는의사회의 격리 병동을 공격했다.[18] 기니 남부에서는 마을 사람들이 에볼라인식개선팀 관계자를 여덟 명이나 살해하고 시신을 재래식 변소에 던졌다. 그해 가을에는 이 지역에서 에볼라 사망자를 의학적으로 매장하고 감염을 통제하려고 시도한 팀에 대한 공격이 매달 평균 10건씩 발생했다.[19]

2014년 9월에 미국 질병통제예방센터는 에볼라의 전염이 심각해지고 서쪽으로 번져나가면서 최대 120만 명까지 사망할 수 있다고 경고했다. 치료약이나 백신이 나올 전망은 없었다. 볼튼은 이렇게 적었다.[20] "의학 교육이 '거리의 라디오'에 가로막혀 무용지물로 보였다. 미국은 에볼라가 미국에 상륙할 거라는 전망으로 공포에 휩싸였다."

◆ ◆ ◆

2014년 10월에 시에라리온과 기니와 라이베리아에서 활동하던 미국의 인류학자들이 조지워싱턴대학교에서 긴급회의를 열었다. "회의실에 모인 우리는 [서아프리카에서] 알던 사람들에 대한 애도의 감정에 휩싸였다." 볼튼의 말이다. 볼튼은 얼마 전에 친구 두 명이 세상을 떠났다는 소식을 들었다. 그녀는 휴대전화로 연신 뉴스를 살피면서 자신이 보낸 쌀이 제대로 도착했는지 확인하느라 회의에 제대로 집중하지 못했다. 좌절감과 죄책감도 팽배했다. 그날 회의실에 모인 인류학자들은 오랜 세월 끈기 있게 서아프리카의 문화를 이해하고 세계화된 세상에 일말의 공감이라도 전파하려고 애써왔었다. 그런데 오히려 편견과 인종차별주의가 폭발하고 있었다.

"미국의 한 기자가 아프리카 사람들은 왜 이렇게 야만적이고 어리석게 행동하느냐고 묻더군요." 회의실에 모인 인류학자 중 한 명인 메리 모런(Mary Moran)이 말했다. 모런은 이런 낙인은 부당하다고 주장했다. 사실 미국인들도 20세기 초까지만 해도 가족이나 친구가 사망하면 며칠씩 시신을 집 안에 두었고, 시신은 '살아 있는 듯한' 모습으로 사진에 찍혔다. 넬슨 제독의 시신(혹은 조지 6세의 시신)이 특이한 사례가 아니었다. 그런데도 서구의 기자와 의사와 국제 구호원들은 서아프리카의 '원시적인' 의식을 매도하고 에볼라가 '야생동물의 고기'를 먹는 이상한 '원주민'에 의해 발생했다고 (잘못) 주장했다.

인류학자들이 보기에는 부당할 뿐 아니라 잔인한 주장이었다. 서아프리카 사람들은 기간시설이 거의 (혹은 전혀) 없는 지역에서 지독한 외상에 직면해 있었다. 자연히 그들이 적절하다고 믿는 방식으로 먼저 떠난 사람들을 애도하고 싶었을 것이다. 그 지역의 신념 체계에서는 사람이 죽으면 가족과 친구가 시신을 모시고 장례식을 치렀다. 그렇게 해주지 않으면 망자는 영원히 지옥에 떨어지고 주변의 모두가 고통받는다고 믿었다. 하지만 내전으로 이런 의식이 자주 중단되었고, 저주의 위험이 도사렸다. 아무도 이런 악순환이 반복되기를 바라지 않았다. 고겐은 볼튼에게 이렇게 설명했다. "에볼라로 인한 죽음보다 매장이 더 심각한 문제예요. 에볼라로 죽는 것은 육신뿐이지만 에볼라에 따른 매장은 정신을 죽이거든요."[21]

서구의 비판적인 사람들이 이해하지 못하는 또 하나의 중요한 요소가 있었다. 아프리카 지역에는 애초에 기본적인 보건 시설이 없어서 세계보건기구의 권고를 따르는 데 현실적이고 실질적인 장애가 있었다. 학계의 인류학자들이 이렇게 미국에 모인 사이 의료인류학자 폴 파머가 서아프리카에 도착했다. 파머는 25년 전에 파트너스인헬스(Partners in Health)라는 비영리기관을 공동 설립하여, 라틴아메리카와 아이티, (최근에는) 중앙아프리카와 서아프리카 같은 지역에 의약품을 공급했다. 파머는 경험 많은 의사로서 의학의 힘(그리고 질병과 싸우기 위한 실질적인 '물자와 인력, 공간, 시스템'의 필요성)을 믿으면서도 의료 서비스는 현지 문화에 대한 존중과 사회적 맥락에 대한 인식을 토대로 제공되어야 한다고 믿었다. 그는 시에라리온과 기니와 라이베리아에서 목격한 현실에 경악했다.[22] 에볼라 희생자들이 거리와 택시, 병원, 집에서 흥건한 토사물과 땀과 설사 속에서 쓰러져갔다. 의사들도 죽어나갔다. 워낙에 부실하던 의료 시설이 완전히 무너졌다. 국경없는의사회와 세계보건기구 같은 국제 의료기구들이 에볼라를 잡아보려 했지만 실상 진정한 의미의 치료를 제공하려는 노력은 없었다. 파머는 에볼라치료소(Ebola Treatment Units, ETU)의 "ETU에서 'T(치료)'가 너무 부족하다"고 개탄했다. 그러니 에볼라에 감염된 사람들이 계속 도망치거나 당국의 명령을 무시하는 것이 놀랍지 않고, 외부인들이 명령을 따르지 않는 그들을 경멸하는 것은 잘못이었다. 오랜 내전과 식민지배에 시달린 지역에서 일반 국민이 정부나 위협적인 서구의 '전문가들'을 신뢰할 이유는 거의 없었다. 이들에 대한 공감 부족은 사실상 사람들을 죽이고 질병을 확산시키는 데 기름을 부었을 뿐이다.

인류학자가 이런 현실에 맞서기 위해 무슨 일을 할 수 있었을까? 미국의 회의실에서는 의견이 양쪽으로 갈라졌다. 한쪽에서는 어떤 식으로든 정부를 지원하는 것에 회의적이었다. 다른 쪽에서는 유럽인이나 미국인이 아닌 서아프리카 사람들만이 자기네 지역을 위해 목소리를 내야 한다고 주장했다. 다들 정책 입안자들과 일해본 경험이 거의 없었고, 주장보다는 관찰하는 쪽을 선호했다.[23] 에릭슨은 이렇게 말한다. "경제학자들은 스스럼 없이 앞에 나서서 선명하게 주장을 펼친다. '앞으로 이러이러한 상황이 벌어질 겁니다!' 경제학자들에게는 힘 있는 사람들과의 인맥이 있고 미래를 전망할 자신감이 있다. 결국에는 잘못된 주장으로 밝혀져도 상관하지 않는다. 그냥 계속 앞으로 나아가면 된다! 하지만 인류학자들은 그런 식으로 일하지 않는다." 그래도 그 자리에 모인 인류학자들은 무언가를 해야 한다는 도덕적 책무를 느꼈다. 아니, 볼튼은 이렇게 말했다. "우리는 그 회의실에서 물었다. 우리가 의견을 내지 않는다면 그동안 우리가 해온 일에 무슨 의미가 있을까?"

◆ ◆ ◆

이후 몇 주 사이에 파트너스인헬스의 파머와 동료들은 정책을 변경했다. 전염병 통제에만 치중할 것이 아니라 환자에게 공감하면서 치료에 집중해야 한다고 강력하게 주장했다. 그리고 학계의 인류학자들은 전에는 해본 적이 없는 일을 했다. 문화에 관해 조언하기 위한 자체 조직을 결성한 것이다. 미국에서는 미국인류학회(American Anthropological Association, AAA)가 미국 정부를 위해 현지 문화에 관한 보고서를 작성했다. 프랑스의 인류학자들도 파리에서 같은 일을 했다. 유엔의 에볼라팀은 의료인류학자 줄리엣 베드퍼드(Juliet Bedford)를 채용했다. 베드퍼드는 이렇게 회고한다. "분수령이 된 순간이었다. 유엔에는 (의료 원조를 위한) 표준 운영 절차를 바꿔야 한다는 자각이 있었지만 어떻게 해야 할지는 아무도 몰랐다."[24] 런던에서는 리처즈, 멜리사 리즈(Melissa Leach), 제임스 페어헤드(James Fairhead) 등의 인류학자들이 에볼라 대응 인류학 플랫폼(Ebola Response Anthropology Platform)을 개설했다. 어느 보고서는 진지하게 이렇게 밝혔다. "(에볼라 정책의) 목적은 바이러스와 싸우는 것이지, 현지 풍습과 싸우는 것이 아니다."[25] 영국의 위티는 화려한 화이트홀에서 인류학자들과 회의를 열고 그들의 조언을 들었다. 모쿠와는 에볼라가 한창 기승을 부리는 시에라리온 동부의 산림지역에 들어가겠다고 자원했다. 모쿠와는 몇 주간 험악한 비포장도로를 걸어서 전에 인류학 현지 탐사를 진행했던 마을들을 찾아갔다. 그리고 위티와 관계자에게 계속 보고서를 보내며 현지의 벌레의 관점이 과학자들의 하향식 관점에 균형을 잡아주기를 바랐다. "저는 걷고 또 걸으며 열심히 들었습니다."[*]

이렇게 현지에서 들어오는 메시지는 영국의 관료들에게 계시를 주었다. 그때까지 (위티를 비롯한) 서구의 의학 전문가들은 에볼라를 막는 최선의 전략은 환자들을 대규모의 특수 격리 시설에 집어넣는 것이라고 생각했다. 하지만 모쿠와는 이런 방법이 효과가 없다고 지적했다. 에볼라 치료 단체가 마을에서 멀리 떨어져 있는데 정작 에볼라 환자들은 몇 킬로미터 이상 이동하지 못하기 때문이었다. 게다가 격리 시설에 불투명한 벽을 설치하는 방식에도 심각한 문제가 있다면서 건물 안에서 무슨 일이 벌어지는지 모르면 환자들이 겁을 먹고 도망칠 가능성이 크다고 지적했다. 젊은 외지인을 마을로 보내서 의료 권고 사항을 전달하는 것도 중대한 실수였다. 마을 사람들은 주로 마을 연장자의 조언만 받아들이기 때문이

---

[*] 모쿠와는 다른 인류학자들과 마찬가지로 더 많은 현지의 목소리를 서구의 정부들에 전하고 싶었다고, 혹은 서아프리카의 인류학자들에게서 들어오는 메시지를 더 많이 듣고 싶었다고 말한다. 하지만 21세기 서구 인류학의 결함 중 하나는 비서구의 지지자들이 적다는 점이다. 모쿠와와 리처즈는 여러 해에 걸쳐 서아프리카의 여러 대학에서 인류학의 기반을 구축하려고 했지만 (이 지역의 기간시설과 마찬가지로) 부족한 자금 지원으로 고전했다.

었다. 그래서 인류학자들이 몇 가지 정책을 제안했다. 격리 시설을 투명하게 만들면 어떨까? 마을 안에 소규모 치료 시설을 만들면 어떨까? 마을 장로를 통해 에볼라 지침을 전달하면 어떨까? 의료적으로도 안전하고 사회적으로 안전한 장례 의식을 고안하면 어떨까? 병든 가족이나 친척을 집에서 돌보겠다는 주장을 인정해주고 집 안에서 더 안전하게 돌볼 방법을 제안하면 어떨까? 어찌 보면 벨이 인텔에서 일하면서 자동차 운전자들이 차 안에서 개인 휴대용 장치를 사용하는 것을 보고 엔지니어들에게 조언했던 것과 같은 맥락이다. 한마디로 현지 문화를 거스르지 말고 협력하면 어떨까?

이런 메시지가 서서히 효과를 거두었다. 국경없는의사회의 일부 의사들은 질병을 억제하는 것만이 아니라 치료하는 데 더 중점을 두라고 요구하기 시작했다.* 국제 단체들은 격리 시설의 벽을 투명한 재질로 바꿨다.[26] 위티는 화이트홀 회의에서 에볼라치료소에 관한 정책을 바꾸고 선별 단위를 줄여서 지역사회에 가까운 치료 시설 수십 곳을 신설할 자금을 지원하겠다고 발표했다. 의료팀은 현지의 지역사회와 함께 고인에게 예를 갖추면서도 안전하게 장례를 치를 방법을 논의하기 시작했다. 이렇게 새로운 접근법의 기틀이 마련될 즈음 기니의 한 마을에서 추악한 사건이 터졌다. 임신부가 사망하자 현지의 세계보건기구 관계자들이 시신을 마을에서 급히 빼내 매장하려고 한 것이다. 마을 사람들은 저주를 피하기 위해 장

---

* 국경없는의사회와 세계보건기구의 의견 충돌은 내가 여기서 판가름할 수 있는 문제가 아니다. 자세한 내용은 파머의 저서 《열병, 불화, 다이아몬드: 에볼라와 역사의 참혹한 피해(Fevers, Feuds, and Diamonds: Ebola and the Ravages of History)》를 참조하라.

례식을 치러주고 태아를 빼내기로 결정했다. 위태로운 갈등이 벌어졌다. 현지의 인류학자 줄리엔 아노코(Julienne Anoko)가 나서서 지역사회와 협력해서 잠재적 저주를 막기 위한 전통 의식을 치르도록 도와주고 세계보건기구에는 장례식 비용을 대라고 설득했다. 이 방법은 효과가 있었다. 시신을 안전하게 매장하고 "당국자, 세계보건기구 사람들이 지켜보는 가운데" 장례식을 치르자 마을 사람들은 그제야 안심하고 "전통적인 평화의 노래로 모든 관계자에게 감사를 표했다."[27]

현지의 지역사회에서는 혐오의 대상이 된 에볼라 치료소 밖에서, 그러니까 집에서 환자를 안전하게 돌볼 방법을 자체적으로 찾아보기 시작했고, 서구의 의사들도 마지못해 현실을 인정했다. 라이베리아에서는 임시방편으로 우비를 거꾸로 돌려 입고 쓰레기봉투를 뒤집어써서 개인 보호 장비로 삼았다. 마을에서는 생존자를 통해 접촉자 추적 조사를 실시하고 환자를 치료할 계획을 마련했다. 다음으로 포로(Poro)와 산데(Sande)를 운영하면서 지역사회 구성원들의 장례식을 주관하는 남녀 장로들을 참여시켰다(포로와 산데는 숲속 외딴 지역에 청소년들을 대상으로 만든 통과의례 학교로, 남자 집단을 포로, 여자 집단을 산데라고 부른다 - 옮긴이). 리처즈는 나중에 이렇게 회고했다. "우리가 (2015년에) 은잘라대학교에서 학회를 열었을 때 마을 촌장이 장로들과 함께 찾아와서 흰색 방호복을 달라고 했다. 이유를 물어보니 춤추는 '악마'를 만들어 마을의 소녀들에게 에볼라의 위험성을 알리려 한다고 했다." 세계보건기구와 정부의 메시지 전달법과는 전혀 달랐다. 하지만 이 방법이 훨씬 더 효과적이었다.

2015년 봄에는 에볼라 환자들이 더는 격리 시설에서 탈출하지 않았다. 마을 사람들이 매장된 시신을 파내서 다시 매장하거나 의료진을 공격하는 일도 없었다. 전염 속도도 줄었다. 그해 여름 세계보건기구는 에볼라의 종식을 선언했다. 최종 사망자 수는 1만 1000명에서 2만 4000명 사이로 추산되었다.* 비극적으로 높은 수치이긴 하지만 미국 질병통제예방센터에서 2014년 여름에 예상한 시나리오의 2퍼센트에 불과하다. 버락 오바마 대통령이 백악관 에볼라 대응팀의 책임자로 임명한 라지브 샤흐(Rajiv Shah)는 훗날 내게 이렇게 말했다. "좋은 소식이었어요. 결국 우리가 배운 것은 지역사회와 협력하고 지역민을 해결책 안으로 끌어들이면 훨씬 더 효과적이라는 거였어요."

이 말에 인류학자라면 이렇게 대꾸했을 것이다. "당연하죠."

◆ ◆ ◆

그로부터 5년이 지난 뒤, 리처즈와 모쿠와는 (에볼라 전투에 참전했던 다른 용사들과 함께) 예상치 못한 데자뷔를 경험했다. 이번에는 에볼라가 아니라 코로나바이러스감염증-19(COVID-19), 곧 코로나

---

* 기본적인 보건 시스템이 부실한 탓에 정확한 수치는 알 수 없다. 2016년 여름 세계보건기구는 최종 사망자 수를 1만 1000명으로 잡았고, 파머와 같은 사람들은 이를 상당히 과소평가된 수치라고 본다. https://www.ids.ac.uk/opinions/a-real-time-and-anthropological-response-to-the-ebola-crisis/

19였다. 이번에도 문제는 서구인에게 이국적인 곳, 그래서 악마화하기 쉬운 곳에서 시작되었다. 바로 중국의 우한이다. 코로나19가 유럽과 미국으로 퍼져나가던 2020년 4월에 파머는 이렇게 신랄하게 비판했다. "(전염병의 범유행 중에) 이웃을 탓하는 것은 언제나 인기 있는 스포츠이고 이웃의 음식을 비아냥거리는 것도 마찬가지다. 에볼라 시대의 야생동물 고기에 대한 집착이 우한의 농축산물 재래시장에 대한 비판에 고스란히 반영되었다. 사향고양이가 우리 안에서 어슬렁거리고 장어와 괴이한 물고기가 꿈틀거리고 천산갑이 금빛 눈물처럼 비늘을 벗는다는 (혹은 그렇다고 상상하는) 장소 말이다."[28] 하지만 코로나19는 이국 땅에만 머무르지 않았다. 베드퍼드는 이렇게 말했다. "에볼라는 아프리카의 검은 심장(깊숙한 오지)에서 발생했다. 북반구의 일반 대중은 '저 멀리' 동떨어진 어딘가에서 벌어지는 일로 생각했다. 그러다 그들이(일반 대중이) 직면할 거라고는 상상하지도 못한 곳에서 코로나19가 발생하는 현실에 직면했다."

서구의 각국 정부는 과거의 경험을 토대로 더 나은 대책을 마련할 수 있었을까? 처음에 인류학자들은 그럴 수 있기를 바랐다. 2020년에 영국의 관료 위티는 영국 개발국의 최고의료책임자라는 훨씬 더 영향력 있는 자리에 올라 영국 정부 전체를 위해 일하게 되었다. 그는 코로나19 캠페인에도 자문했다. 에볼라 감염이 남긴 교훈, 곧 의학과 사회과학을 결합할 필요성을 인식한 그에게 꼭 맞는 자리로 보였다. 그는 2014년에 사회과학자들과 함께 바로 이 점을 옹호하는 공동 논문을 쓰기도 했다.[29] 세계보건기구 같은 국제기구들도 에볼라의 경험을 통해 2016년 지카바이러스와 같은 전염병과 싸우기 위한 전술을 발전시켰다. 컴퓨터과학자들도 더 현명해져서 사회과학과 데이터과학을 결합했다. 존 브라운스타인(John Brownstein)이 개발한 헬스맵의 의사와 과학자들은 데이터를 사회적 맥락에 넣을 필요성을 점차 깨달아갔다. 브라운스타인은 내게 이렇게 말했다. "빅데이터는 성배가 아니에요. 사회적 맥락을 알아야만 쓸모가 있습니다. 코로나19 시대에 우리에게는 융합이 필요합니다. 기계 학습과 인간 큐레이션의 융합이오."[30] 한편 국제 보건에 관심 많은 빌 앤 멀린다 게이츠 재단(Bill & Melinda Gates Foundation)의 공동 의장 멀린다 게이츠(Melinda Gates)도 내게 이렇게 말했다. "우리는 데이터를 활용하는 방식을 일부 재고해야 했습니다. 처음에는 빅데이터에 흥분했습니다. 여전히 더 나은 통계를 확보하는 노력이 중요하고 기술이 놀라운 일을 해낼 거라고 확신합니다. 그럼에도 어설프게 접근해서는 안 됩니다. 사회적 맥락을 이해하는 것이 중요합니다."[31]

인류학자들은 문화적 인식을 이용해 코로나19와 싸우는 방법을 제시했다.[32] 그리고 정책 입안자들에게 친족의 양상이 전파율에 영향을 미친다는 사실을 알려주었다(가령 이탈리아 북부의 몇 대가 함께 사는 가구가 더 큰 위험에 노출된다). 또 '오염'에 대한 문화적 태도가 위험에 대한 인식을 왜곡해서 외부인을 두려워하고 내부인의 위협을 간과하게 만들 수 있다고도 경고했다. 미국의 도널드 트럼프 전 대통령이 좋은 예다. 그는 코로나19를 "중국의 침략"으로 간주하고 미국의 국경을 봉쇄했지만 "내부인"의 위험을 간과하여 백악관에

서 코로나19가 발생했다.[33]

인류학자들은 또한 코로나19에 관한 메시지가 지역사회의 요구와 조화를 이루면서 선명하고 공감적으로 전달되어야 한다고 경고했다. 위에서 명령하는 방식으로는 충분하지 않다. "시에라리온의 주요 언어 중 하나인 멘데어(語)에서 에볼라의 이름은 …… '본다 워레(bonda wore)', 문자 그대로 '가족 돌림병'이라는 뜻이다. 가족이 환자를 돌보는 방식을 바꾸어야 하는 병이라는 사실을 명확히 인식한다는 뜻이다." 리처즈가 2020년 봄에 옥스팜(Oxfam) 웹사이트에 올린 글이다.[34] "코로나19의 경우에도 가족 차원에서, 특히 노인들을 보호하는 방식에서 이와 유사한 변화가 필요하다. 유행병에 대응하는 사람들은 자가격리나 사회적 거리두기 같은 용어를 쓰지만 이런 모호한 개념을 실행에 옮기는 구체적인 방법은 각지의 사회적 상상력에 따라 다르다. 할아버지를 창고로 보내야겠는가?"

인류학자들은 또한 사회과학과 의학을 결합할 필요성에 관한 증거는 서아프리카뿐 아니라 아시아에서도 찾을 수 있다고 강조했다. 마스크에 관한 이야기가 특히 충격적이다. 21세기 초에 사스(SARS)가 아시아를 휩쓸고 지나간 뒤 인류학자와 사회학자들(피터 배어Peter Baehr, 기드온 라스코Gideon Lasco, 크리스토스 린터리스Christos Lynteris 등)은 현지의 "마스크 문화"의 출현을 연구했다. 이들은 마스크가 전염을 막는 데 도움이 된 것은 단지 경성 과학(마스크가 바이러스 입자를 들이마시거나 내뱉는 것을 막는 데 도움이 되는지 여부) 때문이 아니라 마스크가 사람들에게 행동을 수정해야 할 필요성을 일깨워주는 강력한 심리적 장치가 되어주기 때문이라는 결론을 내렸다. 마스크는 시민의식을 드러내는 상징이기도 하다.[35] '마스크를 쓰는' 행위로 인해 다른 행동도 바뀌는 것이다.

일부 정부의 관리들은 경청했다. 가령 뉴욕의 공무원들은 시민들에게 신속히 마스크를 쓰도록 설득하는 캠페인을 벌였다. 처음에는 효과가 없어 보였다. 뉴욕에서는 마스크가 사회적 낙인을 연상시키고 시민의 개인주의 문화를 침해하는 것으로 보였기 때문이다. 하지만 맨해튼 곳곳의 광고판이 마스크에 관한 '의미망'을 바꾸려고 시도하는 메시지로 도배되었다. 기어츠의 말을 빌리자면 마스크를 낙인이 아니라 힘의 상징으로 새롭게 정의하려고 시도한 것이다. 어느 광고판에는 이렇게 적혀 있었다. "마스크 안 썼어요? 안 돼요!" 또 어딘가에는 이렇게 적혀 있었다. "우리는 강한 뉴욕이다." 또 (추수감사절에) 어느 광고판에는 이렇게 적혀 있었다. "칠면조 짓(멍청한 짓 – 옮긴이) 하지 마세요. 마스크를 씁시다!" 리처즈와 모쿠와가 시에라리온에서 본 '산데'의 뉴욕판이었다. 효과가 있었다. 뉴욕 시민들은 재빨리 거의 종교적 열기로 마스크를 받아들였다. 문화적 신념 체계가 매우 중요하긴 하지만 바꾸는 것이 불가능하지는 않다는 리처즈의 주장이 입증된 셈이었다.

보스턴에서는 매사추세츠주의 공화당 주지사 찰리 베이커(Charlie Baker)가 창의력을 발휘했다. 그는 파머의 파트너스인헬스 팀을 고용하여 서아프리카를 비롯한 여러 지역에서 얻은 교훈으로 코로나19와 싸우기로 했다. "이것이 역혁신(reverse innovation, 신흥 시장에서 일어난 혁신이 선진국으로 돌아오는 현상 – 옮긴이)입니다." 파머가 설명했다. 그는 베이커에게 코로나19를 막으려면 하향식 명령이나 디지털 앱에만 의존하지 않고 치료와 공감을 통해 지역사회와 협력하는 것이 최선이라고 조언했다. "어떤 (접촉자 추적) 앱도 (코로나19 피해자에게) 정서적 지원을 제공하거나 복잡하고 고유한 요구를 해결해주지 못한다. 그 사람과 함께 걸으며 그 사람에게 필요한 것을 해결해주어야 한다." 파트너스인헬스의 하버드 출신 의사 엘리자베스 로(Elizabeth Wroe)의 설명이다.[36]

하지만 다른 많은 지역에서는 관료들이 에볼라의 교훈(그리고 사회과학)을 무시했다. 워싱턴에서는 국립과학재단의 과학자 대니얼 고로프(Daniel Goroff)가 전용 네트워크를 만들어 "정부의 모든 의사결정권자가" 사회과학과 의학을 결합하여 효과적인 범유행 정책을 세우도록 도왔다.[37] 하지만 트럼프의 백악관은 행동과학이나 역혁신을 수용하려는 의지를 보이지 않았다. 영국에서는 비상사태과학자문단체(Scientific Advisory Group for Emergencies, SAGE)가 행동과학자 데이비드 핼펀(David Halpern)을 불렀다. 핼펀은 영국 정부가 독일이나 한국 같은 국가로부터 마스크에 관한 교훈을 수입해야 한다고 (현명하게) 제안하는 보고서를 유포시킨 인물이다.[38] 하지만 비상사태과학자문단체는 인류학자(혹은 행동과학자)가 제안하는 정책과는 정반대인 정책을 내놓는 정치인이나 의학 같은 분야의 과학자들에게 지배당했다. 우선 보리스 존슨(Boris Johnson) 수상은 국민이 마스크를 쓰지 말아야 한다고 선포했다. 그러다 다시 마스크를 쓰자고 했지만 정작 자신은 마스크 쓰는 것을 꺼렸다. (영국은 훌륭한 지역 보건소를 갖추고 있는데도) 정책은 하향식으로 적용되었고 정부는 비용이 큰 (효과는 거의 없는) 디지털 접촉자 추적 기술에 돈을 쏟아부었다. 영국 내

각부 장관이었던 거스 오도넬은 이렇게 개탄했다. "정부가 행동과학과 여러 인문과학의 전문성을 융합하는 과정은 한심한 수준이다. 정부가 '과학을 따른다'고 말할 때는 알고 보면 의학만 따른다는 뜻이다. 결과적으로 일방적인 관점에서 접근하고 의문스러운 쪽으로 정책을 결정한다."[39]

왜일까? 우선 정치에서 한 가지 이유를 찾을 수 있다.* 미국에서는 트럼프가 반이민 정책, 혹은 서아프리카 같은 지역의 빈곤 국가들을 "거지 소굴"로 조롱하는 식의 미국 우선주의 메시지로 정권을 창출했다. 런던에서 존슨은 경험과학에 경도된 듯 보이는 도미닉 커밍스(Dominic Cummings)의 의견에만 과도하게 의존했다.[40] 자만심도 있었다. 영국과 미국 정부는 자기네 의료 제도가 세계 최고이므로 역혁신을 수용할 필요가 없다고 자만했다.[41] 인류학자 리처즈는 또하나의 문제도 있다고 의심했다. 바로 '이국적'이라는 기만적인 꼬리표다. 위티가 2014년에 화이트홀에서 인류학자들과의 회의를 주최한 이유는 사실 영국 정부의 관료들이 낯선 타자를 상대하고 있다고 보았기 때문이다. 2020년에 그들은 '낯익은' 풍경에 놓여 있다고 생각했다. 그래서 굳이 타자에게서 배우거나 자신을 거울에 비춰볼 필요가 없다고 느꼈다. 불과 2년 전에 영국 정부가 행동과학자 핼펀을 중심으로 조직한 행동통찰팀이 "선출직과 비선출직 정부 관료들은 그들이 남들에게서 해결하려는 편향과 편견이 그들에

* 서구의 다른 국가들, 가령 다양하게 대응하는 유럽 각국을 무시하려는 것이 아니라 지면상 여기서는 앵글로색슨의 세계에 집중하겠다.

게 어떤 영향을 미치는지"부터 고민해야 한다고 지적했는데도 말이다.[42]

이렇게 비극적 실수가 저질러졌다. 서구의 각국 정부들이 코로나19 위기가 시작될 때 자신들을 거울에 비춰보기만 했어도 범유행과 싸우기 위한 시스템의 허점을 발견했을 수도 있다. 그들이 서아프리카나 아시아의 경험을 살펴보았다면 또 하나의 중요한 교훈을 다시 깨달았을 것이다. 의사들이 공감하는 자세로 지역사회와 협조할 때 범유행을 물리치기가 훨씬 수월하다는 점이다. 리처즈는 이렇게 말했다. "정부는 아프가니스탄에서처럼 문화적으로 이해하기 어려운 경우 인류학자에게 도움을 받아야 한다는 것을 잘 안다. 그런데 맨체스터나 사우스요크셔 같은 영국 국내에서는 인류학자의 도움이 필요하다고 생각하지 않는다. 하지만 필요하다."

2부

'낯익은 것'을
낯설게 하기

우리가 사는 방식을 '정상'으로 여기고 다른 방식은 모두 이상하다고 생각하는 것이 인간의 본성이다. 하지만 잘못된 생각이다. 인류학자들은 인간이 살아가는 방식은 다양하고 모든 방식이 다른 누군가에게는 이상해 보일 수 있다는 점을 이해한다. 이제 이런 이해를 실질적으로 활용할 수 있다. 세상을 다른 사람의 눈으로 보고 자신을 더 객관적으로 돌아보면 위험과 기회를 포착할 수 있다. 나는 저널리스트로서 이렇게 해왔다. 그리고 많은 소비재 기업이 이런 방법으로 서구의 시장을 이해했다. 그런데 같은 방법으로 조직이나 기업의 내부에서 일어나는 상황도 이해할 수 있다. 특히 상징의 힘, 공간 사용(아비투스), 질질 끌기, 사회적 경계선에 대한 정의와 같은 인류학 개념과 도구를 빌려올 수 있다.

4
금융인들이 묻지 않는 가장 단순한 질문

∎

**어떤 사람이 무언가를 이해하지 않음으로써 돈을 번다면
그 사람에게 그것을 이해시키기란 어렵다.**

나는 프랑스 남부 해안 코트다쥐르의 니스에 있는 현대적인 시의
회 의사당의 어둑해진 회의실 뒷줄에 바보가 된 기분으로 앉아 있
었다. 내 옆에는 치노팬츠에 파스텔톤 셔츠를 입은 남자들이 줄줄
이 앉아 있었다. 다들 커다란 플라스틱 끈을 목에 걸었고 그 끈에는
"유럽 금융증권화 포럼 2005"라고 적힌 명찰이 달려 있었다. 모기
지(부동산을 담보로 주택저당증권을 발행하여 장기주택자금을 대출해주는
제도 - 옮긴이)나 기업 대출과 연계된 파생상품을 비롯한 복잡한 금
융 상품을 거래하는 금융인들이 모인 자리였다. 나는 〈파이낸셜 타
임스〉의 기자 자격으로 회의를 보도하기 위해 그 자리에 있었다.

회의장 앞 연단에 오른 금융인들은 금융계의 혁신에 관해 논의하면서 온갖 방정식과 도표와 그리스어 문자, 그리고 'CDO', 'CDS', 'ABS', 'CLO' 같은 약어가 적힌 파워포인트를 능수능란하게 다루었다. '다시 오비사페드로 돌아간 기분이군!' 나는 속으로 생각했다. 다시 한번 문화 충격에 휩싸였다. 사실 낯익은 문화적 패턴이 있는 장소라서 타지키스탄보다는 미묘한 충격이었다. 하지만 이곳의 언어가 내게는 외계어로 보였다. CDO가 뭔지, 이 회의장에서 도대체 무슨 일이 벌어지고 있는지 도통 알 길이 없었다.

'투자 은행 회의가 꼭 타지크의 결혼식 같군.' 이 자리에 모인 집단은 의식과 상징으로 사회적 유대와 세계관을 형성하고 강화했다. 타지키스탄에서 사람들은 결혼식과 춤과 수놓은 쿠션 선물로 이루어진 복잡한 의식에 참여했다. 이곳 니스에서는 금융인들이 명함과 술과 농담을 주고받으면서 공동의 골프 투어에 참여하고 조도를 낮춘 회의장에서 파워포인트를 보았다. 두 곳 모두의 의식과 상징은 집단이 공유하는 인지도와 편향과 가정을 반영하고 재생산했다.

그렇게 나는 타지키스탄의 결혼식에서 상징(기어츠의 표현으로는 의미망)을 '해독하려고' 안간힘을 쓸 때처럼 프랑스의 어두운 회의장에 앉아 회의의 근간이 되는 상징적 지도를 '해독하려고' 애쓰면서 그들이 말하지 않는 것뿐 아니라 그들이 의논하고 싶어 하는 주제에 집중했다. 그러자 서서히 패턴이 드러났다. 그 자리에 모인 금융인들은 외부인은 거의 알아듣지 못하는, 그래서 그들 자신을 엘리트로 느끼게 해주는 언어와 지식을 자유롭게 사용한다고 생각했다. "저희 은행의 다른 누구도 제가 하는 일을 몰라요!" 내가 어느

금융인에게 'CDO'와 'CDS'가 무슨 뜻이냐고 물었을 때('부채담보부
증권collateralized debt obligation'과 '신용부도스와프credit default swap'의 약어라고
했다) 그가 농담으로 한 말이다. 금융인들은 이런 공통의 언어를 공
유한다는 점에서 공통의 정체성을 형성한다. 그들은 뉴욕, 런던, 파
리, 취리히, 홍콩에 흩어져서 일하지만 일을 통해 형성되는 지식의
끈과 사회적 관계로 서로 단단히 연결되어 있었다. 그들은 블룸버
그 주식거래 단말기에 장착된 전용 메시지 시스템으로 소통한다.
'블룸버그 마을 같군.' 나는 속으로 농담을 했다. 금융인들에게도
그들의 활동을 정당화하기 위한 (인류학 용어를 빌리자면) 독특한 '창
조 신화'가 있었다. 외부인들은 그들이 단지 돈을 벌기 위해 수작을
부린다고 말했다. 하지만 금융인들은 그들의 활동을 그렇게 말하
지 않았다. 대신 '효율성'이니 '유동성'이니 '혁신'과 같은 개념을 끌
어왔다. (이 회의가 소집된 이유인) 금융증권화(securitization)의 창조 신
화에서는 금융증권화로 인해 부채와 위험이 물처럼 원활히 거래되
어 돈을 빌리는 비용이 저렴해지므로 시장의 '유동성'이 높아질 거
라고 주장한다. 그들은 금융증권화가 금융인에게나 비금융인에게
나 똑같이 유익하다고 주장했다.

또 하나 인상적인 특징이 있었다. 금융인들의 파워포인트에는
한 가지가 빠져 있었다. 바로 인간의 얼굴이나 이미지다. '혁신'이
보통 사람들에게 유익하다고 주장하는 금융계의 창조 신화에 정작
인간이 없다는 점이 이상해 보였다. 또 금융인들이 그들의 일에 관
해 말할 때도 살아 숨 쉬는 **사람**들을 언급하는 경우는 드물었다. 대
신 그리스 문자나 약어, 알고리즘, 도표가 파워포인트 슬라이드를

가득 메웠다. '그런데 누가 이 돈을 빌리지? 인간은 어디에 있지? 이 개념이 실생활과 어떻게 연결되지?'

처음에는 이런 질문으로 호기심이 일었다. 두렵지는 않았다. 인류학적 사고방식의 결정적 특징은 (저널리즘의 사고방식과 마찬가지로) 강박적인 호기심이다. 나는 탐구해달라고 아우성치는 새로운 변경에 들어선 기분이었다. 이 새로운 영토의 길잡이가 될 만한 여행서를 제공하면 〈파이낸셜 타임스〉의 독자들에게 가치가 있을 거라는 생각이 들어서 실리콘밸리를 다룬 다른 저널리스트들의 기사처럼 이곳에 관해 써볼까 생각했다. 금융계든 실리콘밸리든 양쪽 모두에는 혁신에 관한, 그리고 혁신이 인류에게 가져다주는 혜택에 관한 복음주의적 창조 신화가 있다.

나중에 금융계의 창조 신화에는 연방준비제도이사회의 전 의장 앨런 그린스펀의 말처럼 심각한 '결함'이 있는 것으로 드러났다.[1] 내가 2005년에 니스의 회의장에서 관찰한 문화적 패턴에는 이미 2008년 금융위기를 일으킬 위험이 도사리고 있었다. 정확히 말하면 금융인들은 이처럼 긴밀하게 연결된 지식의 부족을 형성하고 외부로부터 면밀한 검토를 거의 받지 않은 탓에 그들의 창작품이 통제를 벗어나는지도 알아채지 못했다. 더욱이 그들은 이익과 혁신을 둘러싼 강렬한 창조 신화에 현혹되어 위험을 외면하고 있었다. 인류학자 대니얼 베운자는 훗날 이런 현상을 "모형에 기반한 도덕적 이탈"이라고 일컬었고,[2] 인류학자 캐런 호는 "유동성 사교(邪敎) 집단"[3]이라고 불렀으며, 뱅상 레피네는 금융계에서 통용되는 복잡한 수학의 "수수께끼"를 지적했다.[4] 어떻게 비유하든 문제는 금융인들이 자기네가 하는 일의 외부 맥락(저리 대출이 대출자에게 어떤 결과를 초래하는지)도, 그들 세계의 내부 맥락(배타적 집단과 특이한 인센티브 구조가 어떻게 위험을 조장하는지)도 보지 못했다는 것이었다.

그래서 인류학 시야가 중요하다. 인류학의 한 가지 장점은 낯선 '타자'에 대한 공감을 심어줄 수 있다는 것이다. 또 하나의 장점은 인류학이 낯익은 것(우리 자신)을 비추는 거울이 되어줄 수 있다는 점이다. '낯익은 것'과 '낯선 것'의 경계를 명확히 구분하기란 쉽지 않다. 문화적 차이는 고정된 박스권이 아니라 변화하는 스펙트럼상에 존재한다. 하지만 핵심은 이렇다. 내가 어디에 있든, 낯익은 것과 낯선 것이 어떻게 섞여 있든, 항상 잠시 멈추어 니스의 금융인들이 묻지 않은 단순한 질문을 자신에게 던져야 한다는 것이다. 내가 이 문화에 완전한 이방인으로, 혹은 화성인이나 어린아이로 들어온다면 내게는 무엇이 보일까?

◆ ◆ ◆

금융위기로 가는 나의 여정은 내전이 한창이던 타지키스탄의 어느 호텔 방에 숨어서 총성을 들은 지 6개월 뒤인 1993년에 시작되었다. 나는 현지 탐사를 다녀온 직후 〈파이낸셜 타임스〉에서 인턴으로 일을 배운 뒤 프리랜서 해외특파원이 되었다. 이후 (박사학위를 마무리하는 사이) 수습사원 자리를 제안받았다. 마침 저널리즘에 매료된 나는 그 제안을 기꺼이 받아들였다.

런던의 〈파이낸셜 타임스〉 본사에 입사했을 때 상관이 나를 '경제방'(혹은 경제팀)에 배치해서 일을 배우게 했다. 물론 영광으로 생각해야 했다. 하지만 나는 실망했다. 내가 저널리즘의 세계에 발을 들인 이유는 문화와 정치에 관심이 있었기 때문이다. 내게 경제와 금융은 그저 수수께끼 같았다. 도무지 알아들을 수 없는 용어가 난무하는 따분한 분야. '내가 이런 걸 하려고 저널리스트가 된 게 아니야!' 나는 경제방(곧 경제팀)에 앉아 '독학으로 배우는 금융'에 관한 책을 설렁설렁 넘기며 속으로 투덜댔다. 그러다 문득 내가 그런 반응을 보이는 이유는 두려움과 편견 때문이라는 자각이 들었다. 대학에서 인류학과 학생들은 대개 금융인을 꿈꾸는 학생들과는 전혀 다른 사회 '부족'을 이루었고, 금융 관련 학생들의 언어를 도저히 이해하지 못했다. 이런 문화적 차이를 뛰어넘으려면 인류학과 유사한 기술이 필요했다. 나중에 나는 2008년 금융위기가 발생한 뒤 영국의 저널리스트 로라 바튼과의 인터뷰에서 이렇게 말했다. "타지키스탄에 있는 것과 똑같다고 생각했어요. 제가 할 일은 새로운 언어를 배우는 것뿐이었어요. 그곳에는 자기네 활동을 온갖 의식과 문화적 패턴으로 꾸미는 사람들이 잔뜩 있었어요. 나는 타지크어도 배웠으니 틀림없이 외환시장이 어떻게 돌아가는지도 배울 수 있다고 생각했어요."[5]

이렇게 마음가짐을 바꾸자 보상이 주어졌다. 세계에서 돈이 어떻게 이동하는지 들여다볼수록 점점 더 매료되었다. 나는 바튼에게 이렇게 말했다. "예술과 인문학, 사회학을 공부한 사람들은 돈과 도시가 지루하고 다소 더럽다고까지 생각하는 경향이 있어요. 그런데 사실 돈이 어떻게 이동하는지 보지 못한다면 세계를 전혀 이해하지 못하는 거예요." 물론 돈의 세계에서 일하는 사람들은 돈이 세계를 '움직이는' 유일한 힘이라고 생각한다. 이런 생각도 틀렸다. "금융인들은 돈과 이윤 동기가 중력만큼이나 보편적인 법칙이라고 믿고 싶어 해요." 내가 바튼에게 말했다. "이미 정해진 것이고 철저히 비인간적이라고 생각하죠. 사실은 그렇지 않아요. 금융인들이 하는 일에서도 문화와의 상호작용이 중요해요." 나는 두 가지 관점을 연결해서 돈과 문화를 동시에 연구할 수 있다면 통찰을 얻을 수 있을 거라고 생각했다(혹은 그러기를 바랐다). 이후로도 오랫동안 〈파이낸셜 타임스〉에서 경력을 쌓으면서(처음에는 유럽의 〈파이낸셜 타임스〉 경제팀에서 일했고, 이후 5년간 일본에서 기자와 보도국장으로 일했다) 나 자신에게 거듭 같은 질문을 던졌다. 돈이 어떻게 세상을 돌아가게 만드는 걸까? 세계의 다양한 사람들은 이런 과정을 어떻게 바라볼까? 말하자면 금융에 관한 '의미망'은 무엇일까?

2004년 말에 나는 런던 〈파이낸셜 타임스〉 본사의 다른 '데스크'에 앉아 있었다. '렉스(Lex)'라는 특이한 이름이 붙은 팀이었다.* 렉스팀에서는 기업 금융에 관한 촌철살인의 논평을 내놓아야 했다. 결국 나는 계획이 아닌 우연에 의해 렉스팀에 들어갔다(일본에서 일

---

* 렉스 칼럼은 1945년에 시작되었는데 이름의 유래는 명확히 밝혀지지 않았다. 〈파이낸셜 타임스〉에서 전해지는 이야기로는 상인법을 뜻하는 라틴어 '렉스 메르카토리아(lex mercatoria)'에서 왔다고 한다. 또 1940년대에 경쟁 신문사에서 셰익스피어의 〈겨울이야기〉에 등장하는 좀도둑 아우톨리코스를 필명으로 칼럼을 내기 시작한 이후, 이를 비꼬기 위해 '데 미니무스 논 쿠라트렉스(de minimus non curat lex)', 곧 '법은 아주 사소한 일(좀도둑)까지 신경 쓰지 않는다'라는 문구에서 따온 이름이라는 설도 있다. https://www.politico.com/media/story/2014/08/the-60-second-interview-rob-armstrong-head-of-the-lex-column-financial-times-002617/.

한 뒤 이란에서 해외특파원으로 활동하고 싶었지만 임신하는 바람에 계획을 수정해야 했다). 하지만 내 공식 직함은 렉스팀의 '부장 대리'였기에 나는 〈파이낸셜 타임스〉가 기업 금융에 관해 내놓을 논평을 전략적으로 감독해야 했다. '바티칸 교회 소식지의 편집자가 된 것 같군.' 나는 가끔 이렇게 생각하며 혼자 웃었다.

2004년의 어느 가을날 나는 주간에게서 한 가지 요청을 받았다. 렉스 칼럼에서 다루는 주제를 정리한 보고서를 작성해줄 수 있는가, 칼럼을 어떻게 바꿀 수 있고 어떻게 바꿔야 하는지 보고해줄 수 있는가? 우선 나는 언론사의 규정에 따라 일반적인 방식으로 답했다. 그러니까 우리의 지난 칼럼과 경쟁 신문사의 칼럼을 검토하고 우리의 뉴스 보도를 살펴본 다음 우리의 입장이 합리적인지 아닌지 추측하려 했다. 이렇게 분석한 결과 우리의 렉스 칼럼은 아시아와 기술 부문에 충분히 관심을 두지 않은 것으로 드러났다. 나는 이점을 요약해서 보고서를 돌렸다.

그러다 이런 생각이 들었다. '내가 인류학자로서 이 보고서를 작성했다면 어떻게 보였을까?' 내가 어느 날 갑자기 시티오브런던이나 〈파이낸셜 타임스〉 뉴스 부서에 내부인과 외부인으로 불시착한다면 나는 과연 무엇을 보게 될까? 물론 말리노프스키 같은 인류학자가 트리브리안드 제도에서 천막을 치고 인류학 현지 탐사를 진행하던 방식으로는 이 질문에 답할 수 없었다. 내가 오비사페드에서 했던 것처럼 마을을 돌아다니며 사람들의 삶을 엿보는 방식도 통하지 않았다. 오비사페드에서는 사람들에게 자유로이 질문하고 사람들의 삶을 관찰할 수 있었다. 내가 떠들썩한 아이들과 함께 카메라를 들고 계곡을 누비며 내 '숙제'를 하는 사이 마을 사람들은 내가 사진을 찍어서 나눠주는 것에 신이 나서 그들 삶의 구석구석 (여느 때라면 미혼의 여자에게 보여주지 않을 모습까지)을 다 보여주었다. 하지만 시티오브런던의 금융기관들은 저널리스트가 혼자 마음대로 사무실을 누비게 놔두지 않았고, 저널리스트는 주로 홍보팀 담당자(혹은 기자들의 농담으로 '경호원')의 감시 없이는 혼자서 건물 안으로 들어갈 수도 없었다. 증권거래소 같은 기관이나 잉글랜드은행 또는 미국 중앙은행과 같은 공공기관도 마찬가지였다. 따라서 금융인들이 그들의 서식지에서 자연스럽게 머무는 모습을 관찰하기는 어려웠다. 말하자면 초창기의 인류학자들이 마주한 적 없는 위계의 문제가 존재했다. 말리노프스키 같은 인류학자들은 트리브리안드 제도에서 그들이 연구하는 사회보다 더 힘 있는 사회에서 온 사람들이었다. 하지만 시티오브런던에서는 금융인들이 저널리스트나 인류학자보다 훨씬 더 강력한 사람들이었고, 위계질서에서 아래 있는 사람이 "높은 쪽을 연구하는" 것은 어려운 과제였다.[6]* "록펠러의 안뜰이나 J. P. 모건 건물의 로비나 뉴욕 증권거래소에 '천막을 친다'는 개념 자체가 성립되지 않는다. 그뿐만 아니라 이 개념은 '권력의 핵심'을 연구할 때는 제한적이고 적절하지 않

---

* "높은 쪽을 연구하는" 방법에 관한 문제는 1970년대에 인류학자 로라 네이더(Laura Nader)가 처음 제기한 이후 인류학계에 끝없는 자기성찰을 촉발했다. 일부 인류학자는 그들이 연구할 기관에 들어가서 일하는 식으로 대응했다. 레피네와 호는 은행에서 일했다. 하지만 연구자들이 굳이 동질성을 확보해야 하는지에 관한 윤리적 문제가 제기되었다. 한편 다른 방법으로 디나 라작(Dinah Rajak) 같은 연구자들은 '기업의 사회적 책임'팀에서 일함으로써 부분적으로 외부에 머물면서 기업을 감시하는 방법을 택했다.

다."20세기 후반과 21세기 초반에 뱅커스트러스트(Bankers Trust)의 백
오피스(거래 체결과 직접적인 관련 없이 그 이후의 과정이나 기타 지원 따
위를 맡아 후방에서 업무를 도와주는 부서 – 옮긴이)에서 일하면서 월스
트리트를 연구한 인류학자 캐런 호의 말이다.[7]

그래서 나는 즉흥적으로 새로운 방법을 찾아냈다. 렉스 칼럼을
쓰기 위해 금융인들을 인터뷰하면서 구조화되지 않은 개방형 질문
을 던지고, 그들이 내게 해주는 말과 함께 해주지 않는 말에도 주목
하려 했다. 그리고 두어 번은 타지키스탄의 마을에서 쓰던 전략을
빌려왔다. 사람들에게 빈 종이와 연필을 나눠주고 그들 세계의 여
러 조각이 어떻게 맞물리는지 그려보게 하는 방법이었다. 오비사
페드에서는 이렇게 친족 간의 연결 관계를 파악하고 가족의 패턴
이 마을 안에서 집들의 위치에 어떤 영향을 미치는지 파악할 수 있
었다. 런던의 레스토랑에서는 금융인들에게 금융시장의 다양한 조
각이 어떻게 맞물리는지와 각 조각의 상대적 크기를 내 노트에 그
려달라고 부탁했다.

내부자가 시티오브런던을 이루는 모든 금융 흐름의 '지도'를 그
리기란 무척 어려웠다. 각자는 전체 그림의 조각들만 볼 수 있었다.
일례로 주식 상장에 관한 좋은 정보가 있었다. 그런데 민간 은행이
나 정부 부처에서 일하는 사람은 전체가 어떻게 상호작용하는지
보여주는 흐름도를 그리지 못했다. 금융인들이 원래 무엇이든 집
요하게 측정하는 사람들이라는 점에서 이상해 보였다. 사실은 이
상한 게 아닐 수도 있었지만. 말리노프스키가《서태평양의 항해자
들(Argonauts of the Western Pacific)》에서 처음 지적했듯이 내부인이 자기가

속한 세계의 전체 '지도'를 보는 것은 언제나 어렵다.

설령 금융 흐름과 금융 활동의 상대적 크기를 담은 전체 그림을 그릴 수는 있다고 해도 그 그림에는 해당 주제에 관한 대화가 풍부하게 반영되지 않는다. 구체적으로 말하자면 〈파이낸셜 타임스〉와 같은 매체는 주식시장에 관해 방대한 기사를 생산했다. 하지만 기업 채권에 관한 기사는 적고, 파생상품에 관한 기사는 거의 없었다. 금융인들이 줄곧 내게 기업 대출과 파생상품의 세계가 매우 방대하고 수익성이 상당하며 확장성도 어마어마하다고 말했는데도 말이다. 거듭 말하지만 인류학자에게는 그리 놀라운 양상이 아니다. 어느 사회에서든 사람들이 한다고 말하는 것과 실제로 하는 것 사이에는 차이가 있다. 타지키스탄의 마을 사람들은 결혼식에 관해서는 길게 말하지만 집단농장의 노동처럼 일상에서 못지 않은 비중을 차지하는 영역에 관해서는 거의 말하지 않았다. 이런 부조화가 놀랍지는 않지만 저널리스트인 내게는 실질적인 함의가 있다. "금융 제도는 빙하 같아!" 내가 동료들에게 한 말이다. 언론에서는 작은 일부(주식시장)만 집중적으로 보도하기 때문에 이 부분이 더 부각되었다. 더 거대한 부분(파생상품과 대출)은 거의 다 물속에 잠겨 있었다. 여기서 특종을 잡을 기회가 엿보였다. 아니, 나는 그러기를 바랐다.

나는 〈파이낸셜 타임스〉의 주간에게 렉스 칼럼의 미래에 관한 공식 보고서를 제출한 뒤 "금융 빙하"라는 제목으로 두 번째 보고서를 작성했다. 이 보고서에서는 〈파이낸셜 타임스〉가 파생상품이나 대출과 같은, 금융 세계라는 빙하의 "물속에 잠긴" 부분에 관해 더 많이 기사를 내보내야 한다고 강조했다. 주식시장에 관한 보도는 이미 넘쳐나서 상투적으로 느껴질 정도이므로 이제는 누구도 다루지 않는 주제로 기사를 내는 것이 더 합당하다고 판단했다. 처음에는 반응이 없었다. 그러다 조직 개편이 일어나고 나는 렉스팀을 떠나 자본시장팀의 팀장 자리로 가달라는 제안을 받았다. 주간이 내게 "그 팀에서 그 빙하 일을 할 수 있네!"라고 말했다. 사실 그렇게 신나지는 않았다. 렉스팀은 〈파이낸셜 타임스〉의 생태계에서 높은 지위에 있었다. 경제팀도 마찬가지였다. 주간의 사무실과 가깝고 템스강과 세인트폴 대성당이 내려다보이는 안락한 사무실을 차지했다. 반면에 자본시장팀은 따분하고 지위도 낮아 보였다. 이 팀의 기사는 주로 신문 뒷면에 묻혔고, 사무실은 주간의 사무실과 반대편에 위치한, 창밖으로 쓰레기장이 내려다보이는 곳이었다.

'나 지금 마미 트랙(mommy track, 육아를 위해 출퇴근 시간은 조절할 수 있지만 승진이나 급여 면에서 기회가 적은 취업 형태 - 옮긴이)을 탄 건가?' 나는 마침 둘째를 임신했고, 그대로 경력이 단절될 것이 두려웠다. 렉스팀의 한 여자 동료가 내게 용기를 주려고 이렇게 말했다. "자본시장팀은 애 낳고도 일하기 좋은 곳이야. 아무 일도 일어나지 않으니까! 매일 5시에 칼퇴근할 수 있어!" 이 말에 기분이 더 나빠졌다.

◆ ◆ ◆

2005년 3월에 나는 '자본시장팀 팀장' 직함을 달고 새로운 일을 시작했다. 나는 금융계의 낯설고 새로운 변경을 탐험하고 싶었다.

그러나 현실적인 문제에 부딪혔다. 내가 (친구들에게 농담으로 말한 대로) 금융인들이 '자연스러운 서식지에 머무는' 모습을 관찰할 수 있는 유일한 장소는 금융 회의뿐이었다. 금융인들이 홍보팀이라는 경비원 없이 저널리스트들과 한 공간에서 어슬렁거릴 수 있는 유일한 장소였다. 그래서 나는 프랑스의 니스에서 열린 유럽 금융증권화 포럼을 시작으로 금융계의 회의에 닥치는 대로 참석했다. 그리고 이를 더 공식적인(통제된) 방문으로 보완하기 위해 금융인의 사무실을 찾아가 금융 혁신의 세계에 관한 새로운 안내서를 만들려고 했다.

어려웠다. 전문용어가 난무해서 외부인으로서는 도대체 어떻게 돌아가는 세계인지 이해하기 어려웠다. 금융계 용어로 그들의 일을 설명하자면, 부채를 '증권화'하는 개념은 새로운 것이 아니었다. 금융인들이 부채를 잘게 쪼개서 (채권처럼) 새로운 증권을 발행하는 관행은 20년 전부터 이어졌다. 어느 정도는 (스위스 도시의 이름을 딴) 바젤1이라는 엄격한 금융 규약에 대응하기 위한 전략이었다. 하지만 2005년에 이런 관행을 새롭게 변형한 각종 기법이 출현했다. 바젤2라는 새 규약을 활용하기(금융계의 표현으로는 '차액 거래'하기) 위해 기업 대출만이 아니라 위험한 '서브프라임' 모기지도 이용했기 때문이다. 이런 새로운 하위 시장의 규모에 관한 자료도 없고 전문용어를 설명해주는 안내서도 없었다. 내가 어느 금융인에게 'CDO'가 무슨 의미인지 설명해달라고 하면 그는 (혹은 드물게 그녀는) 투자자들에게 각기 다른 위험 수준을 붙여서 판매하는 다양한 부채 조각을 모아놓은 상품이라고 설명했다. 또 'CDS'가 무슨 뜻이

냐고 물으면 각 부채의 조각이 부도 날 위험에 투자하는 자산이라
는 설명이 돌아왔다.

'그런데 이런 개념을 〈파이낸셜 타임스〉 독자들에게 어떻게 전
달하지?' 나는 줄곧 이 질문을 고민했다. 결과적으로 가장 쉬운 전
략은 은유를 사용하는 것이었다. 가령 CDO를 소시지에 비유하자
면 금융 '고기(부채)' 덩어리를 얇게 저미서 새로운 포장재(CDO)로
재조합하고 세계 각지에서 팔기 위해 다양한 맛(기업 대출, 모기지,
다양한 리스크 수준, 혹은 '트랑셰')으로 양념하는 것이다(트랑셰는 금융
기관이 개별 대출을 모아서 이를 기반으로 다시 발행하는 채권이다 - 옮긴
이). 때로 투자자들은 이런 CDO를 잘게 쪼개고 조각들을 다시 묶
어서 'CDO 스퀘어드(CDO squared)'라는 새로운 자산을 만든다. 말하
자면 소시지 스튜 같은 것이다. 한편 CDS는 경마에 비유할 수 있
다. 경마에서 사람들은 말을 거래하는 것이 아니라 어떤 말에 베팅
하고 그 말이 이기는지 확인한다. 정확히 말하면 말이 쓰러져 죽
을 위험에 대비해서 보험으로 베팅하는 것이다. 나는 이 부분을 보
완해서 설명하기 위해 〈파이낸셜 타임스〉의 그래픽팀에게 기사 옆
에 도표와 말(과 소시지) 사진을 넣어달라고 부탁했다. 그리고 주제
가 덜 추상적으로 보이도록 사람들의 얼굴 사진도 넣고 싶었다. 하
지만 부채나 파생상품이나 금융증권화와 관련된 금융인 중에 정식
인터뷰에 응하거나 사진이 실리기를 원하는 사람은 드물었고, 또
이런 복잡한 금융 사슬의 맨 마지막에 있는 인간 채무자를 만나는
것도 거의 불가능했다.

2005년이 지나가는 사이 이런 낯선 풍경이 서서히 형체를 갖추

었다. 게다가 금융인들이 서서히 나와 대화를 나누는 것에 호기심을 갖기 시작하면서 그들과의 접촉도 한결 수월해졌다. '저 사람들이 왜 말하고 싶어 할까?' 결국 오비사페드와 유사한 양상이 나타난 것이다. 타지키스탄의 마을 사람들은 내가 누군지(결혼 풍습을 연구하는 낯선 학생) 알기에 나를 기꺼이 만나주려는 듯했다. 한편으로는 내가 마을의 다른 집들과 대화를 나누고 있고 그들보다 더 자유롭게 질문을 던질 수 있는 입장이라는 것을 알기에 다른 집들은 뭐라고 말하는지 궁금해했다. 묘하게도 런던에서도 비슷한 느낌을 받았다. 자본시장의 금융인들은 디지털 기술과 원활히 연결되어야 했다. 은행에는 통일된 내부 운용 방식이 있어야 했다. 하지만 현실에서는 같은 은행 안에서도 데스크 사이에 정보가 원활히 흐르지 않았다. 금융인들은 팀별로 성과에 따라 돈을 받으므로 자기 팀에 대한 충성도가 압도적으로 높기 때문이었다. 자기 앞의 상황만 겨우 볼 수 있을 정도로 시야가 좁아지므로 다른 은행의 다른 데스크에서는 CDO나 CDS의 전체 시장이 어떻게 커져가는지 알 수 없었다. 이 세계는 내부인에게는 이상하게 불투명했고, 외부인에게는 더 불투명했다. "내가 꽃밭의 벌이 된 것 같아." 내가 동료들에게 농담으로 한 말이다. 나는 정보의 조각인 '꽃가루'를 따서 은행들 사이에 퍼트리고 있었다. 오비사페드에서 이 집 저 집 다니면서 그랬던 것처럼.

더 충격적인 사실은 이런 활동을 감시해야 하는 금융기관, 곧 중앙은행과 규제기관도 안개 속에 있기는 마찬가지였다는 점이다. 〈파이낸셜 타임스〉는 잉글랜드은행과 가까운 거리에 있었는데, 이

은행의 부서 구조도 우리 회사와 유사했다. 지위가 높은 (그리고 눈에 잘 띄는) 부서에서는 거시경제 통계를 추적 관찰했고, 눈에 덜 띄는 (그리고 다소 지위가 낮은) 부서에서는 자본시장과 금융권의 제도적 리스크를 추적 관찰했다. 두 번째 유형의 부서를 이끄는 폴 터커도 영국의 규제기관과 정치인들을 위해 금융 빙하의 어두운 부분에 관한 '안내서'를 만들려고 했다. 그와 나는 보고서를 교환했다. 하지만 터커도 신빙성 있는 자료가 부족해서 나와 유사한 의사소통의 난관에 봉착했다. 금융인이나 정치인들은 파생상품의 기술적 문제는 금융정책 같은 굵직굵직한 문제만큼 흥미롭지 않다고 여기는 경향이 있었다. 게다가 이 업계의 전문용어로 인해 상황이 더 혼탁해졌다. 터커는 복잡한 금융을 흥미롭게 보이게 해줄 새로운 용어를 만들려고 했다. 그중에는 '러시아 인형 금융'도 있고, '차량 금융'도 있다.[8] 하지만 이런 용어는 유행하지 못했다.

처음에는 이런 상황이 그저 거슬리는 정도였다. 하지만 몇 주가 지나는 사이 나는 경악했다. 외부인에게는 지나치게 복잡해 보여서 내부인 외에는 그 안에서 무슨 일이 일어나는지 이해하는 사람이 거의 없었다. 금융계 사람들은 걱정할 것이 없다고 주장했다. 어쨌든 이런 자산은 금융 제도 전반에서 위험을 줄여주지, 늘리지는 않을 거라고 했다. 이것은 유동성 창출 신화의 배경 논리이기도 했다. 말하자면 금융 혁신으로 인해 시장에서 리스크가 물처럼 원활히 흐르면서 리스크의 가격이 정확히 매겨지고 유통된다는 것이다.[9] 1970년대와 1980년대에는 은행들이 회계 장부에서 리스크를 집중시켜서 문제가 터졌다(이를테면 한 도시에 모기지 대출이 쏠렸기 때문이다). 하지만 금융증권화를 통해 신용 리스크가 널리 분산되어 다수의 투자자에게 손실이 발생하면 누구도 심각한 피해를 입지 않을 터였다. 한마디로 '백지장도 맞들면 낫다'는 논리였다.

'그런데 이 논리가 틀리면 어떻게 되는 거지?' 나는 이 논리가 맞는지 틀리는지 알 수 없었다. 모든 것이 지나치게 불투명했다. 그러다 나로서는 설명할 수 없는 어떤 특이성(혹은 모순)이 경종을 울리기 시작했다. 우선 2005년에 중앙은행이 계속 금리를 올리는데도 시장에서 차입 비용(돈을 빌리는 데 들어가는 이자나 수수료 – 옮긴이)은 계속 떨어졌다. 게다가 혁신으로 시장의 '유동성'이 커져서 자산을 손쉽게 거래할 수 있게 되었는데도 CDO가 거의 거래되지 않았다. 이런 자산은 지나치게 복잡했기 때문이다. 이런 자산은 순수 거래량 부족으로 시장가격을 얻지 못했고, 회계사들은 등급 모형에서 추산한 가격을 이용해 CDO의 가치를 장부에 기록했다. 원래는 시장평가(mark-to-market) 원칙을 따르거나 시장가격을 사용해야 했다. 회계사들이 심각한 지적 모순에 부딪힌 셈이었다. 또 한 가지 이상한 점은 금융증권화에는 은행이 다른 투자자들에게 부채를 팔아 대차대조표의 전체 자산이 줄어든다는 의미가 담겨 있는데, 잉글랜드은행의 자료에 따르면 대차대조표의 전체 자산은 계속 불어나고 있었다는 것이다. 뭔가가 석연치 않았다.

나는 이런 낯설고 어슴푸레한 세계 안에 리스크가 쌓이고 있는지 의문을 제기하는 기사를 몇 편 내보냈다.[10] 금융인들이 반발했다. 그러다 2005년 가을에 나는 출산 휴가를 받았다. 타이밍이 좋지 않았다. 나는 동료들에게 이렇게 투덜댔다. "재밌는 상황을 다 놓치게 생겼어!" 시장의 상황이 아주 이상하게 돌아가서 내가 휴가를 떠난 사이 시장 수정(market correction, 자유시장 경제가 불황이나 주식시장의 버블 현상과 같은 극단적인 상황에서 자생적으로 벗어나 균형을 회복하는 것 - 옮긴이)이 일어날 거라는 예감이 들었다. 하지만 내 예감이 틀렸다. 2006년 봄에 휴가를 마치고 〈파이낸셜 타임스〉로 돌아왔을 때도 시장은 '수정'(혹은 축소)되지 않았을 뿐 아니라 대출 비용은 더 낮아지고, 기한이 연장된 대출액은 더 늘어났으며, 혁신은 더 과감해졌다. '내가 완전히 헛짚었나?' 타지키스탄에서 박사학위 논문 주제를 바꾼 이후 다시 한번 나의 편견이 어떻게 나를 잘못된 방향으로 유도할 수 있는지 새삼 절감했다.

하지만 나의 불편감은 갈수록 심해졌다. 나는 점점 더 비판적인 기사를 내보냈다.[11] 혼자서 외로운 길을 가는 기분이었다. 상황이 더 광적으로 흘러갔지만 이런 낯선 세계를 들여다보는 외부인은 드물었고 경종을 울리려는 사람은 더 적었다. 금융인들은 '시장 유동화'와 '리스크 분산'의 가치와 같은 이론을 근거로 그들의 작품에 얽힌 탄탄한 '창조 신화'를 지어냈다. 그들에게 감히 도전하려는 외부인은 거의 없었다. 금융인들도 굳이 문제를 제기해서 얻을 것이 없었다. 그들이 의도적으로 자신에게 (혹은 남들에게) 거짓을 말해서가 아니었다. 그보다 중요한 (그리고 훨씬 더 치명적인) 것은 '아비투스' 문제였다. 아비투스는 내가 오비사페드에서 공적 공간과 사적 공간 사이의 분열에 관해 설명하면서 소개한 부르디외의 개념이다.[12] 금융인들은 날마다 증권사끼리 경쟁하는 것이 지극히 자연스럽고 증권사 밖에서는 (혹은 다른 증권사의) 누구도 증권사에서 어떤 상황이 벌어지는지 모르는 세계에서 살아간다. 이 세계에서는 거래를 수행하는 골치 아픈 업무를 백 오피스에 위탁하는 것도 자연스러웠다. 게다가 금융인들은 그들이 만든 상품의 전문용어를 그들만 이해하고 그런 난해한 용어에 사람들이 겁먹는 상황에 그리 놀라지 않았다. 그리고 금융인들은 전자 화면에서 추상적인 수학을 이용해 거래하므로 그들의 생각이 (그리고 삶이), 금융증권화가 현실 세계에 미치는 영향과 그렇게 동떨어진 것을 이상하게 여기지 않았다.

이런 상황에 예외가 있었다. 영화 〈빅쇼트(The Big Short)〉(마이클 루이스Michael Lewis의 책을 영화화한 작품)[13]에 나오듯이 2005년과 2006년에 소수의 헤지펀드 투자자만이 이런 CDO와 CDS 호황의 한복판에서 서브프라임 모기지 투자와 반대 방향에 베팅하기로('공매도 short'하기로) 했다. 이런 전략이 나온 계기는 어느 금융인이 플로리다에 갔다가 여러 개의 모기지를 받아놓고 갚지 못하는 폴댄서를 만난 것이 계기였다. 금융 사슬의 반대편 끝에 있는, 살아 숨 쉬는 인간을 만나 보고는 그들이 만든 작품에서 모순을 발견한 것이다. 하지만 (돌이켜보면) 놀라운 점은 이런 인간의 얼굴이 극히 드물었다는 것이다. 금융인 중에는 폴댄서든 누구든 대출받는 사람들과 대화를 나눠보거나 현장 상황을 전체론적 관점으로 들여다보려는 사람이 드물었다. 새의 눈으로 보는 금융인의 관점은 벌레의 눈으로 보는 인류학자의 관점과 극과 극으로 엇갈렸다. 바로 이런 태도로 인해 상황이 위태로워진 것이다.

나는 금융계 사람들에게 이 문제를 지적하려 했다. 그들은 거의 귀담아듣지 않았다. "런던의 금융인들이 격하게 반발했어요. '이 업계를 왜 그렇게 비판적으로 보느냐? 왜 그렇게 부정적이냐?'라는 식이었죠." 내가 나중에 〈가디언(Guardian)〉의 기자 바튼에게 한 말이다. 2007년에 참석한 다보스 세계경제포럼에서도 연단에서 쏟아지는 맹비난을 들어야 했다. "당시 미국 정부의 가장 힘 있는 사람 중 한 명이 연단에 올라가 내 기사를 흔들면서 …… 가짜 뉴스라고 했어요." 2007년 늦은 봄에는 런던의 한 고위급 금융인이 나를 자기 사무실로 불러서 내가 자꾸만 '어두운'이나 '불투명한'이라는 표현으로 신용파생상품을 묘사한다고 불평했다. 그는 이런 표현이 불필요한 불안을 조장한다고 주장했다. 그가 나를 꾸짖듯이 말했다. "불투명하지 않습니다! 블룸버그 시스템에 들어가면 누구나 필요한 정보를 찾을 수 있다고요!"

"그런데 블룸버그에 들어가지 않는 인구의 99퍼센트는 어떻게 하나요?" 내가 반문했다.[14] 그 금융인은 말문이 막혔다. 그런 사람들에게도 금융을 엿볼 권리(혹은 욕구)가 있을 수도 있다는 생각을 해본 적이 없는 눈치였다. 나는 속으로 말했다. '다시 블룸버그 마을이군.' 금융인들이 생각하지 않거나 말하지 않는 것이 무엇인지가 핵심이었다. 또 이런 실수가 습관적이어서 자연스럽게 느껴진다는 것이 중요했다. 부르디외는 "가장 성공적인 이념의 효과는 굳이 말로 표현할 필요가 없다는 것이다"라고 말했다.[15] 미국의 소설가 업튼 싱클레어는 이렇게 말했다. "어떤 사람이 무언가를 이해하지 않음으로써 돈을 번다면 그 사람에게 그것을 이해시키기란 어려운 일이다!"[16]

그런데 문제는 금융인에게만 있지 않았다. 언론의 문화적 패턴도 문제였다. 저널리스트(내부자)인 내가 언론의 그런 패턴을 포착하기란 더 어려웠다. 나 역시 나의 환경과 편향의 산물이다. 하지만 인류학자는 다양한 사회에서 서사가 어떻게 만들어지느냐는 질문에 매료된다. 신화를 통하기도 하고(19세기의 제임스 프레이저와 20세기의 레비스트로스 같은 학자들의 연구)[17], 영화를 통하기도 한다(20세기에 할리우드로 렌즈를 돌린 인류학자 호텐스 파우더메이커의 연구).[18] 언론도 현대의 서사적 흐름의 한 부분이므로 자연히 문화적 편향에 영향을 받는다. 하지만 저널리스트는 공평하고 중립적으로 보도한다는 (존경받을 만한) 원칙에 따르도록 길러진다는 점에서 자신이 어떤 편향에 치우치는지 간파하기 어렵다. 외부인들은 저널리스트의 정치적 편향에 관한, 논란거리가 될 만한 질문에만 주목한다. 하지만 더 미묘하고 거의 논의되지 않는 문제는 저널리스트가 정치와 금융, 경제를 비롯한 어떤 사안에서든 '이야기'를 정의하고 구성하고 전달하도록 훈련받는 방식이다. 서구의 저널리스트는 몇 가지 핵심 요소를 갖춘 '이야기'의 틀에 정보를 집어넣도록 훈련받는다. 그들의 이야기는 '사람', 눈에 보이는 수치와 사실, 보도를 전제로 한 인용, 이상적으로는 드라마적 요소를 갖춘 서사여야 한다. 2005년과 2006년의 금융계를 돌아보면 자산의 영역에는 '이야기'를 정의하는 이런 요소가 넘쳐났다. 이를테면 기업들이 눈에 보이는 일을 했고, 주가가 가시적으로 움직였으며, 애널리스트들이 다채로운 인용을 제공했고, 기업의 경영자들이 사진에 찍혔으며, 시작과 결말이 있는 서사가 있었다.

그런데 부채와 파생상품에 관한 이야기에는 '이야기'를 구성하는 요소가 거의 다 결핍되어 있었다. 우선 얼굴이 거의 나오지 않았다. 흥미로운 인용구를 구하기도 어려웠다. 그리고 구체적인 수치가 거의 제시되지 않았다. 상황이 서서히 움직이면서 많은 부분이 생략되고 극적인 변화가 보이지 않았다. 게다가 외부인에게는 외계어로 들리는 약어의 홍수에 잠겨 있었다. 복잡하고 괴상하고 지독히 따분해 보였기에, 워프가 코네티컷의 창고에서 본 '빈' 기름통이나 벨이 싱가포르의 주차장에서 사진으로 찍은 차 안의 '잡동사니'처럼 그냥 무시하기 쉬웠다. "서구의 저널리스트들은 여전히 '좋은 이야기'란 사람이 많이 등장하고 드라마가 있는 것이라고 생각한다." 내가 나중에 프랑스 중앙은행에 보내는 보고서에서 설명한 내용이다.[19] 혹은 저널리스트의 농담으로, "피가 나오면 잘 팔린다." 그런데 금융증권화에는 이런 요소가 모두 결핍되었다. 변화가 서서히 완만한 호를 그리면서 일어나는 불투명한 이야기였다. 파생상품의 세계 외부에서는 누구도 난해한 알파벳 약어를 해독하면서까지 따분해 보이는 그 세계 안에서 무슨 일이 일어나는지 알아내려 하지 않았다. "'좋은 이야기'의 일반적인 정의에 부합하지 않으므로 신문들은 (특히나 지금처럼 매체가 줄어드는 시대에) 이런 이야기에 투자해서 건질 게 거의 없었다." 금융이 통제 불능 상태가 된 주된 이유는 누군가가 의도적으로 덮으려 하거나 비열한 계략으로 상황을 은폐하려 해서가 아니라 뻔히 보이는 곳에 감춰진 문제 때문이었다. 혹은 내가 동료들에게 가끔 하는 농담처럼 "21세기에 뭔가를 감추고 싶으면 제임스 본드처럼 계획을 세울 필요가 없다. 그냥 약어로 덮으면 된다."[20]

• • •

2011년에 나는 1987년부터 2006년까지 연방준비제도이사회를 이끈 전설적인 인물 앨런 그린스펀을 우연히 만났다. 해마다 콜로라도의 아스펜에서 열리는 아스펜 아이디어 페스티벌(Aspen Ideas Festival)에서였다. 그린스펀은 내게 좋은 인류학책을 어디서 찾을 수 있느냐고 물었다. "인류학이오?" 내가 놀라서 되물었다.[21] 미국의 막강한 중앙은행장으로 금융시장에 대한 영향력 때문에 '마에스트로'라고까지 불리던 그는 문화 연구에는 전혀 관심이 없을 사람으로 보여서였다. 그는 자유시장 이론을 신봉하는 (그리고 인간은 뉴턴의 물리 법칙에 따른 모형으로 추적할 수 있을 정도로 일관되게 이윤 추구와 합리적 사리 추구에 이끌려 움직인다고 믿는) 정책 입안자와 경제학자 집단을 대표하는 인물이었다. 이런 입장이기에 그는 금융 혁신을 위해 싸우고 금융에 대한 불간섭주의 정책을 채택한 것이다. 신용 파생상품으로 인해 거품이 생길까 우려하던 시기에도 그는 시장이 유동적이고 효율적이므로 자체 조정될 거라고 보았다.[22] 간간이 파생상품에 내재된 위험을 경고하기는 했지만 대체로 CDO와 CDS 같은 상품이 시장을 더 '유동적'이고 효율적으로 만들어줄 거라는 금융계의 의견에 동의했다. 그래서 이런 상품을 승인했던 것이다.

나는 그린스펀에게 왜 인류학을 알고 싶은지 물었다. 그는 찡그린 미소를 지으면서 세상이 변했고 그런 변화를 이해하고 싶다고 답했다. 절제된 표현으로 들렸다. 2007년 여름에 부채의 사슬에서 일부 채무자, 그러니까 미국의 모기지 대출자가 부채를 상환하지 않기 시작하면서부터 금융위기가 발생했다. 사실 이들의 채무 불이행으로 인한 초기의 손실은 그리 크지 않았다. 그러다 금융계에 식중독 공포와 같은 현상이 일어났다. 이번에도 역시 소시지에 빗대어 설명해보자. 이를테면 정육점 주인이 다진 고기를 섞는 그릇에 상한 고기 한 조각이 잘못 들어가면 소비자들은 독이 어디로 들어갔는지 알 수 없으므로 다진 고기와 소시지를 전부 피하게 된다. 모기지에서 채무 불이행이 발생하면 투자자들은 CDO 같은 자산에는 아예 손을 대지 못하게 된다. 자산이 여러 번 잘게 쪼개져서 리스크를 추적할 수 없기 때문이었다. 투자자들 사이에 리스크를 분산해서 타격을 흡수하기 쉽게 만들어주는 장치가 오히려 시스템에 새로운 리스크를 가져온 것이다. 바로 신뢰의 상실이다. 리스크가 어디로 흘러들어 갔는지 아무도 알 수 없었다.

금융 당국이 1년 가까이 시장을 지원하고 은행을 긴급 구제하고 나쁜 모기지, 곧 독이 든 금융 수단(자산)을 분리해서(그리고 제거해서) '금융 식중독'을 수습하려 했다. 효과가 없었다. 2008년 10월에 금융위기가 본격적으로 터졌다. 그린스펀 같은 사람들에게는 고통스러운 지적 타격이었다. 한 세대의 정책 입안자 전체가 (신용 버블과 같은) 과잉이 발생해도 자유시장 경제의 유인책이 실질적인 손해 없이 자가 조정되는 효율적인 금융 시스템을 만들어줄 거라고 믿은 터였다. 이제는 그릇된 믿음으로 보였다. 그린스펀도 2008년 말에 의회에서 이렇게 인정했다. "(제 생각에) 결함이 있었습니다."[23] 그래서 그가 인류학책을 읽고 싶어 한 것이다. 사실 그는 '문화'가 어떻게 경제 모형을 망쳤는지 알고 싶었던 것이다.

나는 깊은 인상을 받았다. 그린스펀이 처음 의회에서 '결함'을 언급하자 곳곳에서 야유가 터졌다. 특히 금융위기로 돈을 잃은 사람들이 야유했다. 하지만 나는 야유할 일이 아니라고 생각했다. 지도자가, 더욱이 '마에스트로'라고 불리던 사람이 자신의 지적 실수를 공개적으로 인정하는 예는 드물다. 게다가 인류학 같은 새로운 생각의 방식을 탐색해서 자기 생각을 돌아보려는 사람은 더 드물다. 나는 그린스펀이 탐구 정신을 발휘한 면에서 칭찬받을 만하다고 생각했다. 하지만 그와 함께 인류학에 관해 이야기를 나누다가 그가 '문화'를 이해하고 싶은 이유는 인류학자의 이유와 같지 않다는 것을 깨달았다. 그가 '문화'를 공부하려는 것은 다른 사람들이 낯설게 행동하는 이유를 알고 싶어서였다. 말하자면 그는 영국에서 위티가 에볼라 시기에 인류학자들에게 도움을 구할 때와 같은 이유에서 인류학에 관심을 보인 것이다. '낯선' 사람들을 이해하기 위해서. 그가 특히 관심을 보인 부분은 문화적 패턴이 2011년 유로존의 부채 위기 같은 상황에 어떤 영향을 미칠 수 있는지였다. 그에게는 그리스인들의 행동이 특히 당혹스러웠다. 말하자면 그에게 그리스인들은 독일인들에 비해 낯선 '타자'였고, 그는 그리스인들의 문화적 패턴이 유로존을 분열시킬 수 있는지 알고 싶었던 것이다.

마땅히 관심을 가질 사안이었다. 그리고 인류학자들은 '타자'를 탐색하는 사람들이었다. 하지만 이것은 인류학이 제공할 수 있는 지식의 절반에 불과했다. 2008년 금융위기의 여파로 그리스만 흥미로운 문화 분석의 재료가 된 것이 아니라, 월스트리트나 런던에서 부채로 인해 발생한 일련의 상황도 역시나 흥미로운 재료였다. 그래서 나는 그린스펀에게 인류학자들이 서구의 금융을 대상으로 실시한 연구도 있으니 읽어보라고 제안했다. 선택의 폭은 다양했다. 일례로 인류학자 케이틀린 잘룸은 2000년에 시카고 선물거래소와 런던 시장의 트레이더들과 함께 지내면서 전자 시장으로의 변환이 금융인들의 문화에 어떤 영향을 미치는지 연구했다.[24] 캐런 호는 월스트리트의 유동성 이념을 파헤치고 금융이 통제 불능으로 변해가는 한 가지 이유는 금융인들이 (남들에게는 부적절한 정도까지는 아니어도 얼마나 이상해 보이는지 모른 채로) 유동성 이념을 현실 경제로 옮겨놓은 탓이라고 지적했다.[25] "월스트리트의 나의 정보원들은 지속적인 거래 성사와 만연한 직원 유동성(직원들이 실적을 올리고 돈이 필요할 때 서류상의 실적을 실제 돈으로 바꾸게 해주는 도구 – 옮긴이)을 그들의 문화로 인식하지 못한 채 시장을 해석하는 사람이라는 자신들의 문화적 역할을 조직의 관행과 융합시켰다." 캐런 호의 말이다. "그들은 '자연스러운' 시장 법칙과 금융 주기를 혼동했다." 마찬가지로 스코틀랜드의 금융 사회학자 도널드 매켄지는 부족주의로 인해 트레이더가 어떻게 같은 (중립적으로 여겨지는) 수학을 기반으로 금융 상품에 대한 각기 다른 가치 평가 모형을 만드는지 분석했다.[26] 미국의 법인류학자(인류학을 법에 적용하는 학자) 애널리스 라일즈는 일본과 미국의 파생상품 계약의 문화적 함의를 흥미롭게 분석했다.[27] 인류학자 멜리사 피셔는 월스트리트의 남녀 불균형이라는 독특한 문제를 분석했다.[28] 대니얼 술레레스는 사모펀드 거래자들의 네트워크를 연구했다.[29] 알렉상드르 로모니에는 휴대전화 기지국의 위치가 시카고와 런던의 헤지펀드 거래 전략에 어떤 영향을 미치는지 알아보는 흥미로운 연구를 진행했다.[30] 다른 프랑스어권 인류학자로 뱅상 레피네는 프랑스의 한 은행에서 주식 연계 파생상품 트레이더로 일하면서 금융인들이 "파괴적 금융 공학"과 "혁신적 금융 상품에 의한 리스크"를 이해하는 것이 얼마나 어려운지를 연구했다.[31] 인류학자 키스 하트의 말처럼 거시경제 모형을 폭넓은 문화적 맥락에 적용하고 경제를 사회생활에 끼워넣으려던 연구가 많다.[32] 그린스펀의 '부족'에 관한 도발적인 연구도 있다. 미국의 인류학자 더글러스 홈스는 잉글랜드은행, 릭스방크(스웨덴 중앙은행), 뉴질랜드 중앙은행 같은 기관들의 의식(儀式)을 연구했다. 홈스는 이 연구에서 각국 중앙은행이 (주로 경제학자들의 모형에서 추정하는 대로) 돈의 가격을 기계적으로 변경하기보다는 언어의 마법으로 경제에 영향을 미친다는 결론에 이르렀다. 서사와 문화가 중앙은행 관계자들에게도, 아니, 특히 중앙은행에서 중요하게 작용한 것이다.[33]

하지만 그린스펀은 그의 본거지의 문화를 연구한 자료를 읽고 싶어 하지 않는 눈치였다. 인류학자가 아닌 많은 사람처럼 그 역시 인류학은 이국적인 것(그의 경우에는 그리스)을 연구하는 학문이라고 생각한 것이다. 사실 누구도 자신이나 자신의 세계를 객관적으로 들여다보기가 쉽지 않다. 엘리트라면 더더욱. 인류학의 렌즈를 우리 자신에게 돌리면 우리 세계의 불편한 진실이 드러날 수 있고, 금융계든 정부든 비즈니스든 언론계든 엘리트들은 거기서 얻을 게 많지 않다. "인류학자를 고용하는 기업은 결국 듣고 싶지 않은 말을 듣게 된다." 제록스에서 일한 적이 있는 인류학자 루시 서치먼의 말이다(이 부분에 관해서는 나중에 자세히 다루겠다).

하지만 엘리트가 '렌즈를 뒤집는' 것이 어렵다는 바로 그 이유에서 렌즈를 뒤집어야 한다. 게다가 코로나19 시대에는 이렇게 해야 하는 이유가 더 명확해졌다. 돈의 세계에서도 그랬고, 지금도 마찬가지다. 2008년 이전에 금융인들이 인류학자의 렌즈를 착용했더라면 금융 거품이 그렇게 크게 부풀지는 (그러다 터져서 그런 끔찍한 결과를 낳지는) 않았을지도 모른다. 마찬가지로 중앙은행 관계자와 규제 당국과 정치인들이 (물론 기자들도) 인류학자처럼 사고했다면 계속 누적되는 리스크를 그렇게 간과하지도, 금융인들을 그렇게 무턱대고 신뢰하지도 않았을 것이다.

하지만 금융이나 의학만의 문제가 아니다. 결코 아니다. 거의 모든 기업의 지도자와 정책 입안자가 인류학의 근본 질문을 던져서 혜택을 볼 수 있었다. 화성인이 갑자기 이곳에 착륙해서 주위를 둘러본다면 무엇을 보게 될까? 나는 낯익어 보인다는 이유로, '낯설지' 않아 보인다는 이유로 무엇을 간과하고 있는가? 내 삶에 '의미망'이나 아비투스 같은 개념을 적용한다면 나는 무엇을 보게 될까?

5
부품을 빼돌리는 GM 직원들

■

GM 경영진은 실제로 직원들 사이에서 무슨 일이 벌어지는지 전혀 몰랐다. 아니, 모른다는 것조차 몰랐다.

독일인 엔지니어 베른하르트가 격앙된 목소리로 말했다. 미시간 주 워런, 미국의 거대 자동차 기업 제너럴모터스(GM)의 칙칙한 회의실에서 그의 앞에 엔지니어들이 모여 있었다. 몇몇은 800킬로미터 떨어진 테네시주 스프링필드의 공장에서 자동차를 생산하는 제너럴모터스의 자회사 새턴(Saturn)의 직원들이었다. 다른 사람들은 워런에서 쉐보레 캐벌리어(Chevrolet Cavalier)와 폰티악 선파이어(Pontiac Sunfire) 같은 브랜드를 생산하는 제너럴모터스의 자회사 '스몰카그룹(Small Car Group)'의 엔지니어들이었다. 하지만 베른하르트는 6500킬로미터 떨어진 독일의 뤼셀하임에서 왔다. 그는 아담 오펠

(Adam Opel)이라는 회사의 수석 엔지니어였다. 중요한 파트너십의 일환으로 새턴과 스몰카그룹과 협력해서 신차를 개발하기 위해 파견 나온 것이다. 때는 1997년 12월 9일이었다.

이 파트너십에 많은 것이 걸려 있었다. 이사회(그리고 투자자)는 이 파트너십을 통해 당시 고전하던 제너럴모터스에 새로운 활력을 불어넣을 수 있기를 바랐다. 벌써 1년째 각 회사의 엔지니어 수백 명이 워런의 제너럴모터스 건물 2층에서 암호명 델타2 프로젝트에 매달렸다. 이번이 두 번째 협업 시도였다. 하지만 뭔가가 잘못 돌아갔다. 인류학자 엘리자베스 브리어디가 회의실 한쪽에서 그 이유를 찾고 있었다. 내가 타지키스탄에서 사용한 참여 관찰과 같은 방법으로.

"지난번에(11월에) 모였을 때 주차-브레이크-케이블-라우팅을 두 가지 라우팅(시스템)으로 좁혔습니다. 그러니까 새턴식 라우팅과 혼다식 라우팅으로요." 스몰카그룹에서 대표로 회의에 참석한 메리가 발언했다. 이날의 회의는 델타2 모델의 주차 시스템 배선을 어디에 설치할지 논의하기 위해 모인 자리였다. "그리고 두 가지 라우팅을 평가해보았습니다. 새턴식 라우팅은 2301.5점을 받았고, 혼다식 라우팅은 2107.5점을 받았습니다. 그러니 새턴식 라우팅으로 가야 합니다." 메리가 강조하듯이 제너럴모터스의 경쟁사 포드에서 제작한 케이블을 흔들었다. 그러고는 폭탄을 떨어뜨렸다. "오펠 분들은 이번 결정에 만족하지 않으시네요."

새턴의 수석 엔지니어가 말했다. "과정에 동의하고서는 결과가 마음에 들지 않는다고 거부할 수는 없습니다."

스몰카그룹의 수석 엔지니어이고 새턴에서도 일한 적이 있는 로리가 끼어들었다. "어떤 결정을 내릴 때는 서로 합의해야 합니다. 70퍼센트는 만족해야 하는데 …… 오펠 분들의 지지를 얻지 못하면 결정할 수 없습니다. 그러면 모두가 불만을 품게 될 겁니다."

"저희 엔지니어들은 동의하지 않았습니다." 오펠의 수석 엔지니어 베른하르트가 말했다. 그의 동료가 덧붙였다. "저희는 거부하겠습니다."

"한 팀으로 일하기로 하고는 '우리 팀은 받아들이지 않겠다'고 하시면 안되죠." 로리가 반박했다. 그들은 이미 280시간이나 이 문제에 관해 논의했지만 아무런 결론에 이르지 못했다. 못마땅한 분노가 회의실에 퍼졌다.

스몰카그룹의 다른 대표인 엘리어트가 신차의 'EPS', 곧 전자 파워 스티어링에 관해서도 비슷한 논쟁이 진행 중이라는 (도움도 되지 않을) 말을 보탰다. 하지만 베른하르트는 단호했다. "새턴식의 경우 두 가지 부분이 우려됩니다. 카펫하고 소음과 진동이요."

"벌써 일주일 반이나 지체됐어요." 메리의 팀원이 반박했다.

"이 문제를 계속 논의해야 합니다." 베른하르트가 응수했다.

"그쪽에서 전체 팀의 결정을 받아들여야 해요." 로리가 맞섰다.

"하지만 전체 팀이 결론에 합의하지 못했잖아요." 베른하르트가 말했다.

"그럼 어떻게 해야 모두가 합의해서 팀으로 결정을 내릴 수 있을까요?" 로리가 자포자기하듯 물었다. 아무도 모르는 것 같았다.[1]

브리어디가 노트에 메모를 적으며 **모든 상황**을 관찰했다. 제너럴모터스 사람들은 대체로 브리어디의 존재를 잊었다. 브리어디도 엄밀히 말하면 제너럴모터스의 일원이었기 때문이다. 그녀는 제너럴모터스 리서치라는 부서 소속으로 미시간에 거주했다. 다만 브리어디는 내부자로 보여도 외부자처럼 생각하는 것이 자기 일이라는 것을 명심했다. 그리고 경청하면서 내부자인 엔지니어들이 보지 못하는 두 가지 놀라운(중요한) 부분을 포착했다. 우선 '독일인들'과 '미국인들' 사이에서만 갈등이 일어난 것이 아니라는 점이다. 미국인들끼리도 집단 사이에 갈등이 일어났다. 한마디로 제너럴모터스는 부족주의에 시달리고 있었다. 둘째, 회의가 그렇게 심각하게 실패하는 이유는 공학적 관점의 차이(케이블을 어디에 배치할지) 때문만이 아니라 내부자가 보지 못한 어떤 부분 때문이었다. 공학적 문제를 논의하기 전부터 이미 '부족'마다 회의가 어때야 하는지에 대한 문화적 전제가 달랐다. 하지만 그들은 '회의'를 당연한 것으로 간주하기 때문에 이런 차이에 대해 생각하기는커녕 차이가 있다는 사실조차 인지하지 못했다. 하지만 전 세계의 킷캣이 겉으로는 비슷해 보여도 각기 다른 의미망을 전달할 수 있듯이 회의라는 현대적 의식은 보편적으로 보이지만 실상은 그렇지 않다. 이 부분을 이해하지 못하면 조직이 굴러가는 방식 면에서 (혹은 전혀 굴러가지 않는 면에서) 심각한 상황을 초래할 수 있다.

"제가 하는 일은 암시적인 것을 명시적으로 드러내는 것입니다." 브리어디가 델타2 프로젝트 직후 한 저널리스트에게 말했다. "그러면 사람들이 불편해할 때가 있어요. 하지만 이런 게 인류학자가 하는 일입니다. 우리는 사람들이 패턴을 더 선명하게 보도록 도와줍니다."[2] 이런 패턴은 제너럴모터스처럼 한때 대단하던 기업이 20세기 후반에 점차 실패하는 이유만 설명해주는 것이 아니다. 나아가 기업들이 경계를 뛰어넘거나 합병하거나 다양한 전문 기술을 결합할 때, 이를테면 자동차 회사가 자율주행차 사업에 뛰어들 때 무수한 위험이 도사리는 이유를 설명해준다.

◆ ◆ ◆

인류학자를 고용해서 기업 내부를 연구하게 한 대기업은 제너럴모터스가 최초가 아니었다. 최초라는 명예는 통신 회사인 AT&T의 전신으로, 일리노이주 호손에 본사를 두었던 웨스턴일렉트릭(Western Electric)에 돌아가야 한다. 이 회사의 경영진은 1927년에 하버드대학교에 새로 생긴 인간관계학 연구자들을 초빙해 전화 장비와 부품을 생산하는 직원 2만 5000명을 연구하게 했다. 한 가지 중요한 질문을 분석하고 싶었기 때문이다. 웨스턴일렉트릭의 관행은 생산적일까? 그러니까 직원들이 일을 잘하게 해줄까? 이것은 1920년대에(오늘날도 마찬가지로) 급격한 기술 변화와 세계화가 비즈니스에 혼란을 일으킨 이래로 엄청난 불안을 촉발하는 질문이다. 하버드대학교 연구팀에서는 정신과 의사 엘튼 메이요(Elton Mayo)가 주축이 되어 프로젝트를 시작했고, 오스트레일리아 원주민 공동체를 연구했던 윌리엄 로이드 워너라는 인류학자를 합류시켰다. 그는 미국의 기업을 연구하면서 벨이 인텔에서 전망한 것처럼 변화를 예고했다.[3] 한편 연구팀은 두 가지 실험을 진행했다. 처음에는 팀마다 조도를 다르게 설정해서 조도가 성과에 영향을 미치는지 알아보았다. 다음으로 팀마다 업무 일정과 휴식 시간에 변화를 주면서 같은 실험을 진행했다.

결과는 놀라웠다. 누구도 예상하지 못한 결과였다. 조명과 휴식 일정을 바꾸어도 생산성에는 거의 변화가 없었다. 하지만 연구자들이 가까이 없다고 생각할 때보다 연구자들이 지켜본다고 생각할 때 생산성이 극적으로 향상되었다. 연구자가 머물기만 해도 연구 대상에게 변화가 일어나므로('호손 효과') 난감한 걸림돌이었다. 20세기 초만큼 21세기의 기업 경영자들에게도 중요한 교훈을 주는 결과였다. 말하자면 때로는 직원의 생산성을 끌어올리는 가장 단순한 방법은 누군가가 지켜보고 있다고 생각하게 만드는 것이었다.

정신과 의사 메이요는 직원들에게 설문 조사를 실시했다. 하지만 이 실험도 계획대로 진행되지 않았다. 직원들이 설문 조사에 답하면서 연구자들이 듣고 싶어 한다고 예상한 답을 적었기 때문이다. 그래서 워너는 오스트레일리아 원주민들을 연구할 때 사용한 도구를 활용하자고 제안했다. 비구조적 관찰과 개방형 면접이다. 인류학자 가브리엘 산티아고 후라도 곤잘레스(Gabriel Santiago Jurado Gonzalez)가 지적하듯, 학계의 연구자들이 직원들의 말을 "간섭하지 않고" 경청하기란 쉽지 않았다.[4] 사실 지위가 높은 교수와 경영자들은 미드가 말한 '어린아이 같은 호기심'으로 관찰하지 않고 자기가 말하는 데만 익숙한 사람들이다. 하지만 웨스턴일렉트릭에서는 연구자들에게 3년에 걸쳐 비구조화된 면접 2만 회를 실시하도록 허락해주었다. 그리고 연구 결과 이 회사의 경영진은 직원들을 완전히 잘못 이해한 것으로 드러났다. 사실 경영진은 직원들이 경제적 보상에 최선의 반응을 보이고 권력이 관리자의 공식적인 위계 질서에 따라 작동할 거라고 가정했다. 하지만 곤잘레스의 지적에 따르면 "회사 내 동료들 사이에는 회사 밖의 사회적 관계에서 형성된 비공식적 구조가 있었고 …… 이것은 회사의 조직도와 내부 규정에 따른 공식적 구조와는 별개였다." 더구나 경제적 보상이 직원들의 성과에 영향을 미치는 유일한 동기가 아니었다. 그보다는 열여덟 살의 여자 직원이 집에서는 "공장에 가서 임금을 올려달라고 요구하라고 등 떠밀리지만" 속으로는 "임금이 오르면 지금 잘 지내는 동료 집단에서 밀려날까" 두렵다고 말하는 것과 같은 사례가 나타났다.

경영진은 하버드 연구팀(당시 시카고대학교와 공동으로 연구를 진행했다)에 어떤 보상이 생산성을 높여줄지 연구해달라고 의뢰했다. 이번에도 예상한 답변이 나오지 않았다. "직원들이 만들어낸 소문에 따르면 가장 유능한 사람은 회사의 평균 생산성을 끌어올려 각자 수당을 받는, 경영진의 '하인'이었다. 따라서 아무도 튀려고 하지 않았다." 경영진은 실제로 직원들 사이에서 무슨 일이 벌어지는지 전혀 몰랐다. 아니, 모른다는 것조차 몰랐다.

대공황으로 웨스턴일렉트릭의 연구 프로젝트도 중단되었다. 2차 세계대전의 여파로 사회과학(인류학자들이 채택한 관찰 기법)을 활용한다는 개념 자체가 퇴색했다. 전후의 미국은 공학과 경성 과학의 지배를 받았고, 경영자 지망생들은 과학적 경영, 기업 효율성, 효과적인 계획의 시스템을 배웠다. 산업 기술이 워낙 흥미로워 보여서 부족주의에 관한 논의는 시대에 뒤떨어져 보였다. 서방 연합국이 전쟁에서 승리한(그리고 미국 기업들이 세를 불려가는) 시대에 야심만만한 미국의 경영인들이 굳이 문화적 차이를 고려해서 얻을 보상은 없어 보였다.

하지만 20세기가 지나가는 사이 분위기가 달라졌다. 제너럴모터스는 세상의 관심에서 벗어나면서 한 가지 실험을 진행했다. 사실 자동차업계의 거물이던 제너럴모터스는 20세기 초에 세계까지는 아니어도 미국에서 가장 강력하고 성공적인 기업이었다. 실제로 1950년대에는 제너럴모터스의 지배력이 막강해서 소비자가 구매하는 미국산 차량의 절반 가까이가 미시간의 제너럴모터스 공장에서 출고되었고, 당시 제너럴모터스 회장 찰리 윌슨(Charlie Wilson)이 "제너럴모터스에 좋은 것이 미국에 좋다"고 단언할 정도였다. 하지만 1980년대에 제너럴모터스의 후광은 빛을 잃었다. 아주 빠르게. 1960년대부터 독일과 일본의 자동차가 미국 시장에 등장했다. 처음에는 수입되었다가 점차 미국 땅에 직접 공장을 짓기 시작했다. 이들 '외국인'은 시장점유율을 급격히 높여갔다. 그사이 미국 자동차업계의 불만도 쌓여갔다. 1970년에 전미자동차노동조합(United Auto Workers)이 제너럴모터스에서 파업을 일으켰다. 67일간 이어진 이 파업은 제너럴모터스에 10억 달러의 손실을 초래했다. 그리고 미국의 경영 시스템에 대한 의심이 일었다. 제너럴모터스와 포드는 대량 생산 시스템으로 20세기 전반에 막대한 성공을 거두었다. 이 시스템에서는 직원을 기계 장치의 톱니로 보고 개인을 명확한 위계질서 안에서 하나의 (단 하나의) 규정된 직무에 배정하는 것이 가장 효율적이라고 전제했다. 하지만 일본의 새로운 경쟁사들은 다른 시스템('도요타 생산 시스템'이라고도 한다)을 채택했다. 이 시스템에서는 직원들을 운명이 정해진 톱니로 취급하지 않았다. 대신 직원들을 소규모 팀으로 구성해서 자동차 한 대의 전체 생산 공정을 유연하게 책임지게 했다. 미국인들은 처음에는 이런 방식을 경멸했다. 하지만 1980년대에 이르자 경멸은 성찰로 바뀌었다.

제너럴모터스 경영진은 (다른 자동차 회사들처럼) 연구와 개발에 자금을 투입하고 엔지니어와 과학자들을 고용해서 자동차 설계를 개선하려 했다. 그 와중에 물리학자이자 나사(NASA)의 전 관리자인 로버트 프로쉬(Robert A. Frosch)가 연구개발팀을 맡았다. 프로쉬는 경성 과학의 세계에서 잔뼈가 굵은 사람이었다. 초반에 그는 사내에서 과학자들과 협업하던 인류학자들을 만나고 다양한 관점을 융합한다는 개념에 흥미를 느꼈다. "그는 르네상스인이었다." 브리어디의 말이다. 그래서 프로쉬는 제너럴모터스의 연구개발팀에 사회과학자를 부르기로 했다.

비즈니스의 세계로 진출한 대다수 인류학자처럼 브리어디도 처음에는 자기가 이 세계로 들어올 줄 몰랐다. 그리고 프로쉬 같은 사람과 만나게 될 줄도 몰랐다. 브리어디는 1980년대 초에 텍사스대학교의 인류학 대학원에서 연구했다. 마침 연구자들이 개발도상국에 가서 현지 탐사를 진행하던 시절이었다. 스페인어를 구사했던 브리어디는 자연히 중남미로 가야 할 것 같았다. 하지만 돈이 많이 부족했다. 그래서 방향을 바꾸어 (스페인어 사용자가 대다수인) 대학 건물에서 청소하는 잡역부 공동체를 연구했다. 전혀 이국적이지도 매력적이지도 않아 보이는 '부족'이라서 비슷한 연구를 한 사람이 없었다. 하지만 브리어디는 보이지 않게 숨겨진 무엇이 드러날지 흥미로웠다. "나는 점심시간에 잡역부들 옆에 앉아 몇 시간이고 그들이 살아온 이야기와 일에 관해, 그밖에 모든 것에 관해 묵묵히 들었다. 다들 누구에게든 관심을 받아본 적이 없던 사람들이라 내게 이야기해주는 것을 좋아했다."

브리어디는 이후 텍사스의 과수원에서 오렌지와 포도를 따는 멕시코 이민자 일꾼들을 연구했다. 그들은 미국의 감춰진 이면이었다. 제너럴모터스의 연구자들이 이 연구에 관해 듣고 브리어디에게 제너럴모터스 조립라인의 직원들에게도 같은 연구 기법을 적용해서 연구해달라고 요청했다. 그래서 브리어디는 1980년대 중반에 미시간의 제너럴모터스 본사를 찾아갔고, 그곳에 "푹 빠졌다." 브리어디에게는 공장과 '골칫거리' 노조원들을 연구하는 것이 아마존이나 트로브리안드 군도에 가는 것만큼 흥미진진했다. 그곳은 새로운 지식의 변경이었고, 나사 출신의 물리학자 프로쉬도 브리어디만큼 변경을 탐험하는 데 열정적이었다.

◆ ◆ ◆

얼마 후 브리어디는 미시간 공장의 요란한 조립라인을 찾았다. 1980년대 중반에 제너럴모터스 경영진은 공장에서 무슨 일이 벌어지는지 알아보기 위해, 특히 무엇이 잘못되어가는지 파악하기 위해 이미 갖가지 과학적 관리 도구를 도입했었다. 하지만 브리어디는 다른 방향을 택했다. 자동차 제조 업무가 어떻게 진행되는지 관찰하기로 했다. 그래서 그는 전통적인 민족지학 기법으로 눈에 들어오는 모든 것, 관리 '문제'의 일반적 정의에 부합하는지와 상관없이 그야말로 모든 것을 관찰하기 시작했다. 자재 담당자가 소형 운반차를 타고 쌩쌩 지나다니고, 보관 창고에는 새로 들어오는 자재가 여기저기 널려 있고, 조립라인 직원들은 각자의 '구멍'에서 자동차 하부에 볼트를 조이고, 수리 구역에는 트럭이 빽빽이 들어차 있었다. 브리어디는 무엇이 중요할 거라고 미리 정하지 않고 어린아이처럼, 혹은 화성인처럼 관찰하기로 했다.

어느 날은 자재 담당자를 따라다니는데 그가 놀라운 말을 했다. 그는 "부품을 몰래 모아두는 직원이 많아요"라고 말하고는 사물함 쪽을 가리켰다. 브리어디는 귀를 쫑긋 세웠다. 그즈음 자동차업계에는 일본 제조사의 엄청난 실적에 자극받아 이른바 품질 운동이 불어닥쳤다. 제너럴모터스 공장에서도 '품질 훈련'을 실시하고 모두에게 이 개념을 알리고 있었다. 따라서 물류 시스템이 원활히 돌아가야 했다. 브리어디는 의문이 들었다. 그런데 왜 부품을 '모아두는' 걸까?[5]

"각자의 조립라인에서 특정 부품이 떨어지면 각자가 책임져야 합니다. 또한 조립라인이 5분에서 10분 정도만 멈추어도 현장 주임과 공장 책임자, 관리자, 총관리자에게까지 영향을 미치고 나아가 회사에도 금전적 타격이 심각합니다." 어느 물류 담당자가 브리어디에게 한 말이다. "그래서 직원들이 특정 부품을 몰래 빼돌려서 사물함이나 재고창고 안에 몰래 쟁여두는 겁니다." 어느날 브리어디도 부품 부족으로 조립라인이 멈추는 것을 보았다. 다른 물류 담당자가 이렇게 말했다. "물류 담당자가 미리 여분의 부품을 챙겨두었다면 이런 일이 생기지 않았을 거예요. 공장 안 여기저기 숨겨둔 부품을 찾아낸 것이 한두 번이 아니에요." 체계적인 재고 관리 시스템도 무용지물이었다. 대신 공장 안에서 직원들이 숨바꼭질을 하고 있었다. 어느 물류 담당자는 이렇게 말했다. "우리는 보드게임을 하듯이 부품을 찾아서 먼저 가져오는 경쟁을 합니다." 브리어디의 계산에 따르면 숨바꼭질 '게임'이 심해져서 물류 담당자의 업무 시간의 4분 1을 차지했다. 놀라운 결과였다. 그보다 더 놀라운 사실은 제너럴모터스의 고위 경영진은 이런 '게임'이 존재하는 줄도 몰랐다는 점이다.

여기서 한 가지 질문이 제기되었다. 왜 직원들이 철없는 아이들처럼 자기 사물함에 몰래 부품을 숨겨두는 걸까? 브리어디는 직원들이 불가능에 가까운 처지로 내몰렸기 때문이라고 보았다. 미국 자동차 생산에 중대한 영향을 미친 대량 생산 시스템은 직원들의 성과를 톱니처럼 양적 기준으로 측정했다. 조립라인에서 완성된 자동차가 더 많이 출고되면 보너스가 지급되었고, 생산량이 줄어들면 보너스가 나오지 않았다. 반면에 일본과 독일의 자동차 회사에서 시작된 새로운 '질적 운동'에서는 제품의 결함 여부로 직원들을 평가했다. 이런 변화가 투자자들에게도 무척 인상적으로 보였다. 그런데 마찰이 생겼다. '질적' 운동이 한창 무르익을 때도 미국의 노동자들은 여전히 '양적' 측정법으로 성과를 평가받고 그에 따라 임금을 받았다. 공장에는 여전히 직원들을 톱니로 취급하는 위계질서가 잡혀 있었다.

　그래서 직원들은 이런 상황에 대해 나름의 대처 전략을 고안했다. 바로 책임 전가 문화다. 문제가 생기면 직원들이 처음 보이는 반응은 (자체적으로 해결책을 찾기보다는) 다른 사람이나 상황에 책임을 전가하는 것이었다. 자기에게는 문제를 바로잡을 능력이 있다고 생각하지 못했기 때문이다. "어떤 상황에서 자기 잘못을 인정하면 그 상황을 바로잡기 위해 뭔가를 해야 해요." 물류 담당자가 브리어디에게 말했다. "그러니 다른 교대조의 다른 부서로 책임을 돌리는 것이 훨씬 간단하죠. …… 그러니까 경험상 '몸을 사려라'를 철칙으로 삼는 겁니다." 실제로 브리어디는 공장에서 들은 대화 기록을 검토하다가 "직원들이 서로를 칭찬할 때보다 비난할 때가 일곱 배 더 많다"는 점을 포착했다.[6]

　브리어디는 투자자와 최고경영진과 일부 정치인의 주장처럼 노동조합과 회사의 갈등이 제너럴모터스 문제의 근본 원인이라고 보는 것은 오류라는 결론에 이르렀다. 노사 갈등은 더 큰 구조적 문제와 모순에서 불거진 증상이었다. 따라서 제너럴모터스에서 하향식 관점으로는 생산성 문제를 바로잡을 수 없었다. 직원의 눈으로, 아래에서 위로 보는 관점이 필요했다. 언론과 투자자, 정치인, 경영진은 노동조합을 둘러싼 가시적인 갈등에 집착하지만 사실 그들이 잘 모르는 더 중요한 원인은 조립라인 직원들이 사물함에 부품을 빼돌리는 게임으로 인해 공장의 규율이 지속적으로 서서히 무너지는 것이었다.

　투자자와 경영진이 모두 깨달아야 할 점이 있었다. 경영대학원

학생들은 기업 내에서 부서 간이나 계층 간에 노골적으로 갈등이 발생할 경우 주로 기업의 공식적인 위계 구조와 '조직도'에 중점을 두고 어떤 상황인지 알아봐야 한다고 배운다. 하지만 인류학자들은 항상 공식적인 위계 구조를 통해서만 권력이 행사되는 것이 아니라 비공식적 경로를 통해 권력이 행사되기도 한다는 것을 안다. 또한 갈등이 항상 겉으로 표출되는 것도 아니라는 사실도 안다. 인류학자 제임스 스콧은 말레이시아의 소작농 연구에서 이런 특징을 잘 보여주었다. 이 연구에서 소작농들은 억압적인 지주와 충돌할 때 거세게 저항하거나 싸우는 대신 일을 미루고 전복시키는(스콧의 표현으로는 '질질 끌기') 방식으로 대응한다.[7] 말레이시아 농부들이 미시간의 노동조합과는 무관해 보일 수 있다. 하지만 브리어디의 관찰에 따르면 이들이 잘못된 재고 관리 시스템에 적응하는 방식도 또 하나의 강력한 '질질 끌기' 전략이다. '질질 끌기' 전략은 집단을 대대적으로 좀먹는 결과를 낳으면서도 서구의 대다수 경영자가 알아채지 못하는 방식으로 일어난다. 그들은 애초에 사물함을 들여다볼 생각조차 하지 못한다.

◆ ◆ ◆

20년이 지나 2008년 금융위기가 터지기 직전에 브리어디는 조립라인에서 '숨바꼭질' 놀이를 목격했던 공장을 다시 찾았다. 그사이 아시아 경쟁사들은 시장점유율을 더 높였고, 제너럴모터스 같은 기업들은 그에 대한 대응책으로 일부 생산 공장을 (미시간주 같은)

자동차 산업의 발생지에서 테네시주처럼 노동조합의 위세가 약한 지역으로 옮겼다. 멕시코 등지로도 공장을 옮겼다. 이런 식의 '아웃소싱'은 비용 절감 차원에서 이뤄졌다. 멕시코의 임금이 미시간보다 훨씬 낮았다. 그런데 예기치 못한 부수적인 결과가 나타났다. 멕시코의 공장이 자동차를 저렴하게 생산할 뿐 아니라 품질도 향상시킨 것이다.

왜일까? 브리어디가 제너럴모터스의 두 동료(트레이시 미어와스와 로버트 트로터)와 함께 비슷한 연구법으로 원인을 조사하기 위해 멕시코로 떠났다. 그리고 고무적인 측면을 찾아냈다. 1980년대에 첫 연구를 진행할 때는 브리어디의 권고가 (제너럴모터스 이사회에서 검토한다고 해도) 최고경영진에게는 거의 받아들여지지 않는 분위기였다. 하지만 20년이 흐르고 엄청난 변화가 일어난 듯했다. 우선 하향식 통계에서 다음과 같은 결과가 나왔다. 제너럴모터스의 생산성이 1986년에서 2007년 사이에 54퍼센트 상승했고, 고객 불만은 1989년에서 2008년 사이에 69퍼센트 감소했으며(다만 이 수치는 이후 10년 동안 점화 스위치 불량 사건에 의해 심각하게 손상되었다),[8] 산업 재해와 질병에 의한 근로손실일수는 1993년에서 2008년 사이에 98퍼센트 감소했다.[9]

민족지학 연구에서 발견한 더 놀라운 특징은 '책임 전가 문화'가 사라지고 있었다는 점이다. 미어와스가 미시간의 한 공장에서 목격한 사건이 이런 변화를 잘 보여주었다. 어느 날 미어와스는 새로 문을 연 프레스 공장을 방문했다. 프레스 스탬핑과 기타 설비가 다 갖춰지지 않아서 1교대로만 가동 중인 공장이었다. 이 공장의 관리자 데이비스는 공장의 한 구역을 휴게실로 쓰게 해주었다. 그리고 직원들이 선택한 구역의 문틈에 테이프를 둘러서 프레스 기계 소음을 막기로 했다.[10] 다만 데이비스는 휴게실을 관리자 사무실 가까이에 두고 싶어 했다. 그래서 교착 상태가 발생했다. 자동차노동자조합(UAW)의 간부 던이 미어와스에게 말했다. "우리는 화가 났습니다. 선택하라고 했다가 다시 선택할 수 없다고 하니 뺨 맞은 기분이었습니다!" 20년 전이라면 이런 상황이 노사갈등을 촉발했을 것이다. 하지만 이제는 데이비스가 입장을 철회했고, 던의 팀은 공장에서 그들이 정한 구역에 휴게실을 만들었다. 던은 이렇게 말했다. "문득문득 불가능한 일이 일어나는 느낌이 들기도 해요. 예전에 제너럴모터스에서 일할 때는 '이봐, 내가 새 보스야. 이게 내 방식이야'라는 식이었거든요. 솔직히 10년 전보다 더 발전했고, 20년 전보다는 훨씬 더 발전했어요. 여기에 성공의 비결이 있어요. …… 문제가 전혀 없는 건 아니지만." 고무적인 문화가 싹트고 있었다.

그러나 브리어디의 연구팀은 이 결과를 제너럴모터스 최고경영진에게 보고할 기회를 얻지 못했다. 연구를 마친 직후 금융위기가 터져서 깊은 불황이 시작되었기 때문이다. 결국 제너럴모터스는 파산해서 정부 관리로 들어갔고, 브리어디와 연구자들은 제너럴모터스의 다른 많은 직원과 함께 일자리를 잃었다. 브리어디는 나중에 이렇게 말했다. "참으로 애석한 상황이었어요. 제 생각에는 제너럴모터스가 20세기 초반의 업적에 대해 충분히 공로를 인정받지 못한 것 같아요. 드디어 더 나은 방향으로 나아가기 시작했지만 때가 늦었죠."

이후 몇 년간 브리어디는 제너럴모터스에서 배운 교훈을 많은 기업에 적용할 수 있었다. 일부 글로벌 기업에서 기업 내의 다양한 민족 집단 사이에 발생하는 문화적 갈등에 대처할 방법을 조언했다. 그리고 해외로 파견된 서구의 비즈니스 경영자들이 '낯설어' 보이는 문화에 적응하도록 도와주는 책을 공동 집필해서 베스트셀러로 만들기도 했다.[11] 무엇보다도 문화 간에 발생하는 의사소통의 오류에 관해 조언하면서 중요한 (하지만 흔히 간과하는) 문제를 강조했다. 최악의 오해는 같은 민족 집단의 다른 팀 사이에서 발생할 수도 있다는 점이다. 특히 출신 지역이나 전문적 훈련 수준이 다른 경우(IT 종사자와 엔지니어가 섞여 있는 경우)에 오해가 깊어진다. 언어나 민족 정체성이 같을 때 의사소통의 오류가 더 심각해지는 것이다. 이런 경우에는 남들도 자신과 똑같이 가정하는지 묻지 않기 때문이다.

서구의 전문가 문화의 여러 측면을 연구하는 인류학자들이 특히 강조하는 특징이다. 1980년대에 프랭크 더빈스카스의 연구팀은 몇몇 공동체에서 '시간'의 개념을 알아보았다. 분자물리학자, 유전자를 연구하는 생물학자, 반도체 엔지니어, 의학 전문가뿐 아니라 법률가와 금융인의 공동체가 연구 대상이었다. "우리가 연구한 과학자와 엔지니어, 의사, 경영자의 공동체마다 시간의 의미가 각기 다르다. 그런데 우리는 이들 모두를 '서구 문화'의 일부라 말한다. 마치 시간의 양식을 규정하는 통일된 맥락이나 지배적인 틀이 있는 것처럼. 하지만 시간의 사회적 구성 개념의 차이는 과학적이고 기술적인 연구를 진행하는 과정과 이런 연구를 진행하는 전문가 공동체가 형성되는 과정에서 결정적인 요인이다."[12]

브리어디는 나중에 제너럴모터스의 불운한 델타2 프로젝트에 관한 기록을 다시 검토하다가 그 프로젝트가 애초에 잘못된 가정 위에서 출발했다는 사실을 확인했다. 제너럴모터스에서는 프로젝트가 지연되는 원인은 '독일인들'(독일 뤼셀하임의 오펠에서 온 엔지니어들)이 '미국인들'(테네시주 스프링힐의 새턴과 디트로이트 지역의 스몰카그룹에서 온 엔지니어들)과 갈등을 일으켜서라고 보았다. 팀마다 언어가 다르고 각기 다른 자동차 기술을 선호하므로 이런 민족적 차이에서 원인을 찾고 싶어질 수도 있었다. 하지만 브리어디가 실제로 팀들을 관찰해보니 민족적 차이는 문제의 일부분만 설명해줄 뿐이었다. 한 가지 특기할 만한 점은 뤼셀하임에서 일하는 미국인들이 미국에서 일하는 오펠 팀의 엔지니어들처럼, 그러니까 '독일인'처럼 행동하고, 디트로이트의 독일인들은 대다수 미국인 팀원들처럼 행동한다는 점이었다. 민족이 아니라 기관이나 현장의 문화가 더 중요했다. 또 하나의 놀라운 사실은 '미국인들'이라고 다 같은 미국인이 아니라 문화적으로 다르다는 점이었다. 한 팀은 제너럴모터스 본사와 가까운 미시간에서 왔다. 하지만 두 번째 팀은 제너럴모터스가 일본 경쟁사들과의 경쟁에서 이기기 위해 1980년대에 공장을 짓기 시작한 테네시주 스프링힐에서 왔다. 당시 제너럴모터스 경영진은 노동조합의 위세를 꺾기 위해 미시간을 벗어나는 모험을 감행했다. 나아가 공장 업무를 개선해서 더 '협조적인' 관리자 - 노동자 관행을 만들려고 시도했다. 결과적으로 스프링힐 공장의 문화는 미시간 공장의 문화와 달랐고, 이런 분열은 '독일인과 미국인' 사이의 차이만큼 중요했다.

직원들은 그들 문화의 특징을 설명하지 못했다. 저마다 자기네가 일하는 방식을 '자연스럽게' 받아들이기 때문이었다. 하지만 브리어디는 지속적으로 비교하면서 차이를 찾아냈다. 그는 여느 인류학자처럼 의식과 상징을 관찰하면 패턴을 파악하고 비교하는 데 도움이 된다는 것을 알았다. 내가 타지키스탄에서 결혼 풍습을 살펴본 것처럼 브리어디는 기업의 회의에 주목했다.[13] 일반적인 사무직 노동자들은 회의라는 단어의 의미를 오래 생각하지 않는다.[14] 하지만 브리어디는 파국에 이른 델타2 협상의 회의록을 살펴보면서 팀마다 '회의'가 어때야 한다는 가정이 달랐다는 사실을 발견했다. 뤼셀하임에서 온 오펠 팀에게 회의는 사전에 명확히 설정된 의제를 가지고 짧게 끝내야 하는 것이었다. 매일의 업무 대부분이 회의실 밖에서 일어나므로 회의의 유일한 기능은 실질적으로 결정을 내리는 것이고, '회의를 연다'는 말은 '일한다'는 말과 동의어가 아니었다. 게다가 뤼셀하임에서 온 팀원들은 회의에서 결정을 내려야 한다고 생각하기 때문에 리더가 회의를 주도해야 한다고 보았다. 그리고 위계적 권력 구조가 존재했다. 적어도 그들의 마음속에는.

하지만 디트로이트에서 온 스몰카그룹의 엔지니어들에게 '회의한다'는 말은 '일한다'는 말과 동의어였다. 이들은 업무 시간의 상당 부분을 할애해 회의실에 앉아 있는 게 당연하다고 생각했다. 디트로이트 팀은 뤼셀하임 팀과 다른 가정에 따라 일했다. 이들에게 회의실은 생각을 나누기에 적절한 장소였다. 따라서 디트로이트 팀은 회의의 의제를 미리 정하지 말아야 한다고 생각했다. 회의 중에 정보를 교환하면서 생각이 발전하기를 기대했다. 뤼셀하임 팀은 리더가 이끄는 위계적인 방식을 전제한 반면에, 디트로이트 팀은 '다수가 선호하는' 방향으로, 그러니까 대다수가 지지하는 쪽으로 결정을 내려야 한다고 보았다.

한편 테네시 팀은 정신적으로나 문화적으로 또 다른 양상을 보였다. 뤼셀하임 팀처럼 테네시의 엔지니어들도 업무의 상당 부분이 회의실 밖에서 일어나므로 회의는 짧아야 한다고 생각하면서도, 한편으로는 뤼셀하임 팀과는 다르게 회의는 결정을 내리기보다 합의에 이르는 과정이라고 보고 사전에 의제를 정하는 방식을 선호하지 않았다. 게다가 리더의 주도하에 위계적으로 결정하는 방식도 좋아하지 않았다. 스프링힐의 공장에는 어떤 안건에 대해서든 적어도 70퍼센트가 옳다고 합의할 때만 결정이 내려진다는 공식 규정이 있었다. 요컨대 '미국인들'은 단일한 집단이 아니었다.

브리어디는 이후에 제너럴모터스의 다른 세 지사, 제너럴모터스 브라질(제너럴모터스의 브라질 지사), 제너럴모터스 트럭 그룹(미시간 주 폰티악에 위치한 지사), 이스즈(일본 후지사와의 합작 투자 회사)를 연구했다. 그리고 이들 지사에서 같은 주제로 더 다채롭게 변이된 양상을 확인했다. 폰티악의 제너럴모터스 트럭 그룹은 '개인에게 권한을 주는' 방식으로 일했다. 제너럴모터스 브라질에서는 '협업'을 중시했고, 이스즈에서는 '권위 있는 (단일한) 목소리'를 중시했다. 이스즈의 중요한 문화적 이상은 '화합'인 반면에, 제너럴모터스 브라질의 이상은 '상호의존'이고, 제너럴모터스 트럭 그룹의 이상은 '개인주의'였다.[15] 어느 쪽이 옳거나 그르지 않았다. 그저 각기 달랐다. 다만 집단마다 회의라는 개념이 낯익어서 차이를 인식하지 못했을 뿐이었다. 제너럴모터스의 엔지니어와 경영진은 기업 경영을 개선하기 위해서는 일단 뒤로 물러나 이렇게 물으면 된다는 사실을 몰랐다. (최고위층 경영인의 눈이 아니라) 최하층 직원의 눈에 이 조직이 어떻게 보일까? 공간이 어떻게 사회적, 정신적 분열을 강화하는가? 한마디로 인류학자라면 무엇을 볼까? 인류학자가 들어갈 수 있다면, 그리고 리더가 경청한다면 어떻게 될까?

1999년에 브리어디는 연구 결과를 델타2 팀에 보고했다. 그즈음 델타2 프로젝트는 곤경에 처했다. 실제로 얼마 후 제너럴모터스의 제품 개발 책임자들은 세 팀이 공동 체제로 소형차를 함께 개발하는 것이 불가능하다고 판단하고 프로젝트를 중단시켰다. 일부 엔지니어는 기술 문제 때문이라고 보았다. 하지만 브리어디는 회의에 대한 가정이 팀마다 다른 데서 원인을 찾았다. 처음에는 브리어디의 의견에 모두가 충격을 받았다. 그러다 안도했다.

브리어디는 나중에 이렇게 회고했다. "선임 엔지니어가 의자 깊숙이 앉아 두 손으로 이마를 짚고는 '드디어 알아냈군요!'라고 말했다. 그는 '전에는 몰랐는데 이제 알았어'라는 말을 되풀이했다. 진실의 순간이었다." 문화가 문제였다.

6
서구인의 이상한WEIRD 특성에 관한 이론

∎

**소비자들은 전적으로 합리적이고 독립적인 선택을
한다고 여겨지지만 실상 그렇지 않을 때가 많다.**

2015년 봄 컨설팅 회사 배드베이비시터(Bad Babysitters)의 경영자 메그 킨니는 로스앤젤레스의 한 디지털 전략가에게서 다급한 메시지를 받았다. "귀사의 도움을 필요로 하는 고객이 있습니다."

곤경에 처한 고객은 조지아주의 프림로즈스쿨(Primrose Schools)이라는 어린이집이었다. 이 업체는 서류상으로는 크게 성공한 듯 보였다. 1983년에 생후 6주에서 5세 사이의 영유아를 돌보는 시설로 설립되어 미국 전역으로 확장하면서 어린이집 400곳과 직원 1만 1500명을 거느린 10억 달러 규모의 기업으로 성장했다. 경영진이 데이터와 교육 전문 지식을 전폭적으로 수용하면서 좋은 성과를 거둘 수 있었다. 그리고 아동발달에 관한 연구와 저명한 조기교육 이론가들의 훌륭한 이론을 결합해서 '균형 잡힌 학습'이라는 독점 프로그램도 제공했다. 나아가 수요와 공급을 예측해주는 경제 모형을 기반으로 삼고, 빅데이터를 활용하여 실리콘밸리와 유사한 방식으로 사업 동향과 예비 고객의 모형을 만들었다. "아이 엄마가 위층에서 아이패드로 어린이집의 등급과 평가를 조사하고 아빠는 아래층에서 TV를 켜놓고 휴대전화로 축구 성적을 확인한다면, 프림로즈는 가정의 이런 분위기를 파악하고 부모 모두를 공략하는 콘텐츠를 내보낸다." 킨니가 보고서에 쓴 글이다.[1] 우리 부모(혹은 조부모) 세대의 양육 방식과는 다르다.

하지만 프림로즈스쿨 경영진에게는 문제가 하나 있었다. KPI, 곧 핵심성과지표(Key Performance Indicator, 목표 달성을 위해 핵심적으로 관리해야 하는 요소들에 대한 성과지표 - 옮긴이)가 이상했다. 특히 전환율이 낮았다. 부모들이 웹사이트를 둘러보다가 콘텐츠를 접하고 SNS도 방문했다. 그런데 결국 (어린이집을 방문하는) 부모들은 예상 비율만큼 등록하지 않았다. 도저히 이해가 가지 않았다. 브랜드 인지도는 괜찮았다. 고객 문의도 증가했다. 서비스도 그대로이고, 예측 모형도 변하지 않았다. 그런데 뭔가가 잘못되었다. 게다가 디지털로 수집한 빅데이터 정보는 부모들이 어떻게 행동하는지 설명해주지만 왜 그렇게 행동하는지는 설명해주지 못했다.

킨니는 컨설팅 작업에 착수했다. 사실 배드베이비시터 프로덕션이라는 킨니의 전략 자문단의 명칭에는 유아교육에 관한 전문성이 전혀 담겨 있지 않았다. 주로 소비재 기업과 소매업을 컨설팅했지만 인상적인 이름을 찾다가 이처럼 무관한 명칭을 선택한 것이다. 하지만 킨니의 컨설팅이 독보적인 진짜 이유는 특유의 접근 방식 때문이었다. 킨니는 민족지학으로 접근했다. 킨니는 원래 광고업계에서 광고 전략가로 일하면서 프록터앤갬블 같은 기업의 광고를 담당했다. 그러다 민족지학과 인류학 개념을 접하고 적극 받아들였다. 이런 사람이 킨니만은 아니었다. 인류학은 원래 19세기에 다른 '낯선' 문화의 의식과 상징, 신화, 유물과 함께 제도와 사회 체제를 연구하기 위해 출현했다. 20세기에는 (제너럴모터스의 브리어디와 같은) 일부 인류학자들이 인류학을 도구로 서구의 다양한 조직의 내부를 들여다보았다. 같은 도구로 서구의 소비자 문화도 조명할 수 있었다. 특히 미국의 소비자들이 '정상'이라고 생각하는 것이 무엇인지 외부인의 눈으로 관찰하는 식이었다.

1950년대에 인류학자 호러스 마이너는 '나시레마(Nacirema)' 부족, 곧 거울에 비친(알파벳 철자를 거꾸로 뒤집은) "미국인(American)"의 "신체 의식"을 관찰해서 획기적이고 풍자적인 논문을 발표했다.[2] 마이너는 논문에서 마치 인류학자가 우연히 "캐나다의 크리족, 야키족, 멕시코의 타라후마라족, 카리브족, 앤틸러스 제도의 아라와크족 사이의 땅에 사는 북아메리카 부족"을 만난 것처럼 기술한다. 이 부족에게는 유독 몸에 집착하는 풍습 그리고 세례용 성수가 담긴 커다란 주발을 갖춘 성전에서 하루에 두 번, 어릴 때 '성자(聖者)'에게 배운 동작으로 의식을 치르는 풍습이 있다('치과의사'가 가르쳐준 양치질 의식으로 더 잘 알려졌다). 20세기 후반에 많은 마케팅업체와 광고업체가 마이너의 개념을 수용하여 소비자들을 관찰했다. 간혹 인류학자를 채용하기도 했다.[3] 하지만 인류학 배경이 없는 사람들도 민족지학 개념을 수용했다. 이런 추세가 학계의 일부 인류학자들을 불편하게 했고, 이들은 얄팍한 비학문적 연구로 인해 인류학의 기반이 약해진다고 개탄했다. 하지만 새로운 비즈니스 민족지학자들은 이런 추세가 인류학에 새로운 타당성을 부여하고 '현지 탐사'에 뜻밖의 혁신을 일으켰다고 (꽤 정확히) 응수했다.

배드베이비시터가 적절한 예였다. 과거 말리노프스키와 미드의 시대에 인류학자들은 주로 맨눈으로 사람들을 관찰했다. 대면 관찰이 인류학의 주된 특징이었다. 하지만 킨니는 멀티미디어 스토리텔러인 할 필립스와 협업하여 사람들의 모든 소통을 영상에 담아서 나중에 돌려보며 검토할 수 있게 했다. 이런 방식으로 잘 드러나지 않은 부분을 포착하고 전체 그림을 연구해서 빅데이터 자료를 보완할 수 있었다. "비즈니스의 모든 문제는 인간의 문제이고 모든 데이터는 본질적으로 인간 행동을 표상한다." 킨니의 설명이다.[4]

킨니와 필립스는 프림로즈스쿨에 이 전략을 시도했다. 우선 두 지역에서 프림로즈스쿨의 학부모와 예비 학부모를 포함해 미국인 가정 10여 곳을 모집했다. 학부모의 평균 연령은 33세이고 연간 가계 소득은 5만 달러 이상이었다. 다음으로 각 가정에 '워크북'을 보냈다. 워크북에는 어린이집 선택이 스포츠라면 어떻게 기술하겠느냐와 같은 개방형 질문이 담겨 있었다(물에 가라앉을 수도 있다는 점에서 스쿠버다이빙에 비유하는 질문도 있었다). 또한 연구자들은 비디오 카메라를 들고 가족들을 따라다니며 학교와 상점, 놀이터, 집 주변의 일상을 담았다. 프림로즈스쿨의 학부모 견학 시간도 촬영하고,

견학 이후 예비 학부모들이 각자의 차에서 어떻게 반응하는지도 담았다.

이런 영상에는 프림로즈스쿨의 수수께끼를 푸는 열쇠가 담겨 있었다. 결과적으로 유아교육에 대한 부모와 교사의 개념이 다른 것으로 드러났다. 세대 차이도 문제가 되었다. 프림로즈스쿨의 경영진은 소위 X세대로서 1975년 이전에 출생하여 20세기 말 미국의 가치관을 흡수한 사람들이었다. 이들은 전문가가 존중받던 시대, 부모 모두 밖에서 적극적으로 일하고 싶어 하던 시대, 그리고 자녀에게 글을 가르치는 등의 교육을 위해 유아교육 시설을 찾던 시대에 성장했다.

하지만 21세기의 부모들은 연령대가 25~45세이고 삶의 태도가 달랐다. 킨니는 이렇게 적었다. "이들은 미국 역사상 가장 교육을 많이 받은 집단이다. 게다가 임금이 적고 업무 시간이 길고 학자금 대출이 많은 시대에 고용된 집단이기도 하다. 이들은 이른바 '주목 경제(attention economy, 주의집중 범위가 좁아지고 스트레스가 증가하고 개인화에 대한 요구가 커지는 시대)' 양육의 최전선에 서 있고 …… 인터넷 중심의 세상에서 자녀를 양육한다."[5] 흔히 '밀레니얼 세대'라고도 하지만 킨니는 이 용어를 피했다. 이들은 자녀 양육에 대해 이전 세대보다 더 심각한 윤리적 갈등을 겪는다. 이들은 경제적 이유로 맞벌이를 하던 부모 밑에서 유치원에 다니는 상황에 익숙하면서도 "정책 입안자와 비즈니스와 일하는 부모들이 유아기 경험의 중요성을 (부단히) 강조하는 현실"도 알기 때문이다. 그래서 이 세대의 부모들은 죄책감과 두려움에 사로잡힌다. 게다가 유아교육의 역할에 대해서도 교사들과 생각이 다르다. 교사들은 교육의 단계를 중시한다. 부모들은 다양한 사회적 관계에 대비하여 자녀의 인성과 호기심, 자기표현력, 회복력을 길러주고 싶어 한다. 부모들은 자녀가 나중에 온갖 사람들이나 심지어 인공지능과 함께 살아가야 하는 불확실한 미래를 걱정한다. "문화적으로 자신감 있는 아이에서 회복력 있는 아이를 선호하는 쪽으로 넘어가는 추세다." 킨니의 설명이다. "적응력이 21세기의 능력이다."

한편 부모들은 수직적 위계 구조를 중시하지 않아서 과학자나 교사나 CEO(프림로즈스쿨 경영진) 같은 '전문가'들에게 조언을 구하는 방법을 최우선으로 여기지 않는다. 대신 사회과학자 레이첼 보츠먼의 표현대로 '수평적'이거나 '분산된' 신뢰에 영향을 받는다. 그래서 다른 부모들의 정보를 더 중시한다.[6] 그리고 '전문가'를 권위자로 보지 않기에, 전문가를 보고 어린이집 비용을 내지 않았다. 프림로즈스쿨이 실제로 홍보문구에서 '전문가'를 칭송하고 권위적인 '일대다' 관계를 강조했기 때문에 이 부분은 특히 중요한 발견이었다.

배드베이비시터는 이런 연구 결과를 프림로즈 경영진에게 보고했다. 경영진은 놀랐다. "이런 건 한 번도 들어본 적이 없어요." 프림로즈스쿨의 브랜드 관리 차장 폴 택스턴(Paul Thaxton)이 킨니에게 한 말이다. 결국 프림로즈스쿨은 전략을 대폭 수정했다. 홍보문구를 "미국 조기교육과 유아교육의 선두주자"에서 "아이들이 무엇을 아는지보다 어떤 사람이 되는지가 더 중요합니다"라고 바꾸었다. 더불어 디지털 콘텐츠에서도 통계와 학술 연구와 전문가의 조언을 줄이고 누구나 이해하기 쉬운 어조를 썼다. "연구에 따르면"이라는 표현 대신 "저희는 믿습니다"와 같은 친근한 문구를 넣었다. 어린이집 원장들에게도 학부모에게 통신문을 보내는 대신 적극적으로 경청하라고 조언했다. 원장들은 수평적 공동체 의식을 조성하기 위해 인류학의 다른 핵심 개념도 받아들였다. 바로 의식과 상징이다. 그리고 원장들은 부모가 자녀를 어린이집에 보낼 때는 공동체에 들어간다는 의미를 무엇보다 중요하게 생각한다는 점을 알아채고 문화적 장치를 이용해 이런 측면을 강화하기로 했다. 이를테면 '등원 첫날' 배낭을 나눠주고 우정을 가르쳐주는 '강아지 어윈' 인형으로 공연을 준비했다.

이 방법은 효과가 있었다. 연구가 끝나고 1년 사이 등록률은 4퍼센트, 관련 문의는 18퍼센트, (소셜미디어) 참여율은 24퍼센트 증가했고, 대중적인 인지도도 부문별 4위에서 1위로 올라섰다. 혁신적으로 개선되기보다는 점진적으로 나아졌다.

◆ ◆ ◆

빅데이터만으로는 소비자 문화를 설명하지 못하는 이유를 이해하려면 하버드대학교 진화생물학 교수 조지프 헨릭이 개발한 서구인의 '이상한' 특성에 관한 이론을 살펴보아야 한다. 헨릭은 항공우주공학을 전공하고 인류학으로 넘어와서 문화와 인간생물학과 환경의 상호작용(혹은 체질인류학과 문화인류학의 조합)을 연구했다.* 헨릭은 칠레 마푸체족 사이에서 현지 탐사를 진행했다. 하지만 이 연구에서는 마푸체족보다는 서구 심리학계의 특성에 관해 더 많은 것이 드러났다.[7] 심리학은 20세기와 21세기에 인간의 뇌가 어떻게 작동하는지(혹은 작동하지 않는지)에 관해 유용한 통찰을 제공하면서 발전해왔다. 하지만 함정이 있었다. 헨릭은 심리학자들이 주로 10대 후반에서 20대 초반인 서구 출신의 교육 수준이 높은 학생 자원자를 연구 대상으로 삼아 심리학 이론을 정립했다고 지적했다. 심리학 연구가 보편적인 결과를 제시한다고 주장하지만 사실은 서구의 교육받은 뇌가 어떻게 작동하는지 보여줄 뿐이라는 것이다. 실제로 헨릭이 마푸체족에게 같은 심리학 실험을 진행하자 다른 결과가 나왔다.

결과의 차이는 크게 몇 가지로 나뉜다. 우선 뇌가 **전체** 상황을 전체론적으로 보지 않고 순차적 추론(A가 B로 이어지고, 다시 C로 이어진다)과 고도의 선택적 관찰을 통해 문제를 해결하고 정보 수용도에서도 차이가 나타난다. 이런 방식은 서구 계몽주의 시대의 사고방식이고 알파벳으로 글을 읽는 습관(바라건대 서구의 학생들이 매일 하는 행위)에 의해 강화된다. 따라서 헨릭이 미국 학생들에게 어떤 상황에 관한 사진을 보여주고 해석하라고 요청하자 학생들은 "주의를 집중하고 (사진에서) 관심의 대상을 추적하면서도 맥락과 배경은 무시했다."[8] 논리적 분석(과 터널 시야)이 지배했다. 하지만 마푸

---

* 체질인류학과 문화인류학은 20세기 초에 서로 다른 학과로 분리되었지만 일부 인류학자는 계속해서 생물학과 물리적 환경을 함께 들여다보면서 문화를 분석했다. 이런 접근 방식은 최근 재레드 다이아몬드의 베스트셀러 《총, 균, 쇠: 무기, 병균, 금속은 인류의 운명을 어떻게 바꿨는가》덕에 점차 인기를 얻었다. 헨릭의 연구도 같은 맥락이다. 한편 뇌의 크기가 사회 집단의 구조와 범위에 어떤 영향을 미치는지 살펴본 진화생물학자 로빈 던바(Robin Dunbar)의 연구도 같은 맥락이다.

체족처럼 글쓰기가 없는 문화에서는 전체론적 접근이 자주 나타났다. 이들은 "주어진 맥락에 적절한 전체론적 관계를 통해 자신의 선택을 지지했다." 헨릭이 다른 지역에서 유사한 실험을 진행했을 때도 국가들이 (한 국가 안에서도 차이가 있고 국가들 사이에도 차이가 있기는 하지만) 대체로 두 부류로 나뉘었다. 분석적 사고는 네덜란드와 핀란드, 스웨덴, 아일랜드, 뉴질랜드, 독일, 미국, 영국에서 우세했다. 전체론적 사고는 세르비아와 볼리비아, 필리핀, 도미니카공화국, 루마니아, 태국에서 우세했다.

두 번째 차이가 나타난 영역은 정체성이었다. 헨릭이 사람들에게 "나는 누구인가?"라는 질문을 던졌을 때, 미국인과 유럽인은 개인적 특성(예, 직업)으로 답했지만 삼부루인이나 케냐인이나 쿡 제도인과 같은 비서구인은 자기를 가족과의 관계 안에서 정의하고 친족과 공동체의 역할에 관해 이야기했다. "역할과 관계보다 개인의 특성과 성취에 초점을 맞추는 태도는 내가 개인주의 콤플렉스라고 묶는 심리 패키지의 핵심 요소다."[9] 세 번째 차이가 나타난 영역은 도덕성이었다. 헨릭이 가족을 위해 거짓말을 하거나 속임수를 써도 되는지 묻자 서구 사회의 사람들은 도덕과 규칙은 보편적으로 적용되어야 하므로 거의 안 된다고 답했지만 비서구 사회의 사람들은 규칙은 맥락에 따라 달라질 수 있으므로 거짓말이나 속임수를 써도 된다고 답하는 경향을 보였다.[10] 헨릭은 뉴욕의 주차 위반 딱지를 둘러싸고 발생한 흥미로운 실험을 소개했다. 뉴욕에서는 2002년까지 UN의 외교관들에게 주차 위반 면제 특권을 제공했다. 주차 구역이 아닌 자리에 차를 세워도 벌금을 내지 않았다.

그럼에도 "영국과 스웨덴, 캐나다, 오스트레일리아를 비롯한 몇몇 국가에서 온 외교관들은 이 기간에 주차 위반 딱지를 한 장도 받지 않았다." 규칙을 어겨도 대가를 치르지 않는 상황에서도 규칙을 준수한 것이다. 하지만 "이집트와 차드, 불가리아의 외교관들은 한 사람당 모두 100장 넘게 주차 위반 딱지를 받았다." 이들에게 도덕성은 맥락 의존적이었다.

서구인들은 이런 결과에 대해 비서구 문화가 '이상하다'고 비판할 수도 있다. 하지만 헨릭은 미국과 유럽 사회의 태도가 오히려 '이상한' 것이라고 주장한다. "사실 인류 역사를 통틀어 사람들은 조밀한 가족의 네트워크에 얽혀서 성장했다. …… 이렇게 통제되고 관계가 얽힌 세계에서는 사람들의 생존과 정체성, 안전, 결혼, 성공이 모두 친족 기반 네트워크의 건재와 번영에 달려 있었다." 그러니 오히려 서구 사회가 이상한 것이다. 서구에서는 "사람들이 지극히 개인주의적이고 자기에게 집착하고 통제를 지향하고 체제에 순응하지 않고 분석적이고 …… 자기를 고유한 존재로 여기고 …… 통제력을 갖고 스스로 선택하는 쪽을 선호한다."[11] 헨릭은 이런 특성을 WEIRD(서양의Western, 교육받은Educated, 개인주의적인 Individualistic, 부유한Rich, 민주적인Democratic)로 기술한다.

따라서 소비자 문화를 이해하고 싶다면 이런 차이를 알아야 한다. WEIRD 문화에서는 개인이 세계의 중심에 있다고 생각하는 경향이 있다.* 그리고 개인이 사회로부터 나오는 것이 아니라 사회가 개인으로부터 파생된다고 믿는다. 개인이 자신의 운명과 정체성을 선택할 수 있다고도 믿는다. 21세기에는 이 개념이 과거에는 상상도 하지 못한 수준으로 확장되었다. 디지털 기술의 발전으로 소비자가 욕구를 중심으로 세계를 구축하면서 음악이든 음식이든 커피든 미디어든 거의 모든 것을 원하는대로 선택해서 구성할 수 있다는 개념이 강화되기 때문이다. 우리는 모두 자기만의 '매트릭스' 안에서 살고 있다. 혹은 'C 세대(Generation Customization, 개인 맞춤형 세대)'의 시대에 살고 있다.

서구의 소비자는 개인의 선택에 의해 움직인다는 인식 때문에, 흔히 심리학과 빅데이터의 통찰을 활용하여 인간의 뇌가 어떻게 작동하고 개인이 온라인에서 무슨 활동을 하는지 알아보려는 추세가 있다. 하지만 여기에는 함정이 있다. 소비자들이 (WEIRD의 이상에 따라) 전적으로 합리적이고 독립적인 선택을 내린다고 생각하지만 실상은 그렇지 않을 때가 많다. 소비자들은 환경에서 주어진 상징과 의식을 이용해 자신의 정체성을 규정한다. 따라서 집단에 대한 충성도와 사회적 관계로부터 영향을 많이 받는다. 일정 정도는 남들이 만든 공간적 패턴 안에서 움직인다. 소비자들이 환경에서 받아들이는 개념이 모순되고 다층적일 수 있음에도 이 점을 (스스로나 남들에게) 인정하지 않을 수 있다. WEIRD의 전제 안에서 문제를 논리적이고 순차적인 사고(그리고 터널 시야)로 해결할 수 있다거나 그래야 한다고 전제하기 때문이다. 따라서 현대 소비자 문화가 WEIRD라는 가치관에서 나오기는 하지만 단지 WEIRD의 사고방

---

* '경향'이라고 표현하는 이유는 헨릭의 이론적 틀이 모든 사회에서 다양성의 스펙트럼으로 나타나는 행동 양상을 기술한다는 점을 강조하기 위해서다. 미국과 같은 WEIRD 사회 안에서도 분명 큰 차이가 존재한다.

식만으로는 이해할 수 없다. 서구의 소비자들은 그들이 생각하는 것보다 더 복잡하고 모순적이다.

◆ ◆ ◆

초콜릿부터 애완동물 사료까지 다양한 제품을 생산하는 대기업 마스(Mars)는 소비자 문화의 모순을 이해하는 기업이다. 마스는 대표적으로 마스 초코바와 같은 과자류를 판매하는 기업으로 유명하다. 하지만 1930년대에 애완동물 사료도 팔기 시작했다. 이 분야는 처음에는 잘 풀리지 않았다. 그러다 20세기 말에 급속히 성장했다. 시장이, 특히 미국 시장이 크게 성장한 덕분이다. 1988년에는 미국 가정의 56퍼센트만 강아지와 고양이를 기른 데 비해 2012년에는 62퍼센트가 애완동물을 길렀다.[12] 미국인이 애완동물 식품에 쓴 돈은 1994년 170억 달러에서 2011년 530억 달러로 세 배 이상 증가했다.

2009년에 마스의 경영진은 애완동물 사료 분야가 매력적이라고 판단하고 시장점유율을 높이고 싶어 했다. 하지만 마케팅 메시지를 어떻게 내보내야 할지 확신이 서지 않았다. 무엇보다도 애완동물 사료에 관한 서구인의 전제가 매우 특이했다. 아니, 폭넓은 (인류학적인) 관점에서 보면 그렇다. 서구의 경우 20세기 이전에는 애완동물에게 주로 먹다 남은 음식을 먹였다(세계의 많은 지역에서는 여전히 그렇다). 하지만 21세기 초에 미국의 애완동물 주인들은 애완동물에게 특별한 음식을 먹여야 한다고 생각했다. 왜인지는 명확하지 않았다. 소비자들은 애완동물 사료를 어떻게 선택했을까? 어쨌든 사료를 먹는 당사자(강아지)가 말을 할 수 없는데 말이다.

인류학자 매리앤 맥케이브는 이와 관련된 연구를 의뢰받았다. 온화한 성품으로 주위에 잘 녹아드는 여성 학자인 맥케이브는 1980년대에 뉴욕대학교에서 미국의 아동 성학대와 친족과 법을 연구하면서 정통 인류학에 들어섰다. 그러다 점차 소비자 연구에 끌려서 벨과 앤더슨이 인텔에서 얻은 것과 같은 교훈을 얻었다. 말하자면 기업에서 인류학적 통찰을 원할 때는 대학의 인류학과에서 연구하는 방식(단일한 공동체에서 인내심을 가지고 장기간 관찰하면서 비교문화 이론 중심의 분석 도구를 이용하는 방식)이 아니라 (단일한 공동체가 아닌) 네트워크에서 단기간에 연구하는 방식을 활용해야 한다는 점이다. 대학의 일부 학자들은 이런 방식에 당혹스러워한다. 그러나 이런 방식 덕에 대규모 통계적 데이터세트와 좋은 대조를 이루는 3차원의 미시적 분석이 가능해지므로 획기적인 접근일 수 있었다.

마스의 경영진은 맥케이브에게 두 지역을 연구하라고 지정해주었다. 필라델피아와 내슈빌이었다. 맥케이브는 적절한 절차에 따라 애완동물을 기르는 가정 12곳을 선정하고 사진 일기와 콜라주를 만들어서 애완동물을 기르는 것이 어떤 의미인지 설명해달라고 요청했다. 네슬레의 경영진이 일본에서 킷캣으로 시도한 방법과 유사했다. 애완견 주인이 자신의 개에 관해 직접적이지 않은 방식으로 생각하게 만든다는 취지였다. 다음으로 맥케이브와 동료 인류학자는 각 가정과 애완견을 관찰하고 애완견 주인이 사료를 사러가는 길에 따라가서 그들의 감정을 의식의 흐름 기법으로 말하게 했다. 맥케이브는 마스의 마케팅팀에도 같이 가자고 제안했다. 마스에 보고서만 제출하는 것이 아니라 경영진이 세상을 다른 방식으로 보게 하는 방법, 그러니까 좀 더 인류학자처럼 생각하도록 가르쳐주는 방법도 유용하다고 보았기 때문이다.

결과는 놀라웠다. 맥케이브는 각 가정을 관찰한 뒤 사람들이 애완동물을 단순히 동물이나 자연계의 표본으로 생각하지 않는다는 사실을 확인하고 보고서에 이렇게 적었다. "애완동물을 기르는 사람들은 애완동물을 친족의 개념으로 표현한다. 응답자들은 고양이와 개를 '혈육'이자 가족의 일원이라고 말한다." 미국의 가정에서는 이런 이미지가 정상으로 보였다. 하지만 인류의 역사로나 다른 사회의 기준에서는 '혈육' 또는 '가족'이라는 표현은 괴상하게 들렸다. 인류학자들이 연구한 대다수 사회에서 동물은 정신적으로나 문화적으로 인간과 다른 범주에 속했다. 인류학자 클로드 레비 스트로스는 브라질에서 현지 탐사를 진행하면서 인간이 자신을 동물과 반대 개념으로 정의한다는 점을 확인했다. 라코타의 아메리카 원주민도 동물을 인간이나 가족의 바깥에 있는 존재로 간주한다. "라코타족은 전통적으로 동물을 소유하지 않는다. …… 개에게 먹이를 주고 보살펴주기는 하지만 개들은 밖에서 자유롭게 돌아다니며 살 수 있다." 오글라라 수족 출신인 두 학자의 기록이다.[13] 따라서 다른 많은 문화에서는 애완동물을 가족으로 간주한다는 말이 황당하게 들릴 수 있다. 어쨌든 헨릭의 관찰에 따르면 대다수의 비WEIRD 문화권에서 "친족은 사회적 관계를 체계화하는 근본 개넘"이고 친족의 유대는 선택이 아니라 생득적인 것이기 때문이다.

하지만 WEIRD 문화에서는 가족을 정의할 때도 개인의 개념을 중시하는 경향이 있다. 따라서 애완견이 가족에 추가되면 소비자 주체의 개념이 확장된다. WEIRD 문화에 속한 사람들은 물려받은 '가족'을 받아들이기보다 개인적으로 '가족'을 새롭게 정의한다(물론 개한테는 선택권이 없지만 이 점은 논외로 하자). 왜 인간이 개를 가족에 포함시키고 싶어 할까? 맥케이브는 인간의 유대를 강화하기 위해서라고 말한다. 이 말이 더 이상하게 들릴 수도 있다. 하지만 이 문제는 WEIRD 가치관의 또 하나의 결과다. 정확히 말해서 가족의 유지가 개인의 선택에 달려 있다는 바로 그 이유에서 가족을 중시하는 서구의 소비자들은 어떻게든 가족을 유지하기 위한 장치를 찾고 싶어 한다. 특히 디지털 기기(휴대전화)처럼 가족을 위협하는 요소들이 사방에 도사린다고 느끼기 때문에 더더욱 이런 장치를 원한다. 따라서 가족의 유대를 당연시하지 않는 문화에서는 동물이 가족의 개념을 강화하는 데 유용하다.

"애완동물은 소통의 수단이다." 맥케이브는 부모와 자녀가 애완견을 강아지 공원에 데려가고 할로윈 복장을 입히고 늘 애완견 얘기를 하고 재미있는 일화를 나누면서 공통의 경험을 만들어나간다고 설명한다. 혹은 어느 가정의 어머니는 이렇게 말했다. "우리 집에서는 하루도 빠짐없이 애완동물 얘기를 해요. 얼마나 귀여운지, 얼마나 우스운 짓을 했는지." 애완동물의 감각적 특성이 이런 유대감을 강화하기도 한다. "인간 가족이 개나 고양이와 놀아주고 욕구를 해결해주면서 듣고 보고 만지고 냄새를 맡을 때 가족이 더 가까워지고 공통의 추억이 쌓인다."[14]

맥케이브는 이런 연구 결과를 이용해 마스가 애완동물 사료를 판매할 방법을 제안했다. 이전에 마스의 마케팅 메시지는 애완동물의 건강과 과학을 중점에 두었다. 하지만 맥케이브는 애완동물 자체만이 아니라 애완동물을 둘러싼 인간 대 인간의 관계(나아가 애완동물과 인간의 유대)에 주목하라고 제안했다. 마스의 경영진은 맥케이브의 제안을 경청했다. 전에는 광고에서 외로운 동물이나 동물을 데리고 있는 개인을 묘사했다. 하지만 2008년부터는 화목한 가족이 애완동물과 함께 놀면서 추억을 쌓고 유대를 강화하는 이미지로 바꾸었다. 애완동물을 더 '인간'처럼 묘사하면서 심지어 서로 농담도 주고받는 장면까지 연출했다. 집단 역동과 '가족'이 선택으로 구성된다는 관념에 중점을 두었다. 마스의 경영진에서는 애완동물 사료가 소비자에게 어떤 의미인지에 관한 새로운 논의가 오갔다. 실제로 마케팅 캠페인이 크게 성공해서(그리고 애완동물에 대한 미국인의 관심이 놀라운 수준까지 계속 커져서) 2020년에는 초콜릿보다 애완동물 사료에서 더 큰 수익을 올렸다. 20년 전에는 예상하지 못하던 상황이었다. (녹차 맛 킷캣처럼) 문화의 예상치 못한 반전의 또 한 사례였다.

맥케이브는 다른 여러 소비재 기업에서도 유사한 연구를 의뢰받았다. 인류학자 티머시 맬러피트와 팀을 이루어 캠벨 수프(Campbell Soup)에서 의뢰받은 프로젝트에서는 미국의 주부들이 식사 준비를 어떻게 생각하는지 조사했다.[15] 애완견을 대하는 태도와는 모순된 태도가 나타나는 영역이었다. **구조화된 면담**으로 식사 준비에 관해 물어보자 주부들은 요리를 일로 정의했다. 따라서 캠벨 수프는 편의성을 중심으로 제품을 광고했다. 하지만 맥케이브와 맬러피트가 마스와 같은 방식의 연구(비구조화된 관찰)를 진행하자 주부들은 식사 준비에 대해 말하면서 창의성을 자랑하고 식사가 조성하는 사회적 유대에 관해 기쁨을 표현했다. 이때 음식은 애완견과 마찬가지로 그들이 적극적으로 선택해서 가족 구성에 활용할 수 있는 도구로 지각되었다. 따라서 21세기 서구 중산층 문화의 또 다른 특징이 나타난다. 이를테면 주방 설계와 건강한 조리법과 '가정식'을 숭배하는 현상이 나타난 것이다. 맥케이브와 맬러피드는 캠벨 수프에 (단지 편의성만이 아니라) 창조성을 강조하는 마케팅 메시지를 만들라고 제안했다.

빨래도 같은 맥락이었다.[16] 20세기 말과 21세기 초에 소비재 기업들은 과학을 이용해 때를 잘 빼주는 세제의 위력(혹은 작용)을 부각시켜서 소비자들에게 세제를 판매하려고 했다. 소비재 기업이 유도된 (혹은 미리 설정된) 질문으로 설문 조사를 실시했을 때는 소비자들이 (식사 준비처럼) 빨래도 '일'로 생각하는 것으로 나타났다. 그러다 2011년에 소비재 기업인 프록터앤갬블이 맥케이브에게 세탁에 대한 의식을 조사해달라고 의뢰했다. 맥케이브는 비구조화된 질문으로 주부들과 대화를 나누면서 식사 준비에 관한 대화와 유사한 메시지를 받았다. "참가자들은 빨래를 끝없이 지루하고 반복적인 일로 묘사했다."[17] 하지만 다른 한편으로는 많은 주부가 이 일을 다른 사람에게 맡기고 싶어 하지는 않았다(프록터앤갬블의 요청에 따라 이 연구는 캠벨 수프 프로젝트와 마찬가지로 주부들에게 초점을 맞추었다). "빨래는 귀찮지만 그렇다고 남에게는 못 맡기겠어요." 자주 나온 불만이었다. 맥케이브는 세탁도 소비자들이 가족의 유대를 강화하기 위해 선택하는 또 하나의 수단이기 때문이라는 결론에 이르렀다. "미취학 아이 셋을 둔 에이미는 아기 턱받이 얘기를 하면서 6개월 된 아기에게 채소 퓌레를 먹이자 아기가 그대로 뱉어낸 기억을 떠올렸다. 더러워진 옷 얘기를 하다가는 다른 두 아이가 뒤뜰에서 찰흙 놀이를 할 때 그 옷을 입은 기억을 떠올렸다. 주부들은 빨랫감이 깨끗해지는 사이 옷을 만지고 냄새를 맡고 소리를 듣고 보면서 과거와 현재와 미래를 연결했다. 주부들은 그 옷을 입었을 때의 상황을 떠올리고 깨끗이 빤 옷을 가득 채운 서랍장을 상상하며 미래의 주관성을 기르고 흘러가는 시간 속에서 자신의 위치를 찾는다."[18] 따라서 맥케이브는 프록터앤갬블과 이 회사의 광고를 전담하는 사치앤사치(Saatchi and Saatchi)에 제품을 단지 과학만이 아니라 사회적 유대를 찬미하고 유지하고 전시하는 관점에서 광고하라고 제안했다.

◆ ◆ ◆

2010년대 말에 맥케이브의 분석 유형이 널리 유행했다. EPIC(응용인류학 산업 협의체)에서 연례회의를 열면 입장권이 몇 시간 만에 매진될 정도였다. 열기가 10년 전과는 달랐다. 어느 정도는 자본력이 탄탄한 인텔과 페이스북, 우버, 아마존, 구글과 같은 대형 기술회사들이 앞 다투어 디지털 영역의 사용자 연구에 민족지학을 도입한 덕분이었다. 한편 인류학자들은 소비자 행동에서 상상 가능한 모든 영역을 관찰했다. 일본항공과 보잉에서는 장애인 승객의 탑승 경험을 연구하고,[19] 인형 브랜드 아메리칸걸(American Girl)에서는 인형이 여자아이들에게 더 힘을 줄 방법을 찾아보고,[20] 인류학자 그랜트 맥크랙켄은 소비자들이 넷플릭스를 어떻게 시청하는지 관찰했다(맥크랙켄은 연구 결과를 토대로 넷플릭스 측에 프로그램을 보는 행위를 '몰아보기bingeing'보다는 긍정적인 조절의 의미가 담긴 '양껏 즐기기 feasting'라고 부를 것을 제안했다).[21] 인류학자들은 문화적 패턴을 관찰하고 보고서만 작성하기도 했다.[22] 하지만 일부 인류학자는 고객의 사고방식을 바꾸려고 시도했다. 예를 들어 컨설팅 회사 스트라이프파트너스(Stripe Partners)를 운영하는 인류학자 사이먼 로버츠는 기업의 경영진에게 참여 관찰로 직접 체험해보라고 제안했다. 그는 소비자 행동을 WEIRD의 지적 추론만으로 이해할 수 있다고 생각하는 것은 중대한 실수라고 주장했다. 그만큼 '체화된' 신체 경험과 습관과 의식이 중요하다는 것이다. "소비자 연구에 과도하게 영향을 미치는 분야인 심리학에서는 우리가 알고 싶어 하는 것 대부분이 우리의 머릿속에 있고 우리는 그저 소비자의 마음속으로 들어갈 방법만 찾으면 된다고 말한다. 하지만 사실은 체화된 지식이 강력하다." 로버츠는 듀라셀 측에 이 점을 설명하기 위해 경영진에게 멕시코 국경 근처의 공원에서 캠핑하면서 야영객들이 배터리를 어떻게 사용하는지 직접 체험해보라고 제안했다. 결과적으로 체화된 교훈이 듀라셀의 광고를 바꾸었다.[23]

그런데 소비자 경험에서 (이상하게도) 계속 도외시되는 것은 바로 돈의 영역이다. 인류학자들은 금융위기의 여파 속에서 사람들이 금융시장과 어떤 관계를 맺는지 연구했다. 하지만 그들은 금융인들이 '도매' 금융(wholesale finance)이라고 표현하는 대상, 곧 은행이나 보험 회사 같은 금융기업이나 금융시장에서 일어나는 현상에 집중하는 경향이 있었다. 인텔의 인류학자들은 금융 분야의 소비자 경험을 연구하고, 어빈 소재 캘리포니아대학교의 교수 빌 모러는 빌 앤 멀린다 게이츠 재단의 후원으로 돈과 금융 기술을 위한 연구소를 세웠다.[24] 하지만 놀랍게도 은행이나 보험 회사나 자산관리사 등은 민족지학에 관심이 적어 기술이나 소비재 부문과는 극명한 대조를 이루었다. 드물게도 민족지학에 관심을 가진 금융 회사가 덴마크에 있었다. 컨설팅 회사 레드어소시에이츠가 이 분야를 집중적으로 탐구했다. 20세기 초에 설립된 레드어소시에이츠는 장난감 회사 레고(Lego)의 의뢰로 민족지학과 사회 연구를 수행하여 레고가 "아이들의 놀이를 이해하고 아이들과 다시 소통할 방법을 찾도록" 도와주었다. 레고의 전 CEO 예르겐 비 크누스토르프(Jørgen Vig Knudstorp)의 설명이다. 그가 훗날 레고의 부활을 도운 핵심 요인으로 꼽은 것이기도 하다.[25] 레드어소시에이츠는 레고 프로젝트를 발판으로 의료, 패션, 자동차와 같은 소비재 부문으로 사업을 확장하고 스칸디나비아의 중소 금융 회사인 다니카를 위해 소비자 조사를 진행했다.

레드어소시에이츠의 연구자들은 일반 학계의 인류학자가 아니었다. 미켈 라스무센(Mikkel Rasmussen)은 덴마크 정부에서 일하는 경제학자로서 복잡한 거시경제 모형을 만들었다. 마르틴 그로네만

(Martin Gronemann)은 원래 정치학자였다. 이들은 (킨니처럼) 나중에 인류학으로 서서히 넘어오면서 맥락을 고려하지 않는 분석 도구의 한계를 깨닫고 문화적 분석을 수용하기 시작했다. 일례로 라스무센이 민족지학에 빠져든 이유는 그가 덴마크 정부를 위해 개발한 거시경제 모형이 사회적 맥락과 같은 수많은 중요한 변수를 배제하는 것처럼 보였기 때문이다. 라스무센과 그로네만은 돈을 소비자의 관점에서 보려는 인류학자가 드문 현실에 당황했다. 그래서 연구를 시작하기로 했다. 알고 보니 돈의 세계는 WEIRD의 태도가 가장 이상하게(weird) 나타나는 장이었다.

◆ ◆ ◆

54세의 이벤트 컨설턴트 린다는 2016년 초에 신용카드 14장을 테이블에 펼쳤다. 그리고 날마다 물건을 구매하고 돈을 다루기 위해 사용하는 도구라고 말했다. 그게 다가 아니었다. 현금도 있고 모기지도 여러 개 받았고 보험도 대여섯 가지 들었고 연금도 많다고 쑥스러운 표정으로 말했다.

테이블 너머에서 레드어소시에이츠의 연구팀이 그녀의 말을 듣고 있었다. 연구팀은 몇 주 동안 독일, 영국, 미국의 가정을 돌아다니며 사람들과 은행, 보험 회사, 연금에 관해 대화를 나누고 그들이 거래하는 모습을 관찰했다. 이론상으로는 단순한 대화였어야 했다. 돈이 "세상을 움직인다"는 말도 있고, 서구 경제학에서 인간은 수익을 극대화하는 방향으로 움직이는 이기적인 동물로 가정된다. 금융 모형에서는 사람들의 보상과 행위가 일관되므로 뉴턴의 물리학과 같은 이론적 틀로 예측 가능하다고 전제한다. 게다가 돈은 대체가 가능하므로 가치를 저장하고 교환하는 수단이 된다고 가정한다.

하지만 그로네만과 라스무센이 만난 소비자들은 돈의 개념을 일관되게 생각하고 행동하지 않았다. 돈에 관한 일부 대화는 수월했다. 가령 소비자들은 휴대전화로 물건을 사는 방법을 기꺼이 설명하면서 기술의 편의성에 흥분했다. 하지만 저축이나 보험이나 대출이나 투자 상품에 관한 대화에서는 혼란이나 침묵이나 당혹감이 드러났다.[26] 그로네만은 이렇게 적었다. "서구인들은 돈보다 섹스 이야기를 더 편하게 한다. 돈은 금기다."[27] 왜일까? 우선 도덕적 역설이라는 문제가 있다. 가령 미국인과 유럽인은 항상 열심히 노력해서 돈을 벌어야 한다는 말을 듣고 살았다. 하지만 대다수 종교와 서구 문화에서는 기독교의 구호를 인용하자면 "돈에 대한 사랑"은 "만악의 근원"이므로 돈을 좇으면 안 된다고 주장한다. 또 인지 부조화 문제도 있다. 서구의 소비자들은 WEIRD의 이상에 따라 돈을 일관되고 합리적으로 보아야 한다고 생각하지만 실제로는 그렇게 하지 않는다. 라스무센과 그로네만이 관찰한 가족들은 잘 쓰지도 않는 신용카드를 여러 장 쌓아두고, 퇴직연금계좌를 가지고 있다는 사실을 잊고, 거액의 돈은 강박적으로 추적하고 통제하면서도 나머지는 무시했다. "사람들은 우리에게 주식이나 신용카드나 주택과 같은 금융자산의 작은 일부분에 관해 말해주는 데 긴 시간을 할애했다." 그로네만의 말이다. "하지만 퇴직연금계좌처럼 전체 자산 상태에서 훨씬 더 중요한 부분에 관해서는 전혀 말하지 않았다."

혹은 68세의 천체물리학자 크리스티안은 연구팀에 이렇게 말했다.

"저는 핵과 원자물리학은 잘 알아도 제 연금에 관해서는 도무지 이

해를 못 하겠어요."[28]

왜일까? 우선 개인의 뇌, 곧 심리에서 이유를 찾을 수 있다. 심리

학자 대니얼 카너먼의 설명처럼 인간의 뇌는 편향에 치우친 채로

돈에 대한 관점을 형성한다. 말하자면 사람들은 금융에서 얻은 소

득보다 손실을 더 많이 기억하거나 '빠른' 충동 또는 '느린' 추론으

로 작동하는 갖가지 의사결정 방식을 가지고 있다.[29] 이런 심리학

적 통찰이 행동금융과 경제학의 탄생에 일조했다. 하지만 라스무

센과 그로네만은 심리학 그 이상에 관심이 있었다. 그들은 사람들

이 돈을 중심으로 형성하는 문화적 의미망을 탐색하고 싶었다. 그

리고 소비자들의 말을 들어본 뒤 대다수 소비자가 돈을 단일한 '것'

으로 간주하지 않는다는 것이 결정적인 특징이라는 결론에 이르렀

다. 서구 경제학자들은 돈을 대체 가능한 것으로 보는 경향이 있고,

이런 시각이 경제 모형의 핵심이다. 하지만 인류학에서는 돈의 상

징적 범주와 교환 영역이 제각각인 여러 사회에 관해 기술했다.[30]

라스무센과 그로네만은 현장 기록을 검토하면서 그들이 면담한 사

람들이 21세기의 돈을 상상할 때 지나치게 구획화한다는 것을 발

견했다. 레드어소시에이츠 연구팀은 이런 구분을 설명하기 위해

카너먼의 '빠른'과 '느린' 개념을 차용했다.

소비자들이 빠른 돈이라고 간주하는 것은 매일 쓰는 돈이다. 소

비자들은 빠른 돈에 관해서는 숨기거나 부끄러워하지 않았다. 그

들이 통제할 수 있다고 생각하고 통제력과 효율성을 높여주는 것이라면 무엇에든 열광했다. 아이 둘을 둔 마흔다섯 살의 엄마이자 뮌헨의 한 출판사의 변호사인 아니타는 이렇게 말했다. "(제 현재 계좌는) 전기와 같아요. 그냥 콘센트에서 나오는 거죠. 필요할 때 기계에서 돈이 나오면 좋겠어요. 그뿐이에요." 하지만 다른 돈인 '느린 돈', 곧 가치 저장 수단으로 쓰이는 돈에 대한 태도는 사람마다 달랐다. 소비자들은 흔히 느린 돈을 무시하거나 느린 돈에 관해서는 자신에게도 거짓말을 하거나 두려움을 표현했다. 런던에서 의료 서비스 기관의 고위 관리자로 일하면서 연봉 8만 파운드를 받는 스물여덟 살의 앨리스가 전형적인 예였다. 그로네만은 보고서에 이렇게 적었다. "앨리스는 밤에 나가 놀면서 신용카드를 쉽게 긁으면서도 매달 안전하게 저축하기 위해 부모에게 돈을 열심히 보냈다." 앨리스는 연금을 '예비' 계획으로 생각하긴 하지만 신뢰하지는 않았다. 하지만 집은 믿을 만한 부의 저장 수단으로 보았다. 몇 년간 집값이 매우 불안정했는데도 말이다. "앨리스에게 모기지는 유용하고 생산적인 대출이고 신용 대출은 편안하고 관대한 채무였다."

라스무센과 그로네만은 이런 연구 결과가 공공정책에 폭넓은 함의를 갖는다고 주장했다. 소비자들은 '느린' 돈에 관해 이야기하는 것을 어려워하기 때문에 자신이 금융 서비스를 효율적으로 활용하는지 알지 못하고, 따라서 이용당하기 쉬운 처지에 놓였다. 2008년 금융위기에서 이런 위험이 여실히 드러났다. 하지만 이런 현상이 금융계 자체에 갖는 의미도 있었다. 금융 회사는 고객이 느린 돈을 싫어하면 크게 사랑을 받지 못한다. 지금의 현상이 더 심각해진 이유는 금융업 자체가 매우 파편화되었기 때문이다. 회사마다 고객에게 다른 상품을 제공하고, 같은 회사 안에서도 각기 다른 부서가 고객을 상대했다. 그래서 빠른 돈과 느린 돈의 분열이 더 심해졌다. 일부 업체에서 빠른 돈에 관해서는 기술을 이용한 그럴듯한 상품을 제공해서 소비자들이 손쉽게 이용할 수 있었다. 하지만 소비자들이 느린 돈에는 전혀 다르게 접근했다.

이런 양상이 달라질 수 있을까? 생명보험과 연금 회사인 다니카가 레드어소시에이츠와 함께 시도해보기로 했다. 2013년까지는 다니카의 경영진이 소비자 연구에 많은 시간을 투입하지 않았다. "생명보험과 연금 사업은 소비자를 대상으로 하는 사업이면서도 소비자가 존재하지 않는 것처럼 일하는 유일한 사업일 겁니다. 소비자보다는 보험 정책이 존재한다고 생각하죠." 다니카의 사업개발부 책임자 욘 글로트룹(John Glottrup)의 설명이다. "왜일까요? 우리가 오늘 한 활동이 장부에는 5~10년 후에나 나타나고, 활동이 아주 느려서 계산이 틀릴 수가 없습니다. 그리고 우리 업계 종사자들은 거의 전적으로 수치만 다루도록 훈련받았습니다. 모두 보험계리인이자 경제학자니까요." 그리고 그는 이렇게 덧붙였다. "결과적으로 우리 업계의 핵심 신념은 …… 연금이나 생명보험 상품에 대한 소비자의 관심도가 낮으므로(아무도 신경 쓰지 않으므로) 소비자와 평생 한두 번 대화를 할까 말까 하니 굳이 사람들을 귀찮게 할 필요가 없다는 겁니다."[31] 말하자면 생명보험이 문화와 무관한 것처럼 취급되지만 사실은 한 개인이 얼마나 살지에 베팅해서 금융 상품을 만드는 일은 다른 문화에는 이상해 보이는 독특한 서구의 문화적 개념에 뿌리를 둔다(누군가가 얼마나 살지를 모형으로 예측하고 베팅하는 것이 가능하고 도덕적으로 용납되는 것이다).[32]

생명보험과 연금 회사의 경영진이 자주 소비자를 무시하는 데는 또 하나의 이유가 있다. 실제로 소비자들에게 무엇이 상품 계약에 영향을 미쳤느냐고 물었을 때 WEIRD 논리에서는 무시하기 쉬운 너무나 이상한 대답이 돌아온 것이다. 글로트룹은 이렇게 말했다. "저희가 소비자에게 보험 상품을 고를 때 무엇을 가장 중요하게 고려하냐고 물으면 사람들은 표준적인 대답을 합니다. 비용, 기대 수익, 서비스, 그리고 친절한 상담사들이라는 식의 이유를 대죠. …… 하지만 저희가 두 번째 질문을 던지면, 가령 작년에 보험료를 얼마나 냈나, 수익은 얼마인가, 마지막으로 서비스를 이용한 때가 언제인가 물으면 아무 말도 못 합니다. 할 말이 없는 거죠. 그러니 이런 요소가 보험 상품을 결정하는 데 기준이 될 수가 없는 겁니다."

레드어소시에이츠 팀은 다니카 경영진에 한 가지 실험을 권했다. 소비자들이 연금을 '느린' 돈, 다시 말해 두려움과 혼란을 촉발하는 돈으로 간주한다는 사실을 알아채고 이런 '느린' 돈을 더 매력적으로 보이게 만들 방법을 적극 찾아보게 했다. 그러니까 소비자들에게 '빠른' 돈과 연관된 속성, 곧 실시간 투명도, 통제력, 선택권을 '느린' 돈에도 제공하는 것이다. 그래서 다니카는 '신호등' 대시보드를 개발하여 소비자들이 개인 전자기기에 이 대시보드를 다운로드해서 '느린' 돈 투자를 실시간으로 모니터링하게 했다. 그러자 다니카는 이전의 관행과 달리 소비자들에게 접근해서 대시보드를 활성화시키고 목표를 알려달라고 요청했다. 결과적으로 이런 혁신으로 인해 소비자 잔류율이 증가했다. 다니카 내부의 태도도 달라졌다. 그렇다고 보험계리사들이 좋아하는 모형과 빅데이터를 버린 것은 아니다. 다만 빅데이터와 거시적 차원의 통계는 미시적 차원의 문화적 관찰과 결합되어야 더 효과적으로 해석될 수 있다는 사실을 깨달은 것이다. 보건기관 관료들이 에볼라 범유행에서 배운 교훈이나 배드베이비시터가 프림로즈스쿨 경영진에게 강조한 것과 같은 맥락이다. 한마디로 컴퓨터와 의학과 사회과학이 융합할 때 최선의 효과가 나타난다. 이것은 어디에서나 적용된다. '낯익은' 곳이든, '낯선' 곳이든.

3부

사회적 침묵에
귀 기울이기

우리는 소음이 끊이지 않는 세상에서 살아간다. 인류학의 힘은 우리가 사회과학에 귀 기울이고, 무엇보다도 숨겨진 무언가를 보게 해준다는 점이다. 사회과학에 귀를 기울이면 내부인이자 외부인이 되기 위한 민족지학 도구를 수용하고 아비투스와 상호관계, 센스메이킹, 주변 시야와 같은 개념을 차용할 수 있다. 이런 분석의 틀을 도입하면 정치와 경제, 기술을 다른 렌즈로 들여다볼 수 있을 뿐 아니라 우리에게 사무실이 필요한 이유와 '지속 가능성' 운동이 급부상하는 이유도 이해할 수 있다.

7
트럼프와 레슬링

∎

나 역시 환경의 산물이다. 금융계의 사회적 침묵을 포착했지만 다른 유형의 침묵은 전혀 알아채지 못했다.

스위스의 높은 산악지대에 위치한 다보스의 한 호텔 다이닝룸에는 활기찬 분위기가 흘렀다. 2014년 1월이었다. 금융위기의 공포가 극에 달한 2008년으로부터 5년이 흘렀고, 내가 세계경제포럼에서 신용파생상품의 불길한 위험을 경고한 때로부터는 7년이 지났다. 금융 '빙산'에서 물속에 잠긴 부분(CDO, CDS, 기타 최신 금융 혁신 상품)으로 인한 위험이 만천하에 드러났다. 그리고 마침내 이 부문에 이름이 생기면서 신문 1면에도 실리고 상상과 논의도 가능해졌다. 그 이름은 바로 '그림자 금융(shadow banking)'이다. 2009년부터 금융 규제 기관들이 금융 제도의 안전성을 높이기 위한 개혁을 감행했다. 매년 1월에 다보스에서 열리는 세계경제포럼(글로벌 기업, 금융계, 정치계의 최고위급 지도자들의 모임) 연례회의에서는 그림자 금융에 대한 불평이 끝도 없이 터져 나왔다.

그런데 2014년 1월에는 세계경제포럼에서 오가는 대화가 달라졌다. 금융에 관한 논의가 안건에서 빠졌다. 금융 제도가 완벽하게 '수정'되어서가 아니었다. 특히 그림자 금융 일각에는 여전히 심각한 문제가 도사렸다. 그래도 금융은 치유되기 시작했다. 세계 경제가 회복되는 중이었다. 이제 사람들은 CDO에 관한 논의를 지루해했다. 나도 그랬다. 다른 주제, 이를테면 페이스북과 구글과 아마존 같은 기업들이 내놓는 기술 혁신이 더 흥미로워 보였다. 나는 렌즈를 넓히는 데 몰두했다.

"문득 다나 보이드(danah boyd)에 관해 아셔야 한다는 생각이 들었습니다." 내가 다보스로 가기 직전인 같은 해 1월에 런던정경대학교의 총장 크레이그 캘훈(Craig Calhoun)이 이메일을 보냈다. 그의 설명에 따르면 보이드는 마이크로소프트의 후원으로 SNS와 빅데이터를 연구하면서 인류학 개념을 적용했다고 한다. 캘훈은 기술에 대한 보이드의 접근에는 월스트리트와 시티오브런던에서의 내 경험이 반영되어 있다고 생각해서 우리 두 사람이 다보스에서 만나기를 바랐다.

나는 강한 호기심을 느꼈다. 나는 다보스의 도르프 기차역 근처 허름한 (그래도 터무니없이 비싼) 스위스 호텔의 만찬장으로 향했다. 보이드는 기술 회사의 대표들과 함께 연단 위에 있었다. 내가 함께 공부하던 학계의 인류학자처럼 곱슬머리를 빗자루처럼 기르고 이상한 털모자에 큼직한 부츠를 신고 전체적으로는 꾀죄죄한 반항아 이미지였다. 나중에 들은 얘기지만 보이드는 서구 문화의 불필요한 규준에 저항하는 의미에서 이름을 소문자로 적는다고 한다. 여느 인류학자처럼 보이드는 본능적으로 반체제적이고 반문화적이었다. 하지만 다보스의 다른 엘리트와 같은 명찰을 달고 있었다. '젊은 글로벌 리더(Young Global Leader)' 보이드는 이런 역설에 대해 자주 투덜댔다.

"저는 청소년과 휴대전화에 관해 연구했습니다." 보이드가 테이블 주위에 앉은 사람들에게 말했다. 뻣뻣한 하얀 리넨이 깔린 테이블에는 소화가 잘 안 될 것 같은 스위스 고기와 감자가 담긴 도자기 접시들이 놓여 있었다. 그의 말에 나는 흥미가 생겼다. 내 딸들이 몇 년 있으면 청소년이 되는 데다 휴대전화가 얼마나 중독적이고 해로운지에 관한 논문을 여러 편 읽었기 때문이다. 작가 니콜라스 카는 그의 베스트셀러 저서에서 이렇게 경고했다. "인터넷은 의도적으로 인내심과 집중력을 무너뜨린다. 우리가 네트워크에 연결된 컴퓨터 모니터를 들여다볼 때처럼 뇌에 자극이 지나치게 많이 주어지면 집중력이 깨지고 생각이 피상적으로 흐르고 기억력이 악화된다. 사색이 줄어들고 충동이 늘어난다. 인터넷은 지능을 높이기는커녕 더 떨어뜨린다."[1] 구글의 전 엔지니어 트리스탄 해리스는 훨씬 더 신랄했다. 그는 기술 회사의 엔지니어들이 주로 아동과 청소년 대상의 게임과 앱을 최대한 중독적으로 설계한다고 격분했다. "휴대전화와 앱이 하는 일은 우리가 아침에 눈을 뜨는 순간부터 밤에 잠드는 순간까지 우리 뇌로 던질 낚싯바늘을 만드는 것이다."

그가 〈파이낸셜 타임스〉에 한 말이다. 그리고 그 자신이 구글의 엔지니어로서 이런 제품을 만드는 데 일조했지만 이제는 그들을 폭로하고 저지하고 싶다고 했다.[2]

그러면 부모(혹은 정책 입안자)가 어떻게 상황을 개선시킬 수 있을까? 보이드의 대답은 내 예상을 빗나갔다. 보이드는 몇 년 동안 미국을 돌아다니면서 청소년들이 휴대전화를 사용하는 방식에 관한 민족지학 연구를 실시했다고 말했다. 물론 인류학자들이 기술 회사와 소비자 집단을 위해 실시하는 연구와 마찬가지로 말리노프스키나 보아스가 연구하던 인류학 유형은 아니었다. 보이드는 어느 한 공동체에 머무르지 않았다. 대신 여러 장소에서 다양한 청소년을 만났다.[3] 이런 식의 변화는 변화하는 세상에서는 불가피했다. 말리노프스키의 시대에는 어느 한 섬에 머무르는 것이 합당했다. 하지만 가상공간이 지배하는 오늘의 시대에는 한 섬(혹은 한 장소)에 머무르는 것이 적절하지 않았다. 따라서 보이드와 같은 인류학자들은 점차 네트워크를 연구하고 각지에 사는 다양한 사람들을 만났다. 물리적으로는 하나의 공동체가 아니지만 서로 연결된 사람들이었다. 보이드는 각자의 방이나 집에 있는 청소년들과 몇 시간을 함께 보내면서 그들이 휴대전화에 관해 뭐라고 말하는지 들어보고 휴대전화를 어떻게 사용하는지 관찰했다. 그리고 고등학교 축구시합 등에 참여하는 모습을 관찰하고 쇼핑몰에도 같이 가서 시간을 보냈다. 취지는 (언제나처럼) 비구조화된 질문을 던지고 가능한 모든 것을 관찰하고 애물단지 같은 휴대전화를 넘어서 그 이상에 관해 고찰하는 것이었다.

보이드는 청소년들의 방에 앉아서 그들을 관찰했다. 미국의 중산층 청소년들은 시간과 공간에 대해 놀라운 태도를 보였다. 플로리다 교외 중산층 가정의 청소년 마야의 답변이 전형적이었다. "보통 엄마가 제 일정을 다 짜놔요. 그래서 저는 금요일 밤에 뭘 할지 선택할 수 없어요." 마야는 보이드에게 이렇게 말하면서 육상과 체코어 수업, 오케스트라 활동, 유치원 아르바이트와 같은 과외 활동을 열거했다. "주말에 마음대로 쉬지도 못한 지 오래됐어요. 주말에 하고 싶은 것을 한 게 언제였는지 기억도 안 나요." 캔자스에 사는 열여섯 살의 백인 소년 니콜라스도 같은 이야기를 했다. 니콜라스는 부모가 운동 일정을 빽빽하게 짜놔서 친구들과 어울리지 못한다고 말했다. 오스틴 교외에 사는 열다섯 살의 혼혈 청소년 조던은 위험한 낯선 사람이 있는 집 밖으로 나가지 못한다고 말했다. "엄마는 멕시코 출신인데 제가 유괴당할까 봐 항상 걱정하세요." 시애틀에 사는 열다섯 살의 내털리는 부모가 어디서든 걸어서 이동하지 못하게 한다고 말했다. 시애틀에 사는 열여섯 살의 혼혈 소녀 에이미는 말했다. "저희 엄마는 제가 집 밖에 자주 나가지 못하게 해요. 제가 할 수 있는 거라고는 …… 친구들하고 통화하고 문자를 보내는 것밖에 없어요. 엄마는 늘 저를 집에 잡아둘 핑계를 대세요." 부모들도 아이들의 얘기를 뒷받침하는 말을 했다. "실제로 우리는 두려움의 사회에 살고 있어요. 부모로서 딸을 보호해야 하고 딸이 제 눈에 보이지 않는 곳에 못 가게 해야 해요." 오스틴에 사는 부모 엔리케의 말이다. "제가 과잉보호하는 건가요? 그럴지도. 그래도 하는 수 없어요. …… 저희는 딸이 정신없이 바쁘게 지내게 해요. 그러면서도 의기소침해지지 않게 하고요."

이런 통제가 일상이라 사실 이들 부모와 청소년은 따로 물어보지 않으면 굳이 언급하지도 않았다. 하지만 이전 세대의 미국 청소년들은 친구들과 어울리고 사람들과 갈등을 일으키고 집 밖으로 돌아다닐 수 있었다. 1980년대에 필라델피아에서 청소년기를 보낸 보이드는 친구들과 동네 쇼핑몰에 가서 놀았다. 이제는 쇼핑몰 경영자(그리고 부모)가 쇼핑몰에서 노는 것을 금지한다. 청소년들이 모이려고 해도 공원이나 길모퉁이 같은 공공장소에서 쫓겨나기 일쑤다. 이전 시대와는 훨씬 뚜렷한 대비를 이룬다. 20세기 중반에는 청소년들이 도보나 자전거로 등교하고 공터에서 모이고 '댄스 파티'에도 가고 시내에서 어슬렁거리고 아르바이트 자리를 알아보고 그냥 길모퉁이나 공터에 모이는 것이 정상이었다. "1969년에는 유치원생부터 중학교 2학년생까지 전체 아동의 48퍼센트가 도보나 자전거로 학교에 갔다. 가족이 차로 태워다주는 아동은 12퍼센트였다. 2009년에는 이 수치가 역전되어 13퍼센트가 걷거나 자전거를 탔고 45퍼센트가 가족의 차로 등교했다." 보이드는 이런 새로운 제약에 대해 도덕적 판단을 내리지 않는다(다만 낯선 사람으로 인한 위험이 최근에 증가했다는 증거는 거의 없다고 지적한다). 하지만 다보스의 만찬에서 보이드는 청소년들이 휴대전화를 사용하는 이유를 알고 싶으면 휴대전화나 가상공간을 살펴보는 것만으로는 부족하다고 말했다. 휴대전화나 가상공간을 살펴보는 것은 부모와 정책 입안자의 방식이다. 엔지니어들이 휴대전화를 설계할 때도 같은 방식이었다. 그들에게 휴대전화 밖의 실제 세계는 휴대전화 안에서 일어나는 현상보다 중요하지 않아 보였다.

부모와 정책 입안자와 기술 전문가들은 실제 세계, 곧 (휴대전화가 아닌) 물리적 차원의 문제를 무시하지만 사실은 이런 것이 중요하다. 청소년들의 실제 세계를 통제하기에, 청소년들에게 온라인에서 '어슬렁거리는' 시간이 두 배 더 매력적으로 보이는 것이다. 가상공간은 청소년들이 자유롭게 탐색하고 어슬렁거리고 친구나 지인들과 모이는(청소년들이 실제 세계에서 항상 하는 일을 하는) 유일한 공간이 되었다. 사실 청소년들이 '헬리콥터' 부모에게 감시당하거나 빽빽한 일정에 약속을 욱여넣을 필요 없이 경계를 허물고 한계를 시험하고 정체성을 재형성할 수 있는 거의 유일한 공간이다.

그렇다고 기술 회사들이 디지털 중독에 대한 책임에서 자유로운 것은 아니다. 보이드는 똑똑한 엔지니어들이 '설득' 기술로 사람들의 뇌를 사로잡으려 한다는 점도 지적했다. 그럼에도 부모든 다른 누구든 청소년들이 왜 휴대전화에 중독되는지 알고 싶다면 현실의 통제를 이해해야 한다. 사람들은 가상공간을 현실과 유리된 장소로 취급해서 현실의 세계를 무시했다. 2007년에 금융계의 파생상품을 무시한 것과 같은 정도의 실수였다. '금융계의 빙산과 꼭 같군.' 이런 생각이 들었다.

나는 다보스를 떠나며 두 가지를 다짐했다. 하나는 내 아이들에게 실제 세계에서 어슬렁거릴 기회를 더 많이 주자는 것이었다. 두 번째는 나 자신에게 사각지대를 계속 일깨워주자는 것이었다. 금융에 관해서도 그랬듯이 모든 영역에서 사회과학에 귀를 열어야 했다. 하지만 그러는 것을 잊기 쉬웠고, 실제로 자주 잊어버렸다.

현대인의 삶의 다른 많은 부분과 마찬가지로, 미디어도 저널리스트와 다른 모든 사람이 만들어내는 소음에 지배당하는 곳이다. '이야기'를 구하고, 남들의 말을 따라잡기 위해 치열하게 경쟁하고, 침묵에 귀 기울이는 것이 방종으로 보인다. 하지만 내가 신용파생상품을 다루면서 배운 것이 있다면 저널리스트는 떠들썩한 소음만이 아니라 조용한 침묵에도 주목해야 한다는 점이다. 정치인들이 점차 '시끄러워지는' 시대에는 특히 그렇다.

◆ ◆ ◆

그로부터 2년 반이 지난 2016년 9월 26일 저녁에 나는 뉴욕 〈파이낸셜 타임스〉 사무실의 뉴스 부서에 있었다. 미국은 한창 선거철이라서 우리 부서의 모니터에 도널드 트럼프와 힐러리 클린턴의 첫 TV 토론 장면이 나왔다. 그런데 토론이 중반쯤 지날 때 트럼프가 이상한 말을 했다. '빅리(bigly)'. 뉴스 부서 사람들이 낄낄거렸다. 나도 웃었다. 트럼프는 나중에 '빅리'가 아니라 '빅 리그(big league)'라고 말한 것을 잘못 들은 거라고 주장했다. 어느 쪽이든 이 단어는 이상하게 들렸다. 대통령이나 저널리스트들이 일상적으로 쓰는 '적절한' 영어가 아니었다.

하지만 웃다가 문득 이런 생각이 들었다. '나 지금 내가 받은 훈련을 잊는 건가? 또?' 어쨌든 웃음은 결코 중립적이거나 무관하지 않다. 적어도 인류학자에게는. 흔히 웃음을 간과하는 경향이 있다. 웃음이 그저 사회적 상호작용이나 심리적 안전밸브에 지나지 않는다고 생각하기 때문이다. 하지만 웃음은 은연중에 사회 집단을 규정한다. 농담은 공통의 문화 기반이 있어야 통한다. 그리고 웃음에는 다른 기능도 있다. 공동체가 일상의 모호하고 모순된 수많은 상황을 부분적으로나마 표출하게 해주는 기능이다. 이 기능의 중요성은 인류학자 대니얼 술레레스의 연구에서 밝혀졌다. 술레레스는 2012년과 2014년 사이에 월스트리트의 사모펀드 업계를 연구했다. 내가 CDO를 연구할 때처럼 금융계의 회의에 참석해서 눈에 보이는 의식과 상징을 해석하는 방법이었다. 그는 사모펀드 경영진이 얼마나 자주 웃음의 의식을 치르는지 확인하고 놀랐다. 그는 이런 농담을 수집하면서 농담의 세세한 부분에 주목하고 레비스트로스가 아마존 밀림의 부족들 사이에서 신화를 수집할 때와 같은 경외감으로 접근했다. 술레레스가 나중에 "팍실과 비아그라와 자낙스를 섞지 마라. 금융계 종사자의 농담은 불평등에 관해 무엇을 이야기하는가"라는 강렬한 제목의 논문에서 지적하듯이 이런 식의 농담은 결코 중립적이거나 무관하지 않았다.[4]

금융인들은 이처럼 회의에서 농담을 주고받으며 엘리트 트레이더 집단에 속한다는 자부심을 강화했다. 게다가 농담은 금융계의 창조 신화에 내재한 모순을 해소하는 데도 도움이 되었다. 2012년에 금융위기의 여파가 아직 남아 있는 가운데 사모펀드 경영진은 그들이 정치인과 사회 활동가들에게 공격받고 있다는 것을 알았다. 그래서 열심히 자기를 변호하면서 사모펀드가 어떻게 미국 경제를 더 효율적이고 활기차게 만들어주는지에 관한 강력한 수사법(혹은 서사)을 지어냈다. 하지만 내가 2005년에 니스의 회의장에서 만난 신용파생상품 트레이더들이 날조한 창조 신화처럼 사모펀드의 서사에도 금융인들이 굳이 밝히고 싶어 하지 않는 수많은 지적 모순이 내재했다. 내부자끼리 농담을 주고받는 것은 공통의 모순에 대해 유대감을 형성하는 방법이다.

저널리스트들도 이런 식의 농담을 구사했다. 트럼프가 '빅리'라고 말하는 것을 듣고 낄낄거린 이유는 트럼프의 언어 사용이 올바르지 않으므로 대통령이 될 자격이 없다고 생각했기 때문이다. 이처럼 대놓고 혐오하거나 경멸하는 것은 눈에 보이는 '소음'이다. 사실 '빅리'가 그렇게 우스꽝스럽게 들리는 이유는 언론계의 누구도 인정하지 않으려 하는 사회적 '침묵'의 영역에 있다. 저널리스트들은 공공의 의제를 설정하려면 교육받은 사람들이 주입받은 단어와 구문으로 '적절히' 표현해야 한다고 생각한다. 언어 구사는 미국에서 공공연하게 인정받는 엘리트주의와 속물근성 중 하나다. 언어 구사는 개인의 교육적 성취도에서 나오므로 나름 실력주의를 담고 있다고 여겨지기 때문이다. 이런 가정은 공공의 영역에서 날마다 강화되었다. 텔레비전과 신문과 라디오(그밖에도 수많은 영향력 있는 영역)를 통제하는 사람들이 언어를 권력으로 휘두르면서 날마다 강화하는 것이다. 따라서 올바른 언어 구사와 교육은 권력을 차지하기 위한 선행 조건으로 보였다. 반대로 언어 구사 능력이 부족하면 배척당했다.

하지만 모든 미국인이 돈이나 권력은커녕 언어 구사 능력을 갖추었다고 자신하는 것은 아니다. 대다수는 이런 능력을 갖추지 못했다. 그래서 엘리트들이 어렴풋한 정도로만 인지하는 인식론적 분열이 발생했다. 나도 같은 실수를 저지르면서 뼈아프게 깨달았다. 2016년 여름에 나는 영국의 브렉시트(Brexit) 투표 결과가 틀렸다고 생각했다. 나 자신이 유럽연합을 떠난다는 개념을 싫어했기 때문에(어느 정도는 나의 정체성이 세계화와 유럽연합이라는 개념 안에서 형성되었기 때문에) 내 감정을 다른 모든 사람에게 확산해서 영국 국민이 유럽연합에 잔류하는 쪽에 투표할 거라고 잘못 가정한 것이다. 결과는 참담했다. 나는 흥분을 가라앉히고 미국 대통령 선거는 더 정확히 판단하기로 다짐했다. 이후 몇 달에 걸쳐 최대한 열린 마음으로 다양한 미국인을 만나 그들이 무슨 말을 하고 무슨 말을 하지 않는지 들어보기로 했다. 이렇게 접근하자 힐러리 클린턴에 대한 반감이 생각보다 훨씬 크고 많은 사람이 분열을 갈망하여 위험을 감수하고라도 분열로 갈 준비가 되어 있다는 인상을 받았다.

한편으로는 다른 확신도 들었다. 저널리스트처럼 교육받은 엘리트가 트럼프를 바라보는 태도는 다수 유권자의 문화적 틀과는 다른 인식론에 기반하고 있다는 점이다. 저널리스트 샐레나 지토가 이런 분열을 설명하기 위해 인상적인 기준을 제시했다. 엘리트들은 트럼프의 "말을 문자 그대로 받아들이지만 진지하게 받아들이지는 않는" 반면에 트럼프에게 표를 준 사람들은 정반대로 그의 말을 진지하게 받아들이지만 문자 그대로는 받아들이지 않는다는 것이다.[5] 혹은 앞 장에서 언급한 헨릭의 WEIRD 문화 개념으로 설명할 수도 있다. 미국의 '교육받은' 집단은 WEIRD 교육에서 가르치는 순차적 논리, 곧 일방향의 추론을 통해 트럼프의 단어를 해석하면서 트럼프의 말이 '의미가 통하지' 않는다고 보았다. 하지만 헨릭이 항상 강조하듯이 WEIRD 사고는 스펙트럼으로 분포하고 미국과 같은 WEIRD 국가 안에서도 다양한 수준으로 발현된다. 실제로 일부 유권자들은 이런 일방향의 추론과 논리를 따르지 않고 트럼프의 전체론적 비전과 전반적인 브랜드에 반응했다. 나 같은 사람들은 '빅리'가 논리적으로 문장을 구성하지 못한다는 이유로 웃었지만 누군가는 트럼프가 엘리트가 아니라는 신호로 알아듣고 환호한 것이다.

한편 트럼프 현상은 기어츠 같은 인류학자가 지지했을 법한 방식으로 이해할 수도 있다. 수행과 상징과 의식을 생각하는 방식이다. 트럼프 선거운동 초반에 뉴욕주 북부의 가난한 시골에서 어린 시절을 보내고 노스캐롤라이나주로 이주한 조슈아라는 친구가 내게 "트럼프를 제대로 알고 싶으면 레슬링 경기장에 가보세요"라고 말했다. 중산층 시청자들은 트럼프를 〈어프랜티스(The Apprentice)〉 같은 TV 프로그램을 통해 알지만 노동계급 시청자들은 레슬링 경기를 통해 (더 많이는 아니더라도) 같은 정도로 트럼프라는 브랜드에 익숙하다는 것이다. 트럼프는 월드 레슬링 엔터테인먼트(World Wrestling Entertainment, WWE)에 투자하고 레슬링 경기 중계방송에도 등장했다. 레슬링은 (비록 상류층에서는 무시당하지만) 미국 노동계급 사이에서 큰 인기를 끄는 스포츠였다. "프로레슬링이 진보적인 유권자들에게는 문화 세력으로 보이지 않을지 몰라도 WWE는 연간 10억 달러에 가까운 수익을 창출한다." 사회 활동가 내오미 클라인의 지적이다.

나는 맨해튼 도심에서 열리는 레슬링 경기를 보러 갔다가 레슬링 경기와 트럼프의 유세 현장이 상당히 유사한 것에 놀랐다. 우연이 아니었다. 클라인도 지적하듯이 레슬링 경기는 미리 명확히 정의된 의식을 수행하는 방식으로 치러진다.[6] 출전자들은 '릴 존(Lil' John)'과 같은 별명으로 불린다. 그들은 대중을 자극하기 위해 과도하게 공격성을 드러내고 사전에 조율된 방식으로 극적인 충돌을 일으킨다. 대중은 인위적인 드라마인 줄 알면서도 열광한다. 계획적이든 본능적이든 2016년에 트럼프는 선거운동에 레슬링의 공연적 요소를 끌어들였다. 그는 상대에게 별명을 붙이고 사전에 제작된 정치 드라마에 참여하여 극단적 공격성을 드러내면서 대중을 선동했다.* 트럼프의 지지자들은 정치 무대에서 마치 레슬링 경기장에 있는 것처럼 행동하곤 했다. 상징과 연설을 통해 레슬링 공연 양식이 선거판으로 옮겨온 것이다. 클라인은 이렇게 지적했다. "트럼프가 다른 후보들을 향해 교묘히 쌓은 반목은 그야말로 프로레슬링이었다. …… 뿐만 아니라 그는 상대를 모욕적인 별명('꼬맹이 마르코Little Marco', '거짓말쟁이 테드Lyin' Ted')으로 부르며 …… 선거운동의 단장 노릇을 했고, 과장되게 모욕적인 구호로 공연을 완성했다."

여기에는 두 가지 중요한 함의가 있었다. 첫째, 지지자들은 트럼프의 행동과 발언을 문자 그대로의 정책 문서로 받아들이지 않고 공연적 신호로 간주했다. 지지자들의 이런 반응은 '교육받은' 엘리

---

* 이렇게 의식을 치르는 듯한 드라마에서 공연적 요소로 신호를 보내는 방식은 인류학자들이 다른 여러 문화에서 광범위하게 연구해온 주제다. 클리퍼드 기어츠가 발리의 닭싸움을 연구한 것이 가장 유명한 사례다. 기어츠는 이 연구에서 '심층 놀이(deep play)'를 강조했다(기어츠의 저서 《문화의 해석(The Interpretation of Cultures)》). 하지만 에드 라이보(Ed Leibow)는 기어츠의 '심층 놀이' 개념에서는 연극적 공연이 '실제' 세계와 어느 정도 구분되지만 WWE 공연 방식으로 신호를 보내는 트럼프의 선거운동은 한동안 현실의 미국 정치를 압도했다고 지적한다.

트들의 해석과는 다르고 지토의 '문자 그대로'와 '진지하게' 구분을 반영했다. 둘째, 대다수 엘리트는 이런 뿌리 깊은 인식론적 분열을 알아채지 못했다. 레슬링을 자주 접하지 않아서 유사성을 알아채지 못했기 때문이기도 하다. 하지만 대부분은 그놈의 말이 문제였다. 교육받은 사람들은 교육 수준이 말하고 생각하는 방식을 결정한다(그리고 무엇이 가치 있는지 규정한다)고 여겨서 다른 유형의 사고방식을 알아채지도 못하고 중요하게 생각하지도 않는다. 이렇듯 WEIRD의 사고방식과 가정에 완전히 지배당한 사람들은 다른 유형의 사고방식을 무시하는 경향이 있다. 그리고 인류학자 로버츠의 이론을 빌리면 실제로 레슬링 경기장에 가서 군중과 함께 경기를 관람하는 경험을 '체화'하기 전에는 이런 인식론의 분열을 이해하기 어렵다.[7] "저널리스트든 사회과학자든 작가든, 타인을 연구해서 먹고사는 사람이라면 누구나 명심해야 할 교훈이 있다. 우리는 모두 문화적 환경의 산물로서 게으르게 짐작하고 편견에 휩쓸리기 쉽다는 점이다." 내가 미국 대선이 치러지기 전인 2016년 10월에 한 칼럼에서 언론이 트럼프 지지자들을 잘못 해석한다고 개탄하면서 쓴 글이다. 나는 유일한 해법으로 언론이 인류학적 방법론을 빌려와서 인류학에서 '더러운 렌즈' 문제라고 일컫는 현상, 곧 저널리스트가 배양접시 위의 현미경(중립적이고 일관된 관찰 도구)처럼 굴지 않는 현상에 관해 고민해야 한다고 제안했다. 사실 저널리스트들의 마음의 렌즈에는 편향(때)이 끼어 있다. 그래서 나는 저널리스트들이 네 단계를 거쳐야 한다고 제안했다. 첫째, "우리의 렌즈가 더럽다는 점을 인정한다. 둘째, 우리의 편향을 인식한다. 셋째, 세상을 다양한 관점으로 보려고 노력해서 편향을 상쇄하려고 시도한다. …… 마지막으로 앞의 세 단계를 거쳐도 렌즈가 완벽하게 깨끗하지는 않다는 사실을 명심한다."[8] 우리는(나는) 웃지 말고 사회적 침묵에 귀를 기울였어야 했다.

◆ ◆ ◆

더러운 렌즈에 관한 교훈은 망각하기 쉬웠고 지금도 그렇다. 나는 그간의 지적 여정에서 내가 저지른 실수를 통해 익히 안다. 나는 2016년 초여름에 브렉시트 투표를 잘못 해석했다. 그 뒤로 트럼프의 대선 출마에 관해서는 다른 저널리스트들보다는 더 진지하게 받아들였으나(내가 쓴 칼럼이 선견지명이 있었던 것으로 드러났다)[9] 그해 가을에 트럼프가 '빅리'라고 말하는 것을 듣고 나도 모르게 웃음을 터트렸다. 나 역시 내 환경의 산물이다. 마찬가지로 2005년과 2006년에 금융계의 사회적 침묵을 포착했을지는 몰라도 다른 유형의 침묵은 전혀 알아채지 못했다. 기술이 적절한 사례다. 다보스에서 보이드를 처음 만나고 1년 뒤 나는 데이터앤소사이어티(Data & Society)라는 연구소를 찾아갔다. 보이드가 (마이크로소프트 같은 기술 회사들로부터 연구비를 지원받아) 사회과학자들과 함께 인류학의 렌즈로 디지털 경제를 연구하기 위해 만든 연구소였다. 우리는 청소년과 휴대전화에 관해 논의했다. 한 연구원이 내게 인터넷이 어떻게 작동하는지 머릿속으로 그려본 적이 있느냐고 물었다. 그런 적은 없었다. 가상공간이라고 하면 거대하고 모호한 구름이 떠오르거나 픽셀들이 공중에서 윙윙 날아다니다가 내 주위의 플라스틱 장치에 떨어지는 장면이 그려졌다. 나는 일상의 거의 모든 영역에서 인터넷에 의존하면서도 정작 인터넷이 어떻게 작동하는지는 몰랐다. 그래서 이 연구소의 예술가이자 사회과학자인 잉그리드 버링턴(Ingrid Burrington)이 내게 인터넷을 작동시키는 세 개의 '층'을 설명하기 위해 만든 모형을 보여주었다. '표면'층(대다수 사용자가 관심을 갖거나 보는 유일한 부분)은 앱과 같은 디지털 기능으로 이루어지고, 중간층의 네트워크는 장치들이 서로 대화하게 해주고, 기저층의 라우터와 케이블과 위성은 실체가 없어 보이는 망을 지극히 물리적인 차원으로 연결해준다. 나는 이런 기저층이 어디에 있는지도 몰랐다.

"뉴욕에서는 주변 어디에나 있어요!" 우리가 날마다 걸어 다니는 인도에는 인터넷을 연결하는 케이블이 어디에 있는지 보여주는 기호가 그려져 있다고 했다. 나는 매일 인도를 오가면서도 그런 기호를 한 번도 본 적이 없었다. 나의 뇌가 그런 기호를 걸러내도록 훈련된 것이다. WEIRD 세계에서 자란 나 역시 환경을 전체론적 방식이 아니라 고도로 선택적으로 바라보았고, 이것을 당연하게 여겨서 나의 비전이 얼마나 분열되기 쉬운지도 몰랐다.

버링턴은 이런 태도에 맞서기 위해 이른바 뉴욕의 "도시 인터넷 기반 시설의 그림 안내서"를 출간하여 독자들에게 맨해튼의 반쯤 감춰진 네트워크를 알아보고 바로 앞에 두고도 무시해온 거리의 기호를 해석하는 법을 소개했다. 버링턴은 이 책이 지도책이 아니라 사람들이 평소 무시하던 것에 대한 '지도를 직접 만들도록 도와주는' 도구라고 강조했다. 나아가 뉴욕뿐 아니라 시카고 같은 도시에서 걷기 여행을 기획해서 사람들에게 인터넷의 작동 원리를 설명하고 세상을 보는 방식을 바꿔주려 했다. "우리가 기술과 컴퓨터와 네트워크에 관해 나누는 대화는 알고 보면 힘에 관한 이야기입니다." 버링턴의 설명이다. "이런 것이 불투명해야 (엘리트들이) 권력을 지키기가 수월해집니다. 세상이 원래 이런 거라고 가정하게 만드는 거죠."[10]

다음에 서구의 어느 도시를 걸을 때 직접 인도를 유심히 살펴보면 이해가 갈 것이다. 전에는 본 적 없는 이상한 기호들이 눈에 들어올 것이다. 우리가 우리 삶에 영향을 미치는 구조에 관해, 돈이든 의학이든 인터넷이든 그 무엇이든 얼마나 적게 보거나 이해하는지를 일상적으로 일깨워주는 장치다. 물론 사실 그렇게 비어 있지 않은 공간을 관찰하고 사회적 침묵을 경청하기 시작하면 얘기가 달라진다.

8
개인 정보의 소비자 가격

■

**실리콘밸리에서는 공짜 서비스라는
선물의 대가로 끊임없이 개인 정보가 넘어간다.**

2016년 봄, 도널드 트럼프가 미국 대선에서 승리하기 반년 전에 나는 우연히 케임브리지 애널리티카라는 데이터과학 회사의 로버트 머트펠드(Robert Murtfeld)라는 인물을 만났다.[1] 뉴욕에서 열린 학회에서였다. 이 회사에 관해 들어본 적은 없었지만 내 모교 케임브리지 대학교와 연관이 있을 거라고 (잘못) 짐작한 탓에 그와 기꺼이 대화를 나누었다. 그는 내게 점심을 같이 먹자고 제안했다. 그는 내가 인류학 교육을 받은 것을 알고는 그 회사의 설립자들이 자칭 행동과학 전문가로서 사회학, 심리학, 인류학과 같은 학문을 활용한다고 말했다. 5월 26일에 나는 맨해튼 시내의 한 일식당으로 갔다. 도시락이 차려진 우리 테이블에는 머트펠드와 쾌활한 독일인과 그들의 연구를 주도하는 알렉스 테일러(Alex Taylor)라는 마르고 열정적인 영국인이 둘러앉았다.

그 자리에서 일어난 일이 기술 전문가와 경제학자(그리고 저널리스트)가 사회과학을 경청해야 하는 이유를 여실히 보여줄 줄은 꿈에도 몰랐다. 테일러가 미국 지도가 그려진 코팅된 비닐 책자를 펼치고, 그 위에 알록달록한 색으로 표시된 복잡한 도표를 얹었다. 나중에 알고 보니 20세기 후반에 유행하던 OCEAN이라는 심리 모형이었다. OCEAN은 (경험에 대한) 개방성(Openness), 성실성(Conscientiousness), 외향성(Extraversion), 우호성(Agreeableness), 신경증(Neuroticism)을 기준으로 사람들을 각기 다른 성격 특질로 분류하는 모형이다. 테일러는 이 도표로 유권자들이 선거에서 어떤 선택을 내릴지 예측할 수 있다고 말했다.

'정말 이상하군. 저 사람들 제정신인가?' 나는 속으로 물었다. 그 도표는 내가 아는 어떤 비즈니스 인류학과도 비슷해 보이지 않았다. 더군다나 이것은 데이터 분석이었다. 하지만 테일러와 머트펠드는 새로운 형태의 사회과학이라고 주장했다. 인간 본성을 이해하기 위해 몇 사람을 전체론적으로 관찰하면서 미시적 차원의 관찰로 거시적 차원을 추론하는 방식이 아니라 수많은 사람의 복잡다단한 정보에 관한 방대한 데이터세트를 수집해서 사람들을 전체론적으로 포착하는 방법이라는 것이다. 나는 그들에게 데이터는 어떻게 수집했는지 물었다. 돈을 냈을까?

"그때그때 달라요." 그중 한 사람이 답했다. 일부 정보는 데이터 브로커에게서 구입한다고 했다. 데이터 브로커는 21세기의 새로운 비즈니스로, 소비자들이 신용카드나 온라인 쇼핑몰이나 각종 플랫폼을 이용하면서 남기는 데이터 흔적을 채취하고 그 정보를 재포장해서 판매하는 업체를 말한다. 그리고 케임브리지 애널리티카는 SNS 같은 곳에서 '공짜로' 데이터를 얻기도 한다고 했다.

'공짜라고?' 이 말이 이상하게 들려서 내 뇌리에 박혔다. 나는 오랜 시간 금융시장을 다룬 터라 현대 자본주의의 정의는 모든 것에 금전적 가격이 매겨지는 것이라고 생각하는 편이었다. 하지만 일식 도시락과 젓가락을 앞에 두고 앉아 있던 그날 나는 '공짜'가 무슨 뜻이냐고 캐묻지 않았다. 정치적 전망에 관한 언론의 소음에 정신을 빼앗긴 탓이었다. 케임브리지 애널리티카의 관계자들은 자기네가 2016년 대선에서 도널드 트럼프 캠프를 위해 일하지만 아직 공개되진 않았다고 말했다. 나는 그들이 트럼프가 이길 수도 있다고 생각하는지 궁금했다. 우리는 그 뒤로도 계속 연락했고 나는 대선 레이스를 추적하느라 여념이 없었다. 하지만 OCEAN 도표에 관해서는 기사를 쓰지 않았다. 너무나 이상해 보여서였다.

하지만 큰 실수였다. 여러 달이 지나서야 그 이상한 도표에 더 관심을 두었어야 했다는 생각이 들었다. 그리고 '공짜'라는 말에도. 그해 가을 트럼프가 선거에서 승리하며 반대편 대중의 분노를 촉발했다. 트럼프 캠프의 전술을 조사하면서 분노가 더 커졌다. 케임브리지 애널리티카가 페이스북 같은 플랫폼에서 구한 데이터로 유권자의 정서를 추적하여 인플루언스 캠페인을 개발한 사실이 밝혀진 것이다.[2] 당시 케임브리지 애널리티카에서 일하던(나중에 자칭 내부고발자가 된) 분홍 머리의 크리스토퍼 와일리는 이것을 "정신의 강간(mindf*ck)!"이라고 표현하면서 케임브리지 애널리티카가 거짓 정보로 유권자의 정서를 조작해서 "세상을 전복시키는" 음모를 꾸몄다고 주장했다.[3] 케임브리지 애널리티카의 직원들은 격렬히 부정했다. 하지만 사생활 침해와 비도덕적 정치 전략에 대한 항의가 빗발쳤다. 이 회사는 결국 몰락했다.[4]

충격적인 사건이었다. 하지만 정치적 조작에 관한 기사가 신문 1면을 장식하면서 소음을 일으킨 탓에 사회과학의 더 흥미로운 영역인 두 번째 문제가 묻혔다. 바로 '공짜'라는 표현에서 제기된 질문이다. 페이스북 스캔들이 터지자 사람들은 개인 데이터를 도난당했다고 주장했다. 하지만 사실이 아니었다. 케임브리지 애널리티카는 거의 모든 데이터를 교환의 형태로 확보했다. 데이터를 서비스와 맞바꾸는 방식이었다. "저희는 데이터의 절반 정도를 돈을 내지 않고 수집했습니다." 케임브리지 애널리티카의 쾌활한 최고재무책임자(이자 최고경영자) 줄리언 위틀랜드가 나중에 내게 해준 말이다.[5]

이런 데이터와 서비스의 교환을 알기 쉽게 표현할 말도, 적절한 무게감을 표현할 말도 없다. '공짜'라고 말하면 상황을 부정적인 측면으로(돈의 부재) 부각시키게 된다. 따라서 돈에 집착하는 세계에서 무시되는 경향이 있다. 경제학자들은 어떤 것을 '공짜'라고 표현하면 1930년대에 워프가 기록한 사례에서 석유통에 '빈' 통이라고 써놓는 것과 같은 효과가 나타난다고 본다. 문화적으로 '무(無)'에 가까운 꼬리표를 붙여놔서 무시하기 쉽다는 것이다. 이런 교환을 설명하기 위해 '물물교환(barter)'이라는 표현을 사용할 수 있다. 하지만 기술 전문가들은 이 단어를 거의 쓰지 않는다. 이 단어가 컴퓨터 바이트를 가리키기보다는 선사시대에 딸기와 구슬을 교환하는 이미지를 연상시키기 때문이다. 경제학자도 마찬가지다. 애덤 스미스의 시대 이래로 '물물교환'은 원시시대의 풍습으로 취급되었다.[6] 하지만 경제학자와 기술 전문가들이 '물물교환'이라는 단어를 외면한다고 해도 실제로는 이런 형태의 교환이 실리콘밸리가 굴러가는 기제의 핵심이다. 그리고 정책 입안자들이 물물교환에 관해 공개적으로 논의하지 않는다면 소비자에게 윤리적으로 느껴지는 기술을 창조하기도, 정치적으로 잘못된 정보와 싸우기도 어려울 것이다(혹은 경제가 어떻게 작동하고 기술 회사에 어떻게 가치를 매길지에 관한 구체적인 비전을 얻는 것도 어려울 것이다). 따라서 케임브리지 애널리티카 스캔들을 인류학자의 렌즈로 들여다보면서 떠들썩한 정치 스캔들뿐 아니라 그 이면의 물물교환과 경제학을 둘러싼 사회과학을 들여다볼 필요가 있다. 어쨌든 이 사건의 한 가지 역설은 이 회사가 부분적으로는 인류학계에서 출현했다는 점이므로.

◆ ◆ ◆

경제학자(혹은 기술 전문가)가 물물교환에 관심을 가져야 하는 이유를 이해하기 위해 우선 '데이터(data)'라는 영어 단어의 기원을 알아보자. 기술 전문가들은 이 단어가 어디서 왔는지 거의 궁금해하지 않는다. 설령 궁금해한다고 해도 숫자와 연관된 무언가에서 나왔을 거라고 짐작할 것이다. "디지털(digital)과 어원이 같나요? 아니면 날짜(date)와?" 내가 실리콘밸리의 전문가들에게 한번 짐작해보라고 했을 때 나온 답변이다. 정답이 아니다. 어원학자들은 '데이터'의 어원이 '주다(to give)'라는 의미의 라틴어 단어 '다레(dare)'의 수동태 과거형이라고 추정한다. "라틴어 어원에서 보듯이 '데이터'는 주어진 것이라는 뜻이다." 데이터와 생체의학을 연구하는 의료인류학자 카디자 페리먼의 말이다. 그리고 '주어지는 것'은 문자 그대로 '선물'이다.[7]

인터넷 사용자에게는 이상하게 들릴 수 있다. "현대의 선물은 …… 시장 행동과는 상반된 것, 곧 개인의 이득을 전혀 생각하지 않는 순수하고 너그러운 행위다." 인류학자 데이비드 그레이버의 말이다.[8] 케임브리지 애널리티카가 데이터를 수집한 방식은 자선을 베푸는 것과는 거리가 멀다. '선물'은 시장 (혹은 상업) 행동의 거울로 여겨진다는 점에서 경제학자들의 경제 모형에서 배제되는 경향이 있다. 하지만 인류학자들은 항상 대다수 경제학자들보다 '경제학'을 훨씬 폭넓게 바라본다. 단순히 '시장'과 돈으로 오가는 교환만 추적하는 것이 아니라 교환이 최대한 넓은 의미에서 사회를 어떻게 연결해주는지 연구한다. "경제학은 서구 경제의 산물이다." 인류학자 스티븐 구드먼의 말이다.[9] "인류학자들이 활동하는 장소에는 다른 많은 경제 영역이 있다. 가령 가정경제도 중요하다."[10] 프랑스의 지성 마르셀 모스(Marcel Mauss)는 교환에 관한 연구에 영향을 미치는 한 가지 개념을 제시했다.[11] 모스는 선물을 주는 행위는 사회마다 고유하고 주로 세 부분으로 구성된다고 주장했다. 주어야 하는 의무, 받아야 하는 의무, 무엇보다도 답례해야 하는 의무다. 쌍방의 호혜성이 즉각 발생하는 경우가 있다(서로 선물을 주고받는 것이다). 하지만 대개는 호혜성이 지연되어 사회적 '부채'가 발생한다(내가 당신에게 생일 선물을 받으면 나는 나중에 당신에게 생일 선물을 줄 것이다). 호혜성은 '쌍방으로' 일어날 수 있다(내가 당신에게 선물을 받으면 다른 누구도 아닌 당신에게 선물을 주어야 한다는 의미에서). 하지만 호혜성이 '일반화'될 수도 있다(내가 부채를 사회 전체에 갚을 수도 있다). 어느 쪽이든 '선물'은 부채를 남겨서 사람들을 연결시킨다는 것이 핵심이다.

이런 호혜성의 양상이 현대의 시장경제에서는 제거된 것처럼 보일 수 있다. 하지만 넓은 렌즈로 보면 우리는 경제 모형에서 암시하는 식으로 가격표가 붙거나 거래가 깔끔하게 성사되지 않는 갖가지 교환의 형태에 둘러싸여 있는 것을 알 수 있다. 일례로 미국의 거대한 학자금 대출 산업이 가족의 의무와 관계 안에 들어가 몇조 달러의 수치만으로는 포착할 수 없는 변화를 만들어내는 상황을 생각해보라. 인류학자 잘룸의 말처럼 이런 금융의 흐름에는 돈을 넘어선 그 이상의 것이 개입된다. 친족 구조에 흔적을 남기는 호혜성의 패턴에 뿌리를 두기 때문이다.[12] 이런 무수한 교환의 형태가 존재한다는 점에서 21세기에 '물물교환'을 이야기하는 것이 그리 이상하지 않을 수 있다. 경제학자들은 과거에는 돈이나 신용이 없어서 물물교환을 했다고 생각한다. 현대적인 금융이 발명되자 물물교환이 사라졌다는 것이다. 하지만 그레이버는 말했다. "화폐의 역사에 대한 일반적인 생각은 사실과 정반대다." 인간이 물물교환을 먼저 사용하다가 돈과 신용을 채택하는 쪽으로 '진화'한 것이 아니라 "사실은 정반대 방향으로 진행되었다"는 것이다. 믿기 어려울 수도 있다. 그러나 고대 사회가 애덤 스미스의 상상대로 작동했다는 증거가 없다. "물물교환에서 돈으로 발전했다는 증거는 고사하고 물물교환 경제의 사례 자체가 기술된 적이 없다. 모든 민족지학이 그런 사례가 없음을 보여준다." 나의 케임브리지 시절 교수 험프리의 말이다.[13] 대신 화폐가 없는 공동체에 광범위하고 복잡한 '신용' 제도가 있었다. 가계에서 사회적, 경제적 부채가 생성되었기 때문이다.

하지만 실제로 경제적 '진화'에 관한 느슨한 가정을 재고하게 만드는 요인은 현대 사회에서 물물교환이 죽지 않았다는 점이다. 전혀 아니다. 실리콘밸리에서는 공짜 서비스라는 '선물'의 대가로 끊임없이 개인 정보가 '넘어간다'. 하지만 이런 형태는 의도적인 협상을 전제로 하는 전통적 '물물교환'의 의미에 맞지 않다고 주장할 사람도 있을 것이다. 타당한 지적이다. 사실 이런 '물물교환'에 가담한 사람 다수는 자기가 물물교환에 참여하는지조차 인지하지 못한다. 다만 영어에는 이런 형태의 거래를 기술하는 단어가 아직 없으므로 차선책으로 '물물교환'이라고 지칭할 수 있다. 어쨌든 이 단어는 우리가 평소 보지 못하는 것을 보게 해준다. 기술 세계를 제대로 보기 전에는 이 세계를 개선시키기를 바랄 수 없다. 따라서 경제학자들이 '경제학'만이 아니라 '교환'에 관해 이야기하려면 렌즈를 키워야 한다. 우선 논란 많은 케임브리지 애널리티카 사례를 들여다보면서 말이다.

◆ ◆ ◆

2015년 11월 진한 금발의 청년이 파란색과 흰색 스트라이프 셔츠 차림으로 런던의 ASI라는 컨설팅 회사에서 사회과학자와 컴퓨터과학자들을 상대로 연설했다. 잭 핸섬(Jack Hansom)이라는 이 청년은 런던대학교에서 실험물리학으로 석사학위를 받고 케임브리지대학교에서 '실험 양자 정보'로 박사학위를 받았다. 10년 전에 이런 교육 배경을 가지고 부를 좇고 싶었다면 시티오브런던으로 들어갔을 것이다. 하지만 2008년 금융위기 이후 런던 금융가는 (다소) 매력을 잃었고, 전에는 파생상품 분야로 들어가던 똑똑한 과학 천재들이 이제는 새로운 영역으로 진입하고 있었다. 바로 '애드 테크(ad tech)'라는 영역이었다. 애드 테크는 복잡한 알고리즘으로 데이터를 추적해서 마케팅이나 광고 회사가 더 효과적으로 메시지를 전파하도록 도와주는 마케팅 및 광고 분야다. 이 분야에 필요한 기술은 CDO를 만드는 데 필요한 기술과 놀라울 만큼 유사하다.

핸섬은 그 자리에 모인 사람들에게 이렇게 물었다. "여러분께 먼저 질문을 드리고 싶습니다. 컴퓨터와 사랑에 빠질 수 있을까요?"[14] 그의 뒤로 파워포인트에 공상과학영화 〈그녀(Her)〉의 한 장면이 떠 있었다. 호아킨 피닉스(Joaquin Phoenix)가 주인공이고 스칼릿 조핸슨(Scarlett Johansson)의 목소리가 나오는 이 영화에서는 인공지능 컴퓨터인 '그녀'가 신호를 너무 잘 읽어서 외로운 남자가 그녀와 사랑에 빠졌다고 생각하게 만든다. "컴퓨터와 사랑에 빠지려면 우선 사랑에 빠질 컴퓨터가 있어야 합니다. 데이터과학과 기계 학습을 이용해 컴퓨터가 우리의 성격을 이해하고 예측하게 만들 수 있을까요?"

사람들이 웃었다. 핸섬은 케임브리지 애널리티카의 동료들과 함께 페이스북 데이터를 이용해 OCEAN 모형을 토대로 유권자의 성격을 추적했다고 설명했다(OCEAN은 내가 뉴욕의 일식당에서 도시락을 먹으며 보았던 모형이다). "(저희 같은) 컨설팅 회사에서는 유권자를 이해하는 것이 매우 중요합니다. 유권자의 성격을 개인적 차원에서 이해할 수 있다면 실제로 각 개인에게 반향을 일으킬 만한 메시지를 설계할 수 있으니까요. 저는 페이스북의 '좋아요(like)'를 이용해서 (사람들의) 성격을 예측할 수 있기를 바랍니다." 그는 '좋아요'의 예측력이 놀라울 정도라고 말했다. "예를 들어 (페이스북에서) 뉴올리언스 세인츠(미국 프로 풋볼 리그 팀 - 옮긴이) 페이지에 '좋아요'를 누른 사람은 성실성이 부족할 가능성이 있습니다. 또 에너자이저의 토끼에 '좋아요'를 누른 사람이라면 신경증이 높을 수 있고요." 핸섬은 화이트보드에 사무실 사진 한 장을 붙였다. "이 모형과 페이스북의 '좋아요' 정보로 여러분이 얼마나 성실하거나 신경증이 있는지 여러분의 동료보다 더 잘 예측할 수 있습니다! …… 실제로 언젠가 컴퓨터가 여러분을 아주 잘 이해하게 되면 컴퓨터와 사랑에 빠질 수도 있을 겁니다!" 사람들이 웃었다. 아니, 박장대소를 했다.

그곳 외에는 거의 아무도 당시의 그 프레젠테이션을 보지 못했다. 다들 봤다면 나처럼 반응했을 것이다. '말도 안 돼.' 하지만 핸섬의 이야기 뒤에는 사회과학과 데이터과학의 활용(혹은 남용 가능성)에 관한 더 큰 이야기가 있었다. 케임브리지 애널리티카는 원래 영국의 광고 경영인 나이젤 오크스(Nigel Oakes)가 만든 전략 커뮤니케이션 연구소(Strategic Communications Laboratories Ltd)라는 회사에서 출발했다. 오크스는 1980년대에 사치앤사치 에이전시에서 일했다. 오크스가 일을 시작한 시기에는 '창조성'이 광고계를 지배했다. TV 드라마 〈매드맨(Mad Men)〉에 등장하는 광고업계 사람들은 소비자에게 다가가는 최선의 길은 '육감'이나 마케팅 천재를 따르는 것이라고 믿었다. 하지만 오크스는 더 철저한 방법으로 접근해야 한다고 생각했다. "우리는 인류학과 사회심리학, 기호학, 구조분석(사람들의 성격이나 일련의 교류에 대하여 자아 상태 모형 관점에서 분석하는 방법 – 옮긴이)을 통해 사회과학과 창조적 커뮤니케이션 사이에 다리를 놓을 방법을 알아보았다."[15] 1950년대 중반부터 광고계에서 오간 논의, 즉 '설득'의 과학을 수용할 것인가에 관한 논의가 떠오른다.[16] 오크스는 방향을 바꾸어 에스티로더 경영진에게 자금을 일부 지원받아 스위스에 컨설팅 회사를 차리고 기업 고객들에게 서비스를 제공하려 했다. 하지만 수요가 제한적이었다. 그래서 그의 새로운 개념에 관심을 보이는 고객 집단에 주목했다. 바로 인도네시아나 남아프리카 같은 신흥 시장에서 행동과학을 이용해 선거에서 승리하려는 정치인들이었다. 넬슨 만델라(Nelson Mandela)의 선거 캠프가 그의 고객이었다.

2004년에 오크스는 전략 커뮤니케이션 연구소를 런던으로 옮기고 옛 친구 알렉산더 닉스(Alexander Nix)를 합류시켰다. 그즈음 그는 신흥 시장의 선거운동에 서비스를 제공하는 사업을 접기로 했다. "무척 불쾌한 사업이었다. 결국에는 다들 비용을 지급하지 않았다." 대신 오크스와 닉스는 서구의 군대에 서비스를 홍보하면서 행동과학으로 이라크와 아프가니스탄 같은 지역에서 이슬람 극단주의와 싸울 수 있다고 주장했다. "나는 그들에게 과학으로 생명을 구하는 일이라고 설득했다. 정보 작전으로 적을 설득해서 물리칠 수 있다면 총을 쏘는 것보다 훨씬 낫다. 문제는 어떻게 적을 설득해서 행동을 바꾸게 하느냐는 것이다. 보상을 주어야 할까? 종교 지도자를 만나야 할까? 아니면 어떻게 할까? 문화를 이해해야 한다."

오크스는 줄줄이 사업을 따냈다. "우리는 (전쟁) 현장에서 일하지 않았다. 하지만 나토(NATO)의 주요 공급업체가 되었다." 오크스는 문화를 분석하기 위해 신중하게 학자들을 고용했다. "우리는 주로 옥스퍼드와 케임브리지에서 박사학위를 받은 학자들을 고용했다. 제대로 된 사회과학(실험심리학자와 인류학자)을 적용해야 했기 때문이다." 물론 이런 전략이 새로운 것은 아니었다. 루스 베네딕트 같은 미국의 인류학자들과 영국 인류학자 E. E. 에반스 프리처드(E. E. Evans-Pritchard)는 2차 세계대전에서 연합군이 다양한 문화를 이해하는 데 도움을 주었고, 이후 미군은 한국전쟁과 베트남전쟁에서도 인류학자를 활용했다. 다만 이런 사례는 인류학계에서 큰 논란이 되었다. 인류학자들은 정부의 군사 전략을 도와준다는 개념을 혐오했다.* 하지만 오크스는 인도주의적 사명을 안고 일했다고 주장

---

* 인류학자가 군대를 위해 일한다는 개념은 인류학계에서 끊임없는 불안을 야기했다. 그래서 베트남전쟁 중에는 인류학계에 심각한 내분이 일어났다. 21세기에는 미군이 이른바 인간 지형 시스템(Human Terrain System, HTS) 프로젝트를 만들어 인류학자에게 아프가니스탄과 이라크에 대한 문화 분석을 맡기면서 다시 갈등이 일어났다. 미군은 덕분에 더 효율적으로 작전을 펼칠 수 있었다고 한다. 하지만 2007년 미국인류학회가 인간 지형 시스템이 인류학의 윤리를 추락시켰다고 성토하는 성명을 발표했다. https://www.americananthro.org/ConnectWithAAA/Content.aspx?ItemNumber=1952.

했다. "생명을 구하는 문제였다. 이라크를 생각해보라. 굳이 폭탄을 터트려 나라를 쑥대밭으로 만들고 수조 달러를 퍼부을 필요가 있었을까? 그보다는 전략적 커뮤니케이션으로 접근할 수 있지 않았을까? 설득을 이용하는 방법이 훨씬 설득력 있다."

2010년대에 오크스와 닉스가 결별했다. 닉스는 오크스가 싫어하는 선거 사업으로 다시 돌아가고 싶어 했고 데이터과학에 매료되었다. 닉스는 데이터 전문가가 아니고 대학에서 미술사를 공부했다. 하지만 2010년대 초반에 우연히 한 가지 개념에 열광하는 실리콘밸리의 전문가들을 만났다. 바로 개인의 온라인 흔적을 추적해서 인간 행동을 이해할 수 있다는 것이었다. 하지만 오크스는 디지털 흔적의 품질이 떨어지는 경우가 많으므로 터무니없는 개념이라고 보았다. 어쨌든 그는 개인의 디지털 활동이 산발적으로 남긴 조각이 문화적 패턴의 좋은 지침이 되어줄지에 의문을 품었다. (여느 인류학자들처럼) 행동은 집단 정서에도 영향을 받으므로 파편화되고 개별적인 데이터 포인트로는 추적할 수 없다고 생각했다(6장에 소개한 소비자 연구를 진행하는 인류학자와 민족지학자의 접근과 같은 주장이었다). "내가 페이스북에서 누군가의 모자가 좋다고 말한다고 해서 그 모자를 정말로 좋아한다는 뜻은 아니다. 나는 그 사람들을 좋아하는 것이다. 사회적 관계를 유지하기 위해 모자가 좋다고 말하는 것이다. 따라서 '좋아요' 데이터를 수집하는 식으로는 이런 특성을 파악할 수 없다."

하지만 닉스는 이런 접근에 매료당했다. 특히 로버트 머서(Robert Mercer)라는 미국의 헤지펀드 매니저와 그의 딸 레베카를 만나면서 더 빠져들었다. 극단적 보수주의자인 머서 부녀는 2008년과 2012년 대선에서 버락 오바마가 승리하자 공포에 휩싸였다. 그들은 오바마의 선거 캠프가 디지털 기술에서 우위를 점해서 선거에서 승리한 것으로 판단하고 직접 디지털 컨설팅 회사를 세워서 반격에 나서려 했다. 극우 활동가인 친구 스티브 배넌(Steve Bannon)의 주선으로 닉스가 전략 커뮤니케이션 연구소의 자회사로 설립한 새 회사에 1500만 달러를 투자했고, 역시 배넌의 조언에 따라 브랜드의 신뢰도를 높이기 위해 '케임브리지 애널리티카'라는 이름을 붙였다(효과가 있었다. 내가 이 회사의 대표와 점심을 먹기로 한 이유도 바로 '케임브리지'라는 이름 때문이었으니 말이다). 닉스는 수익이 날 만한 일이면 뭐든지 잡고 싶었고, 머서 부녀는 민주당 성향의 실리콘밸리 집단에 속하지 않는 고분고분한 데이터과학자들을 찾고 싶었다. "공화당 지지자들에게 틈새시장이 있었다." 케임브리지 애널리티카의 최고경영자인 위틀랜드의 말이다. "그래서 우리는 그리로 갔다."

페이스북과의 연결은 상당히 복잡하게 시작되었다. 닉스는 회사를 세우면서 캐나다의 진보적인 정치권에서 일하던 스물네 살의 데이터과학자 크리스토퍼 와일리의 서비스를 이용했다. 와일리는 케임브리지대학교 학자들이 소셜미디어 플랫폼에서 데이터를 수집해 최첨단 심리학 실험을 진행해온 것을 알았다. 얼핏 보기에는 기술 회사들의 허락을 받은 일 같았다. 그는 그런 학자 중 하나인 알렉산드르 코간(Alexandr Kogan)에게 협업을 제안했다. 코간은 페이스북 이용자들이 그들과 친구들의 데이터를 '공짜로' 사용하게 허락해주면(버튼을 클릭하면 된다) '공짜' 퀴즈를 제공하는 프로젝트를 시작한 터였다. 코간은 이 게임을 연구를 진행하기 위한 도구로 보았다. 물물교환이라고 말할 수도 있었다.

그렇다고 케임브리지 애널리티카가 물물교환만으로 사업을 추진한 건 아니었다. 데이터 브로커에게서 대량의 데이터를 구입하기도 했다. 하지만 물물교환은 효과적인 방법이었고, 페이스북 데이터를 얻는 수단 이상으로 활용되었다. 이 회사의 관계자들은 학교와 병원, 교회, 정치 단체에 접근해서 그들이 보유한 정보로 더 예리하게 추세를 통찰할 수 있는 모형을 만들어주겠다고 제안했다. 케임브리지 애널리티카는 데이터를 계속 보유하게 해준다면 이런 작업을 공짜로 해주겠다고 약속했다. 많은 기관이 고가의 데이터 분석 서비스를 이용할 자금이 부족한 터라 기꺼이 동의했다. 이 방법은 흔한 전략이었다. 실제로 많은 기업가가 이 분야에 뛰어들어 물물교환과 현금으로 최대한 많은 데이터를 확보하려 했다. 팔란티어(Palantir)와 WPP 같은 거대 기업도 데이터 분석 분야에 뛰어들었다. 실제로 이 분야의 열기가 뜨거워지자 내부자들은 새로운 골드러시에 비유했다. 적절한 비유였다. 수익을 창출할 수 있고 치열한 경쟁이 일어났을 뿐 아니라 아직 새로운 혁신을 담을 규제 기준이 마련되지 않아서 그야말로 황량한 서부 시대였다. 데이터 과학자들이 국내법을 피해 국경을 넘나들기 때문에 당국이 추적하기도 어려웠다. 하지만 이 분야로 사람들이 몰려드는 사이 닉스와 테일러는 자기네가 몇 가지 면에서 우위를 점한다고 생각했다. 닉스는 권력자들과 인맥이 있었고, 머서 부녀의 든든한 재정 지원이 있었다. 그의 데이터 모형에서는 물물교환을 혁신적인 방식으로 활용하여 페이스북의 데이터와 OCEAN 심리 모형을 결합했다.

하지만 모두가 이런 접근이 효과적이라고, 혹은 가치 있다고 동의한 것은 아니다. 오크스는 나중에 이렇게 주장했다. "OCEAN 심리 모형과 페이스북 데이터는 헛소리였다. 완전한 헛소리!" 하지만 닉스는 이런 데이터가 상당한 가치를 지니므로 어떻게든 지켜야 한다고 생각했다. 일례로 그는 2015년에 와일리가 따로 세운 유노이아(Eunoia)라는 회사의 직원들이 트럼프의 정치 조직에 서비스를 홍보한 사실을 알고 격분했다. 2014년에 이미 케임브리지 애널리티카를 떠난 와일리가 지적재산권과 각종 모형과 페이스북 데이터를 빼돌릴까 봐 두려워한 것이다. 그는 와일리를 고소하겠다고 협박했고, 결국 와일리는 모형이나 데이터를 사용하지 않겠다고 명시한 서약서에 서명했다.[17] (와일리는 부정행위를 하지 않았다고 주장했다. 나중에 내가 그의 변호사들에게 들은 바로는, 와일리가 서명한 이유는 단지 "지난한 법적 절차를 피하기 위해서였다. 애초에 케임브리지 애널리티카의 지적재산권을 이용할 의도가 없고 미국의 대안 우파를 위해 다시 일할 생각도 없었다. 그의 주요 관심사는 패션 동향을 예측하는 것뿐"이었다고 했다.)[18] 하지만 와일리는 케임브리지 애널리티카와 트럼프 측을 모두 격렬히 비판하던 사람으로 알려져 있었기에, 그가 트럼프 조직에 홍보한 사건은 역사의 부끄러운 반전이었다. 핵심은 이렇게 복잡하고 치열한 경쟁 그 자체가 물물교환에 기반을 둔 활동이 얼마나 중요해졌는지를 보여주었다는 것이다. 케임브리지 애널리티카가 축적한 데이터는 겉보기에는 금전적 가치가 없었다. 경제학자들은 코간이 연구한 교환의 유형을 관심 있게 추적하지 않았다. 이런 혼탁한 세계에서 시장점유율을 둘러싼 치열한 싸움이 상업적으로 어떤 의미를 지니는지는 아무도 측정할 수 없었다. 하지만 케임브리지 애널리티카뿐 아니라 실리콘밸리의 다른 많은 기업과 그 너머에 어마어마한 '가치'가 있었다. 여기서 더 중요한 다른 사실이 드러났다. 말하자면 20세기에는 금융계가 화폐 단위로 추적할 수 있는 '유형의' 자산(예를 들어 상품 판매나 설비 투자)을 중심으로 기업의 가치를 측정했지만 이제는 화폐로 추적하기 어려운 이른바 무형의 자산이 더 중요해졌다. 심지어 2018년에는 무형의 자산이 S&P 500의 모든 기업 가치의 무려 84퍼센트를 차지하는 것으로 추산되었다.[19] 1975년에는 이런 자산의 비율이 고작 17퍼센트였다.*

◆ ◆ ◆

내가 2016년 5월에 뉴욕의 일식당에서 머트펠드와 테일러를 만났을 당시 케임브리지 애널리티카는 승승장구하고 있었다. 머서 부녀의 후원으로 (나중에 미국 국가안전보장회의 보좌관이 되는) 존 볼턴(John Bolton)과 (대선 후보) 테드 크루즈(Ted Cruz) 같은 보수 후보의 디지털 선거운동 사업을 따냈고, 이후 트럼프의 디지털 선거운동 사업을 따냈다. 트럼프의 디지털 선거운동 책임자인 브래드 파스

---

* 무형의 자산으로 데이터만 있는 것은 아니다. 브랜드, 지적재산권, 재능, 환경 자원에의 접근성도 무형 자산으로 간주된다. 하지만 이런 자산을 측정할 때의 문제는 '공짜'라는 단어의 사용을 둘러싼 문제와 유사하다. '무형'이 부정적인 관점(유형이 아님)으로 표현되므로 간과하기 쉬운 데다 무형 자산을 연구하기 위한 시스템도 미비하다.

케일(Brad Parscale)이 텍사스의 샌안토니오에 살았기 때문에 이 사업 (코드명 '알라모 프로젝트Project Alamo')은 이 지역에 기반을 두고 진행되었고, 온화하고 차분한 미국의 컴퓨터과학자 매트 오츠코우스키(Matt Oczkowski)가 주도했다. 그는 샌안토니오의 평범한 동네에 임대료가 싼 사무실을 빌려서 사업을 진행했다. 사무실은 라즈보이 가구점과 다차선 고속도로 옆이라 온종일 쌩쌩 오가는 차 소리가 들렸다.[20] "우리는 비밀리에 작업했다." 오츠코우스키가 자주 하던 말이다. 그는 데이터과학자들로 팀을 꾸리고 데이터를 최대한 많이 찾아내 유권자 추세를 분석한 다음, SNS 플랫폼에서 유권자를 표적으로 메시지를 보냈다. 페이스북의 '임베드(embed, 원하는 소스를 게시물에 삽입하는 기능 – 옮긴이)' 기능을 이용해 메시지를 배포했다. 페이스북은 주로 대형 기업 고객에게 이 서비스를 제공했고 이 서비스가 민주당과 공화당 지지자들에게 도움이 되는 것도 알았다. 다만 민주당의 디지털 선거운동은 거대하고 관료적이어서 민주당의 페이스북 임베드는 전체 전략에 큰 영향을 미치지 않았다. 반면에 샌안토니오의 사무실은 허접하고 제멋대로 굴러가는 스타트업처럼 운영되었다. 모든 아이디어를 시험해보고 자율권(그리고 뜬금없는 사무실의 위치)을 마음껏 이용했다. 오츠코우스키는 닉스를 싫어했기 때문에 닉스와는 거리를 두었다. 어차피 미국의 선거법은 (닉스 같은) 미국인이 아닌 사람이 대선 선거운동에 직접 개입하는 것을 금지했다. 하지만 워싱턴의 케임브리지 애널리티카 최고경영자인 위틀랜드와 직원들은 이 싸움을 주시하고 있었다. 사실 그들은 트럼프가 대선에서 승리할 거라고 예상하지 않았다. 그래서

11월 8일 미국 대선 당일 오전에 〈파이낸셜 타임스〉 워싱턴 지부에 전화해서 힐러리 클린턴이 근소한 차이로 승리할 거라고 예견했다 (케임브리지 애널리티카 경영진은 사실 패배를 예상하고 외견상 데이터 분석 회사인 그들의 승리로 보이게 만들고 싶어서 그렇게 말한 것이다. 실제로 그들은 트럼프가 승산이 매우 낮은 도전자로 출발했지만 상당히 많은 표를 모았다고 줄곧 주장해왔다).

하지만 11월 8일에 트럼프가 대선에서 승리하면서 진보 진영 전문가들과 민주당뿐 아니라 닉스와 위틀랜드도 충격에 빠졌다. 하루아침에 세상이 바뀌었다. 닉스는 이 소식을 접하자마자 이번 대선 결과로 케임브리지 애널리티카 모형의 타당성이 입증되었다고 자부하는 게시물을 블로그에 올렸다. 케임브리지 애널리티카에는 사업 의뢰가 쏟아져 들어왔다. 기업 고객들만이 아니라 세계 각지의 선거운동 캠프에서도 의뢰가 들어왔다.* 케임브리지 애널리티카 내부는 도취감에 들떴다. 위틀랜드는 이렇게 말한다. "우리는 이번 성공으로 IPO(신규 상장)까지 가거나 회사를 WPP에 매각할 수도 있을 것으로 기대했다. 기술 스타트업의 전형적인 꿈이었다. 훌륭한 아이디어를 내서 회사를 만들고 매각해 부자가 된 다음 해변

---

* 〈파이낸셜 타임스〉도 기업 고객이었다. 〈이코노미스트(Economist)〉도 고객이었다. 2018년에 상세한 내막이 밝혀지면서 〈파이낸셜 타임스〉의 사업이 어떻게 시작되었는지 추측이 난무했다. 정확히 밝히자면 2016년에 머트펠드가 내게 〈파이낸셜 타임스〉의 광고 부서에 데이터 사업을 의뢰하고 싶다면서 담당자 연락처를 요청했다. 나는 연락처를 건네면서 편집과 광고는 별개의 영역이라고 강조했고 이후에는 전혀 개입하지 않았다. 그 뒤로 일이 어떻게 진행되었는지는 모른다. 〈파이낸셜 타임스〉 대변인은 예비 '시장 조사 프로젝트'를 진행하긴 했지만 곧바로 종결시켰다고 밝혔다. 이 논쟁에 관한 상세 정보는 다음 웹 페이지에서 확인하라. https://bylinetimes.com/2020/10/23/dark-ironies-the-financial-times-and-cambridge-analytica.

에서 지내는 것."

예상치 못한 패배를 입은 트럼프의 경쟁자들은 알라모 프로젝트를 면밀히 조사했다. 그전에는 광고 기술 업계에서 무슨 일이 벌어지는지에 관한 공개적인 논의가 거의 없었다. 10년 전 파생상품 부분과 마찬가지로 이 영역은 기술계의 괴짜들이 일하는 곳이고 아주 복잡한 작업이 일어나는 영역이라 쉽게 무시되었다. 역시나 전형적인 사회적 침묵의 영역이었다. 그러다 2016년 대선 선거운동에 관한 폭로전이 시작되었다. 러시아 정보부가 도널드 트럼프에게 유리한 쪽으로 판세를 조작하기 위해 SNS에 적극 관여한 사실이 밝혀졌다. 게다가 케임브리지 애널리티카가 과거 케냐와 트리니다드토바고 같은 신흥 시장에서 유권자들을 조작하기 위해 공격적인 전술을 펼친 사실도 드러났다.[21] 닉스는 위장한 기자의 카메라에 잡힌 장면에서 자기는 "후보자의 집에 여자들을 보내서" 정치인들을 협박하는 방법을 잘 안다면서 우크라이나 여자들이 "아주 예쁘고 이 방법이 아주 잘 통한다"고 떠벌렸다. 영국의 〈가디언〉지는 당시 (분홍 머리의) 와일리가 내부 고발한 내용을 실었다. "우리는 페이스북을 이용해 수많은 이용자의 프로필을 수집했다. 그리고 그렇게 파악한 정보를 토대로 그들 내면의 악마를 표적으로 삼았다. …… 이것이 우리 회사의 기반이었다."[22] 닉스와 위틀랜드는 악의적인 주장이라고 반박했다. 와일리가 지적재산권 분쟁에서 패해서 자기네 회사에 보복하는 거라고 주장했다. 그러자 와일리는 민주주의를 수호하기 위해 싸우는 거라고 응수했다. 어느 쪽이 진실이든 스캔들이 터진 것이다. 2018년 여름에 케임브리지 애널리티카는 파산했다.

사태는 여기서 끝나지 않았다. 이후 2년간 정치권과 규제기관에 대한 대대적인 수사가 이루어졌다. 정치인들은 명백히 소비자 개인정보 보호법을 침해한 사건이고 선거 조작이라고 주장하면서 민주주의를 위협하는 행위라고 분노를 쏟아냈다. 미국과 영국의 규제기관은 엄청난 비난을 받던 페이스북에 벌금을 부과했다.[23] 한편 영국의 규제기관은 케임브리지 애널리티카에도 비슷한 정도로 막대한 벌금을 부과하려 했지만 결국 현행 법규를 위반했음을 입증하지 못했다. 더 정확히 말하면 디지털 서부 시대에 아직 법률이 마련되지 않아서 신용파생상품 초창기처럼 대중이 비윤리적이라고 여기는 행위가 반드시 불법인 것은 아니었다.[24] 게다가 언론의 격분과는 별개로 놀라운 상황이 벌어졌다. 케임브리지 애널리티카의 거의 모든 직원이 데이터과학의 다른 영역으로 일자리를 찾아간 것이다. 핸섬(OCEAN 심리 모형이 "당신의 배우자보다 당신을 더 잘 이해할 수 있다"고 믿던 열정적인 실험물리학자)은 버브(Verv)라는 건강 관련 회사의 데이터과학 최고책임자가 되었다. 오츠코우스키(알라모 프로젝트의 책임자)는 소비재와 물류, 금융 부문의 여러 기업에 자문하는 컨설팅 회사를 차렸다. 운송업체가 주요 고객이었다. 그밖에 케임브리지 애널리티카의 다른 직원들은 마이클 블룸버그(Michael Bloomberg) 같은 미국의 정치인이 이끄는 데이터과학 선거운동에 합류하거나 중동과 인도의 명문가를 위한 컨설턴트로 일하거나 월스트리트의 은행들에 자문했다. 위틀랜드는 런던에서 핀테크 회사의 경영자가 되었다. 사실 케임브리지 애널리티카에 대한 정치적 분노가 뜨거웠던 것을 감안하면 상황이 이렇게 흘러간 것이 놀라워 보였다. 하지만 어찌 보면 그리 놀라운 일도 아니었다. 이 스캔들의 또 다른 역설은 다른 기업들과 선거운동 캠프에서 데이터과학을 더 많이 이용하고 싶어 할 만큼 데이터과학의 힘을 광고했다는 것이다. 여기서 중요한 질문이 제기되었다. 이런 물물교환이 더 윤리적으로 활용되는 세계를 만들 방법이 있을까? 혹은 경제학자들에게 그들이 무엇을 놓쳤는지 보여줄 방법이 있을까?

◆ ◆ ◆

2018년 11월, 케임브리지 애널리티카가 서서히 멈추던 즈음, 나는 국제통화기금(IMF) 본부에서 열리는 회의에 참석하기 위해 워싱턴으로 날아갔다. 크리스틴 라가르드(Christine Lagarde) IMF 총재가 주재한 회의였다. 라가르드는 지그재그 문양의 크림베이지색 재킷에 정장 바지를 입고 특유의 세련된 분위기로 등장했다. 하지만 청중은 전혀 화려하지 않았다. 정부 부처와 국제기구와 다국적 기업에서 온 경제학자와 통계학자들 수십 명이 모여 있었고, 회의의 제목은 "IMF 6차 통계 포럼: 디지털 시대에 경제적 후생 측정하기: 측정 대상과 방법"[25]이었다.

운명의 장난인지 IMF 본부는 하필 케임브리지 애널리티카 미국 지부와 거리 하나를 사이에 두고 있었다. 케임브리지 애널리티카는 미국에 처음 진출할 때는 임대료가 저렴하지만 유행에 앞서가는 워싱턴 DC 교외의 한 창고에 사무실을 마련했다. 하지만

2016년 대선에서 외견상 크게 성공한 뒤에는 워싱턴 DC 중심부의 백악관에서 멀지 않은, 임대료가 가장 비싼 위치로 옮겼다. "창문에서 IMF가 잘 보였어요." 나중에 위틀랜드가 내게 워싱턴에 있던 그 회사의 마지막 사무실을 묘사하면서 한 말이다.

IMF 포럼에 참석한 경제학자와 통제학자 중 누구도 이런 위치의 반전에 관해서는 몰랐을 것이다(아니 알았더라도 관심도 없었을 것이다). 2018년 가을 케임브리지 애널리티카 스캔들은 언론과 공공의 담론에서 경제가 아니라 기술과 정치 관련 사건으로 규정되었기 때문이다. 하지만 '6차 통계 포럼'을 위해 IMF 건물 로비를 지날 때 문득 그런 위치의 충돌이 참으로 적절했다는 생각이 들었다. 사실 IMF 관계자들이 회의를 소집한 이유는 IMF의 경제학자들이 경제를 어떻게 측정할지를 우려해서였다. IMF는 2차 세계대전이 끝나고 창설된 이래로 국내총생산(GDP)과 같은 20세기 초에 개발된 통계 도구를 활용했다. 이런 도구는 기업이 새로운 설비에 얼마나 투자하는지, 원자재를 얼마나 비축하는지, 직원을 몇 명 고용하는지, 소비자가 무엇을 구입하는지와 같은 요인을 측정했다. 하지만 케임브리지 애널리티카에서 하는 사업 유형을 제대로 포착하지는 못했다. GDP는 이전에도 가사노동과 같은 경제 요소를 배제하기는 했지만 그래도 상당히 유용한 지표였다.[26] 하지만 일부 IMF 관계자들은 기술 세계의 규모와 빠른 성장만 우려한 것이 아니라 다른 부분도 우려했다. 일부 공식적인 경제 지표가 점차 이상해 보인다는 점이었다. 생산성이 좋은 예였다. 2008년 금융위기 이후 실리콘밸리는 소비자와 기업의 생산성을 높일 것으로 보이는 혁신을 잇달아 내놓았다. 하지만 GDP 데이터에는 미국과 유럽의 생산성이 붕괴한 것으로 나타났다. 일례로 프린스턴대학교의 경제학자 앨런 블라인더(Alan Blinder)는 1995년과 2010년 사이 미국의 연간 생산성 성장률이 약 2.6퍼센트(그전에는 더 높았다)라고 추정했다. 그런데 2010년 이후에는 연간 생산성 성장률이 이 수치의 4분의 1 미만으로 떨어졌다.[27] 이런 현상에 대한 한 가지 가능한 설명은 시간 지연 효과다(기업들이 새로운 디지털 도구를 제각각 느린 속도로 수용해서 데이터상에는 아직 그 결과가 나타나지 않는다는 것이다). 하지만 다른 설명도 있었다. 내가 처음 케임브리지 애널리티카의 관계자들과 함께 일식집에서 도시락을 먹을 때 머릿속에 박힌 그 단어다. 바로 '공짜'. 활동을 화폐로 측정하는 20세기 경제 지표로는 돈이 오가지 않는 활동을 추적할 방법이 없었다.

이 부분을 바로잡을 수 있을까? 경제학자들은 디지털의 가치를 추정하는 방식을 시도했다. 2018년 봄에 기술 플랫폼 리코드(Recode)는 페이스북 이용자들에게 설문 조사를 실시했다. 그 결과 이용자의 41퍼센트가 페이스북을 이용하기 위해 한 달에 1달러에서 5달러까지 지불할 의향이 있는 반면에 4분의 1은 한 달에 6달러에서 10달러까지 지불하려는 것으로 나타났다(그에 비해 페이스북이 광고 판매로 이용자 한 명당 거둬들일 것으로 추산된 수익은 한 달에 9달러였다).[28] 다른 경제학자들은 이용자들에게 페이스북의 가치는 한 달에 48달러, 1년에 500달러 이상이라고 추정했다. 한편 유튜브와 구글의 연간 총가치는 각각 1173달러와 1만 7530달러였다.[29] 연방준비제도의 경제학자들은 기술 "혁신이 이번 연구 기간(1987년에서

2017년)에 접속한 사용자 1인당 연간 1800달러(2017년 가치)만큼 소비자 잉여(consumer surplus, 소비자가 생각보다 낮은 가격에 제품을 살 경우 생기는 이득 - 옮긴이)를 끌어올리고 지난 10년 동안 미국 실질 GDP 성장에 0.5퍼센트포인트 이상 기여했다"고 주장했다. 그리고 "모두 종합하면 혁신이 2007년 이후 GDP 성장 속도 둔화를 연간 거의 0.3퍼센트포인트만큼 조정해준 것으로 (보수적으로) 추산된다"는 결론에 이르렀다.[30] 이와는 별개로 일부 경제학자는 사용자 데이터를 활용한 기술 회사들의 광고 수익을 통해 이 문제를 들여다보려고 했다. 바로 비금전적 데이터의 금전적 가치 말이다. 하지만 단지 추정일 뿐이었다. 따라서 라가르드는 IMF 포럼 연설에서 근사하게 말을 고르며 음울한 어조로 진정 중요한 문제는 "디지털 세상에서 어느 누가 '경제'를 가시화하고 추적할 수 있는가?"라고 말했다.

"물물교환에 관해 논의해야 합니다." 내가 제안했다.[31] 나는 IMF 회의장에서 (통계학자가 아닌) '외부인'의 관점으로 의견을 내달라는 뜻으로 초청받은 터였다. 일부 경제학자는 '물물교환'은 완전히 구식 개념이라는 애덤 스미스의 이론에 길들여진 터라 내 제안에 황당해했다. 나는 그런 반응에 반박하려고 했다. "사람들이 인지하거나 생각하지는 못하지만 물물교환은 현대 기술 경제의 기둥입니다. 물물교환은 스마트폰 경제와 가상공간에서 무수한 거래의 중심에 있습니다." 나는 이 부분을 인지하지 못하면 공식 생산성 통계가 현실 경제에서 일어나는 활동을 실제보다 적게 잡을 수 있다고 말했다. 그리고 일부 기술 회사가 대차대조표에는 자산이 적은데도 높은 평가를 받는 이유도 알 수 없다고 했다. 사실 물물교환 거래는 20세기 기업 재무 도구로는 측정하기 어려운 무형의 항목 중 하나다(현재 무형의 항목이 S&P 500 부문 가치의 5분의 4를 차지하는데도 말이다).[32]

이런 현상에는 거대한 반독점의 의미도 담겨 있었다. 1978년 미국의 전 법무차관 로버트 보크(Robert Bork)는 기업이 독점적 지위를 남용하는지를 판단하는 최선의 방법은 소비자 가격의 변화를 추적하는 것이라고 선포했다. 소비자 가격이 상승하면 경쟁이 없다는 뜻이고, 상승하지 않으면 독점 문제가 없다는 뜻이다. 이른바 보크 원리가 이후 정부의 반독점 정책을 정의해왔다. 나는 IMF 포럼에서 청중에게 이렇게 말했다. "이 원리가 대체로 유용하기는 하지만 물물교환의 경우에는 어떻게 적용될 수 있는지(혹은 적용되지 않는지) 파악하기 어렵습니다. 여기서는 가격이란 것 자체가 존재하지 않으니까요." 2018년 가을에 많은 소비자와 정치인이 데이터 수집에 관한 현재 상황이 (폭력적이지는 않더라도) '불공평'하다고 보았다. 기술 회사들이 플랫폼을 놀라운 수준으로 지배해서 과도하게 권력을 휘두르는 것처럼 보였기 때문이다. 하지만 추적할 소비자 가격이 존재하지 않으므로 권력을 남용했는지를 입증할 길도 없었다. 따라서 물물교환을 돈으로 중재해서 소비자 가격을 책정하는 방법이 한 가지 해결책이 될 수 있다. 일부 기술 전문가들은 반드시 그래야 한다고 주장한다. 케임브리지 애널리티카가 몰락한 뒤 이 회사의 직원이던 브리트니 카이저(Britney Kaiser)는 오운유어오운데이터(OwnYourOwnData)라는 회사를 만들었다. 이 회사는 소비자들이 자신의 개인 정보를 '소유'하고 판매할지 여부를 스스로 결정할 수 있는 사이트를 구축했다.[33] "이것이 소비자와 일반 사람들에게 재산권을 생성해주는 유일한 방법입니다!" 카이저가 열변을 토했다. 그녀는 이 생각을 널리 전파하고 싶어서 어디를 가든 "#오운유어데이터(ownyourdata)"라고 새겨진 금속 메달을 목에 걸고 다녔다. 많은 젊은 기술 전문가가 동의했다. "본질적으로 데이터 소유권은 사생활 보호 문제가 아닙니다. 경제 문제입니다." 실리콘밸리의 기업가 제니퍼 주 스콧의 말이다.[34]

IMF 포럼이 열릴 즈음에는 마침 물물교환 거래를 통화 거래로 바꾸는 방법을 제안하는 혁신적인 실험까지 진행되고 있었다. 페이스북은 '스터디(Study)'라는 새로운 플랫폼을 출시하여 시장조사에 참여한 이용자에게 돈을 지급하겠다고 약속했다. 하지만 리코드의 설문 조사에서는 페이스북이 광고도 없고 개인 데이터도 수집하지 않는 대신 이용료를 낼 의향이 있는 사람은 미국인의 23퍼센트에 불과한 것으로 나타났다. 나머지 77퍼센트는 '공짜' 플랫폼을 이용하고 싶어 했다. 말하자면 암묵적 물물교환을 선호하는 것이다.[35] "사람들이 항상 사생활을 보호받고 싶다고 말하지만 그 대가를 지불할지는 확실치 않습니다." AT&T의 최고경영자 랜달 스티븐슨(Randall Stephenson)이 2년 전에 내게 한 말이다. 실제로 AT&T에서 소비자들에게 매달 소정의 이용료를 내면 개인 데이터를 수집하지 않는 플랫폼에서 영상을 볼 수 있게 해주었지만 소수만 이 옵션을 선택했다.[36]

왜일까? 사생활 보호 활동가들은 소비자의 무지와 기술 회사의 이중성으로 인해 물물교환이 선호되는 것이라고 비판했다. 하지만 나는 이런 양상을 설명해주는 이유가 또 있을 거라고 보았다. 가령 디지털 혁신 덕에 물물교환이 편리하고 손쉬워져서 소비자들이 이런 교환의 형태를 돈으로 매개하는 교환보다 더 효율적이라고 판단한 것일 수도 있다. 나는 IMF 포럼에서 이렇게 말했다. "사람들이 데이터 남용이나 정치 조작에 분노할 수는 있습니다. 또 거래 조건이 '불공평'하다거나 온갖 선물 관계로 창출되는 신뢰 시스템이 남용된다고 생각할 수도 있습니다. 하지만 사람들은 '공짜' 사이버 서비스를 받고 싶어 하고 맞춤화(customization)에 중독되었습니다." 기술계를 둘러싼 또 하나의 씁쓸한 역설이다. 말하자면 "물물교환은 아마존 밀림보다 아마존 경제에서 더 효율적입니다. 디지털 연결 덕분에요. 현대의 기술 덕에 …… '원시적으로' 보이는 관행이 더 쉽게 부활했습니다." 애덤 스미스와 그의 지적 후예들이 제시하고 이후 은행과 재무장관, 자산관리자, IMF 같은 기관의 중심부를 지배해온 진화학적 이론의 틀이 완전히 뒤집힌 것이다.

그러나 내가 물물교환의 역할을 인정한다고 해서 현재 상황을 '좋은' 것으로 무조건 받아들여야 한다는 뜻은 아니다. 전혀 아니다. 나는 이 방면에 개혁이 시급하다고 생각했고 지금도 마찬가지다. 기술 회사들을 더 철저히 조사해야 한다. 규제기관이 독점의 개념을 재고해야 한다. 물물교환의 조건을 더 투명하게 정의하고 소비자를 위해 개선해야 한다. 소비자가 대안적 방법을 선택하고 물물교환의 시간대를 통제하고 데이터가 어떻게 이용되는지 알 수 있어야 한다. 무엇보다도 정부는 데이터 이동을 쉽게 만들라고 기업들에 요구해야 한다. 그래야 소비자가 은행에서 계좌를 개설하고 폐쇄하는 것만큼 쉽게 정보 제공업체를 바꿀 수 있다. 책임 소재를 소비자가 아니라 기업에 두어서 이용자가 쉽게 업체를 바꿀 수 있어야 한다. 이런 방식은 시장 경쟁의 원리를 보존하기 위해 금융 서비스와 기타 설비 사업에 꼭 필요한 요소이기도 하다. 혹은 더 냉정하게 말하자면 물물교환이 계속 업계를 지배한다고 해도 물물교환을 둘러싼 거래 조건을 수정해야 한다.

하지만 이렇게 될 가망은 거의 없어 보였다. 규제기관과 정치인과 소비자와 기술 전문가들이 중요한 첫걸음, 곧 물물교환의 존재부터 인정하기 전에는 말이다. 정책 입안자들은 정치 스캔들, 해킹, 위기의 민주주의에 관한 떠들썩한 소음에만 휩쓸리지 말고 사회적 침묵에 주목해야 했다. 이것이 경제 도구를 21세기에 맞게 개선하고 더 나은 기술 세계를 구축하기 위한 유일한 길이었고 지금도 마찬가지다.

9
우리가 사무실에서 '정말로' 하는 일

■

재택근무로 복제하기 어려운 부분은
그전에는 필요한 줄도 몰랐던 정보다.

2020년 여름 런던 카스경영대학원의 사회과학자이자 경영학 교수인 스페인 출신의 입담 좋은 다니엘 베운자가 미국과 유럽의 고위급 은행가 10여 명과의 영상통화를 준비했다. 어떤 사람은 햄튼스나 애스펀 같은 미국의 소수민족 거주지에 있는 멋진 별장에 머물렀고, 누군가는 카리브해나 유럽의 근사한 휴양지나 잉글랜드의 푸르른 코츠월드 언덕에 있었다. 두 명은 아직 런던이나 맨해튼에 있었다. 이들의 공통점은 모두 코로나19 봉쇄령 중에 '집'에 피신하고, 또 집에서 금융업을 운영하려 한다는 점이었다. 베운자는 사람들이 '재택근무'를 어떻게 생각하는지 알아보고 싶었다. 재택근무로 증권사를 운영할 수 있을까? 그렇다면 금융업에 사람이 필요할까?

베운자는 (코로나19가 발생하기 한참 전부터) 20년에 걸쳐 증권사를 연구하면서 벨이 인텔에 적용하고 브리어디가 제너럴모터스에 적용한 것과 같은 유형의 인류학 현지 탐사 기법을 시도해왔다. 그는 한 가지 역설에 매료되었다. 20세기 후반 디지털 기술이 금융계에 도입되면서 시장을 가상공간으로 보내고 (이론상) 대부분의 금융 '업무'를 사무실 밖에서 처리할 수 있게 되었다. "한 달에 1400달러로 집에서 편안하게 (블룸버그) 단말기를 이용할 수 있습니다. 중요한 정보를 받아보고 모든 데이터에 자유롭게 접근할 수 있습니다." 베운자가 2000년에 월스트리트의 증권사 대표 '밥'(가명)에게 들은 말이다. 그런데 다른 한편으로는 디지털 혁명이 일어났어도 여전히 증권사 지점이 사라지지 않았다. 밥은 이렇게 말했다. "오히려 상황이 정반대로 흘러가고 있습니다. 증권사 지점들을 점점 더 크게 짓고 있습니다."[1]

왜일까? 베운자는 몇 년에 걸쳐 밥과 같은 금융인들을 관찰하며 답을 찾아보았다. 코로나19 봉쇄령이 내려진 지금 수많은 기업 경영인(그리고 인사부)이 같은 질문을 던지고 있다. 하지만 베운자는 다들 잘못된 논의에 빠져 있다고 지적한다. 재택근무를 시행하는 기업들의 경우 이런 논의가 다음과 같은 질문에 집중되는 경향이 있다. 직원들이 스트레스로 탈진할까? 정보에 접근할 수 있는가? 여전히 팀의 일원으로 느끼는가? 동료들과 소통할 수 있는가? 그런데 베운자는 다음과 같은 질문도 던져야 한다고 말한다. 사람들이 어떻게 집단으로 활동하는가? 어떻게 의식과 상징을 통해 공통의 세계관을 구축하는가? 어떻게 아이디어를 나누면서 세상을 탐색하는가? 베운자는 금융인이나 경영인들이 이런 식으로 접근하는 데 도움이 될 만한 인류학의 두 가지 주요 개념이 있다고 말한다. 하나는 부르디외의 아비투스 개념이다. 우리는 모두 사회적 패턴과 물리적 패턴의 산물이고 이 두 요인이 서로를 강화한다는 개념이다. 다른 하나는 '센스메이킹(sense-making)' 개념이다. 이를테면 사무실의 직원들(과 다른 모두)이 결정을 내릴 때는 모형이나 지침이나 합리적이고 순차적인 논리만을 따르는 것이 아니라 그들이 상대하는 다양한 자원에서 집단으로 정보를 끌어낸다는 개념이다. 따라서 아비투스와 연결된 의식과 상징과 공간이 중요하다. 베운자는 웃으며 이렇게 말했다. "우리가 사무실에서 하는 일은 흔히 생각하는 그런 일이 아닙니다. 세상을 어떻게 탐색하는지가 관건입니다."[2] 센스메이킹은 월스트리트든 실리콘밸리든 현대 디지털 경제의 어디서든 매우 중요하다.

◆ ◆ ◆

처음 인터넷을 발명한 컴퓨터 괴짜들은 가상공간을 다룰 때도 피와 살이 있는 인간(그리고 인간의 의식)이 중요하다는 것을 알았다. 예를 들어 1970년대에 (주로) 실리콘밸리에서 일하던 이상주의적 엔지니어 집단은 월드와이드웹(World Wide Web, WWW)을 개발하면서 '인터넷 공학 기술 포럼(Internet Engineering Technical Forum, IETF)'을 창설했다. 엔지니어들이 모여서 집단으로 웹의 아키텍처를 설계하기 위한 포럼이었다. 그들은 인터넷은 정부 관료나 유엔이나 기업의 위계와 강압 없이 모두가 공평한 기반에서 참여할 수 있는 평등주의적 공동체여야 한다고 믿었기에 '거친 합의'를 통해 설계에 관해 결정해야 한다고 믿었다. "우리는 거부한다, 왕과 대통령과 투표를. 우리는 믿는다, 거친 합의와 코드 실행을." 그들의 신조다. "IETF는 '다수결' 원칙으로 운영되어서는 안 된다." 퀄컴(Qualcomm)의 컴퓨터 과학자 피트 레스닉(Pete Resnick)의 주장이다.[3] 대신 IETF에서는 "합의 과정을 통해 IETF 참가자들의 다양한 관점을 고려하고 (적어도 거친) 합의에 이르는 식으로" 기술적인 작업을 처리한다.

컴퓨터 괴짜들은 '거친 합의'의 양식을 구축하기 위해 허밍(humming)이라는 독특한 의식을 고안했다. 중요한 결정을 내릴 때 모두에게 허밍으로 '예'나 '아니요'를 표시해달라고 요청하고, 더 크게 나오는 허밍 소리에 따라 절차를 진행했다. 엔지니어들은 이 방법이 투표보다 분란을 적게 일으킨다고 보았다. 네덜란드의 컴퓨터공학 교수 닐스 텐 오에버는 이렇게 지적한다. "TCP, IP, HTTP, DNS를 비롯한 많은 인터넷 표준이 IETF에서 놀랄 만큼 비공식적인 방식으로(허밍으로) 개발된 것이다. 이들이 내린 결정은 인터넷, 그리고 인터넷에 연결된 수조 달러 규모의 산업에 엄청난 영향을 미친다."[4]

2018년 3월, 런던 엣지웨어로드에 위치한 힐튼 메트로폴 호텔의 평범한 방에서 열린 회의에는 구글과 인텔, 아마존, 퀄컴, SAP를 비롯한 여러 기업의 대표들이 모였다. 허밍 의식의 중요성을 보여주는 회의였다. 이날 IETF 모임의 논쟁거리는 컴퓨터과학자들이 'draft-rhrd-tls-tls13-visibility-01' 프로토콜이라는 혁신을 수용할지 여부에 관한 것이었다. 회의장 외부의 사람들에게 이 프로토콜은 신용파생상품만큼이나 난해하게 보였다. 하지만 이 프로토콜은 중요했다. 엔지니어들은 공공 부문 네트워크, 건강보험 시스템, 소매기업 같은 주요 시설에 대한 해커의 공격을 막기 위해 온라인 장치를 도입하고 있었고, 이 회의에서 제안된 '가시화(visibility)' 프로토콜은 사용자에게 해킹 방지 도구가 설치되었는지 여부를 알려주는 기능을 했다. 이 문제는 러시아 출신으로 추정되는 해커들이 우크라이나의 전력 공급 시스템을 폐쇄시킨 이후 누적되어온 걱정거리였다. "방금 발표된 미국 공공시설용 서버 포트에 대한 (사이버 공격) 위협을 어떻게 감지해야 할지 모르겠습니다." 금발의 미국인으로 청바지에 꽃무늬 셔츠를 입은 케이틀린이 말했다. "사이버 위협을 감지하는 시스템이 갖춰지지 않았다면 지금부터라도 뭔가 조치를 취해야 합니다. 그러지 않으면 미국의 전력 공급이 끊길 수도 있습니다."[5]

엔지니어들은 한 시간 동안 프로토콜에 관해 논의했다. 일부는 사용자들에게 이런 프로토콜이 설치되었는지 알려주면 해커들에 대한 통제가 힘들어질 수 있다는 점에서 반대했다. 다른 엔지니어들은 사용자들에게 알려야 한다고 주장했다. 어느 컴퓨터과학자는 "사생활 보호 문제가 있다"고 주장했다. 또 누군가는 "국가들에 관한 문제이므로 반드시 합의를 거쳐야 한다"고 주장했다. 그러자 션 터너(Sean Turner)가 IETF 의식을 소환했다(터너는 벗어진 머리에 눈처럼 하얀 수염을 길게 기르고 안경에 체크무늬 셔츠를 입은 정원 요정처럼 생겼다).

"이제 허밍을 합시다. 이 문제를 실무회의의 의제로 채택하는 것에 찬성하면 허밍해주세요."* 티베트의 노래와 유사하게 신음하는 듯한 소리가 시작되더니 메트로폴 회의장 사방의 벽에 부딪혀 메아리쳤다. "감사합니다. 이제 반대하시는 분들 허밍해주세요." 훨씬 더 큰 허밍 소리가 울렸다. "그럼 지금으로선 이 안건이 채택되지 않았습니다." 터너가 선언했다. 프로토콜은 보류되었다.

중요한 결정이 이런 식으로 내려진다는 사실을 아는 사람은 거의 없다. 대다수는 IETF라는 것이 존재하는지조차 모르고 컴퓨터 엔지니어가 허밍으로 웹을 설계하는지 아는 사람은 훨씬 적다. 당신도 그중 하나일 것이다. IETF가 그들이 하는 일을 숨겨서가 아니다. 사실 IETF 회의는 누구에게나 열려 있고 온라인으로도 공개된다.[6] 하지만 'draft-rhrd-tls-tls1.3' 같은 구문이 외계어처럼 보이는 탓에 저널리스트와 정치인들은 이런 글자와 숫자의 조합을 보면 2008년 금융위기 전에 파생상품을 보았을 때처럼 반사적으로 시선을 돌린다. 게다가 금융계처럼 외부의 철저한 조사(와 이해)가 부족한 현실은 인공지능 같은 부문의 혁신이 가속화되는 상황을 고려하면 의외다. "우리 사회는 우리의 세계를 가능하게 만들어주는 소프트웨어 구축 작업을 어느 구석의 소규모 엔지니어들에게 효과적으로 아웃소싱했다." 데이터 회사 팔란티어의 CEO 알렉스 카프

---

* IETF의 과정과 허밍 의식에 관한 설명이 믿기 어려울 수도 있다. 허밍은 https://hackcur.io/please-hum-now/, 전체 논의는 https://rb.gy/oe6g8o을 참조하라.

(Alex Karp)가 2020년 8월에 미국 증권거래위원회(SEC)에 보낸 편지에 쓴 내용이다.[7] 엔지니어들의 의도는 좋다. 하지만 (금융인들처럼) 이들도 터널 시야로 보기 쉽고 다른 사람들이 그들의 정서를 지지하기는커녕 공감하지 못할 수도 있다는 사실을 모른다. "기술 생산자의 공동체에서는 기술을 설계하고 제작하고 제조하고 유지하는 과정 자체가 틀이 되고 기술 그 자체가 세상을 보고 정의하기 위한 렌즈가 된다." 실리콘밸리를 연구한 인류학자 J. A. 잉글리시 류크의 말이다. "기술이 삶을 은유하는 표현에 스며들면서 …… '유용한', '효율적인', '좋은' 같은 표현이 하나의 도덕적 개념으로 통합된다."[8]

허밍 의식으로 제기되는 두 번째 문제가 있다. 이 의식은 인간이 디지털 기계에 반응하는 방식에 관해 무언가를 보여준다는 점이다. IETF 회원들은 허밍 의식을 통해 독특한 세계관을 반영하고 강화했다. 그 세계관은 인터넷이 미국과 중국의 날로 심해지는 경쟁 구도 앞에서도 계속 평등하고 포용적으로 남아주기를 바라는 절박한 희망에 관한 것이다. 이것이 그들의 창조 신화다. 하지만 한편으로는 은연중에 다른 무언가를 알린다. 컴퓨터 세상에서도 인간과의 접촉과 맥락이 매우 중요하다는 점이다. 그들은 허밍 의식을 통해 집단적으로 자신이나 서로에게 창조 신화의 힘을 보여줄 수 있었다. 더불어 허밍 의식은 무형의 세계와 실제 세계에서 오는 광범위한 신호를 읽고 부족 안에서 변화무쌍한 의견의 조류를 헤쳐 나가면서 결정에 이르게 해준다. 허밍은 컴퓨터 알고리즘이나 스프레드시트로 옮겨놓을 수 있는 것이 아니다. 그리고 우리가 생각하는 기술이나 엔지니어들이 자신을 드러내는 방식과도 썩 어울리는 것 같지 않다. 하지만 인간이 사무실에서든 온라인에서든 다른 어디에서든 일의 세계를 탐색하는 방식에 관해 중요한 진실을 보여준다. 우리는 스스로 합리적이고 논리적인 존재라고 생각할지라도 사회 집단 안에서 광범위한 신호를 흡수하면서 결정에 이른다는 점이다. 그리고 이런 관행을 가장 적절히 설명하기 위해서는 제록스가 처음 개발하고 이후 월스트리트에서 베운자(와 다른 사람들)가 사용한 용어가 필요하다. 바로 '센스메이킹'이다.

◆ ◆ ◆

존 실리 브라운(John Seely Brown)은 센스메이킹 개념을 개발하는 데 일조한 인물이다. 브라운은 인류학 교육을 받지 않았다. 그는 1960년대에(마침 인터넷이 출현했다) 컴퓨터 전공으로 학위를 받고 캘리포니아대학교에서 고급 컴퓨터과학을 가르쳤다. 그는 훗날 이렇게 말했다. "원래는 컴퓨터과학과 인공지능에 본격적으로 파고들면서 인지 모형에 관심을 가졌습니다."[9] 하지만 사회학자와 인류학자들을 만나면서 사회적 패턴이 디지털 도구 개발에 어떤 영향을 미치느냐는 질문에 빠져들었다.

그래서 제록스가 실리콘밸리에 만든 제록스팰로앨토연구소(Xerox Palo Alto Research Center, PARC)에 지원했다. 제록스의 역사를 다룬 책《미래를 더듬다》에 나오듯이 경영진은 제록스를 첨단 과학과 혁신의 보루로 생각하고 싶어 했다. 제록스의 과학자들은 제록스라는 브랜드가 복사기라는 하나의 범주의 대명사가 될 정도로 성공한 복사기 제품을 개발한 것으로 유명했다(혹은 악명 높았다). 제록스는 또한 "개인용으로 설계하고 구축한 최초의 컴퓨터 …… 최초의 그래픽 중심 모니터, 어린아이도 사용할 수 있을 정도로 간단한 최초의 소형 '마우스' 입력 장치, 비전문가를 위한 최초의 워드프로세싱 프로그램, 최초의 지역 통신망 …… 그리고 최초의 레이저프린터"를 비롯한 수많은 디지털 혁신을 주도했다.[10]

브라운은 PARC에 지원하는 과정에서 최고과학책임자 잭 골드먼 (Jack Goldman)을 만났다. 두 사람은 제록스의 연구개발에 관해, 그리고 인공지능을 대상으로 한 선구적인 실험에 관해 의견을 나누었다. 그러다 브라운이 골드먼의 책상을 가리키며 물었다. "전화기가 왜 두 대인가요?" 책상에 '단순한' 전화기와 정교한 (새로운) 모델이 있었다.

"세상에, 요새 누가 저런 전화기를 써요?" 골드먼이 손사래를 쳤다. "다들 한 대씩 두니까 그냥 놔두긴 했지만 업무용으로는 보통 많이 쓰는 전화기를 씁니다." 이게 바로 제록스의 과학자들이 연구해야 할 문제라고 브라운은 말했다. 실리콘밸리에서 끊임없이 내놓는 눈부신 혁신을 사람들은 어떻게 사용하는가(혹은 사용하지 않는가)? 브라운은 '딱딱한' 컴퓨터과학에 빠져 살았지만 이제는 '말랑말랑한 사람'이 되어 사회과학을 연구하는 것도 가치가 있겠다고 생각했다.[11] 혹은 작가 스콧 하틀리가 처음 만들고 나중에 실리콘밸리에서 유행한 표현을 빌리면 기술쟁이이자 '인문쟁이'가 되기로 결심한 것이다.[12]

브라운은 PARC에 들어가 그가 고안한 새로운 이론을 적용했다.

PARC는 원래 과학자들이 주를 이루었지만 점차 인류학자와 심리학자와 사회학자가 참여했다(인텔 연구팀의 전조였다). 줄리언 오르라는 퇴역군인도 PARC에 합류했다. 그는 미국 육군에서 통신장비를 수리하는 기술자로 복무했고, PARC에 들어와서는 주로 개발 단계의 원형 프린터를 연구했다. 그러다 인류학에 매료되었다. 그는 현지 탐사를 아프가니스탄에서 할 생각이었지만 소련의 아프가니스탄 침공으로 계획이 무산되었다. 그래서 제록스의 수리기사 '부족'을 연구하기로 했다. 힌두쿠시 산맥만큼 있어 보이지는 않았다. 하지만 브리어디가 제너럴모터스의 노조원들이 연구의 새로운 변경이라는 사실을 깨달은 것처럼 오르는 제록스의 수리기사들이 중요한 미개척 '부족'이라는 것을 간파했다. 20세기 후반까지 복사기는 어느 사무실에나 있는 물건이었다. 복사기가 고장 나면 업무가 마비될 수도 있었다. 따라서 제록스는 사무실을 돌아다니며 서비스를 제공하고 복사기를 수리해줄 기사들을 다수 채용했다. 하지만 이들은 종종 무시당했다. 어느 정도는 제록스의 경영진이 이들이 무슨 일을 하는지 안다고 생각한 탓이기도 했다. 오르와 브라운은 제록스의 경영진이 큰 실수를 저지르는 것은 아닌지 의심했다. 수리기사들이 항상 상사가 예상하는 대로 생각하거나 행동하는 것은 아닌 것처럼 보였기 때문이다.

브라운이 처음 이런 특성을 포착한 것은 제록스에 들어간 초반에 '해결사 선생'으로 유명한 수리기사를 만났을 때였다. 그는 유능한 과학자인 브라운에게 '도전 과제를 안겨준' 사람이었다. "박사님, 이 복사기의 이미지 품질에 종종 문제가 발생한다고 칩시다. 어떻게 해결하시겠습니까?"[13]

　브라운은 사무실의 설명서에 '정답'이 들어 있다고 생각했다. 이를테면 수리기사들이 "1000장을 인쇄해서 출력물을 자세히 살펴보고 잘못된 출력물을 찾아내 진단과 비교"를 해야 한다는 것이 정답이다. 논리적인 해법으로 들린다. 엔지니어에게는. "저라면 이렇게 하겠어요." '해결사 선생'이 브라운에게 '그럴 줄 알았다'는 표정으로 말했다. "복사기 옆에 있는 휴지통을 뒤집어서 버려진 복사물을 살펴보는 겁니다. 휴지통은 품질 좋은 복사물과 불량 복사물을 가르는 필터거든요. 사람들이 잘 나온 복사물은 가져가고 불량 복사물은 버리니까요. 그래서 그냥 휴지통으로 가서 …… 불량 복사물을 죽 훑어보고 문제를 해석하는 겁니다." 브라운은 수리기사들이 하는 일은 사무실의 설명서를 무시하고 효과적인(하지만 "보이지 않고 …… 제록스 경영자들의 인지 모형에서 벗어난") 해결책을 사용하는 것이라고, 유감스러운 듯 결론지었다. 브리어디가 제너럴모터스에서 목격한, 직원들이 공장의 부품을 사물함에 숨겨두는 현상이 떠오르는 대목이다.

　그런데 이렇게 규정을 파괴하는 패턴이 어디에나 나타났을까? 오르는 참여 관찰로 이런 패턴을 찾아보기 시작했다. 그는 수리기사들을 그림자처럼 따라다녔다. "기사들을 관찰하는 일이란 고객과의 통화 후에 고객의 사무실에 출장을 나가고 부품을 가져오기 위해 부품실에 가고 다른 기사들과 근처 식당에 가서 점심을 먹고 이따금 회의를 하거나 서류작업을 하거나 기술 전문가들에게 자문하기 위해 지점이나 지방 출장소에 가는 것이었다." 그가 나중에 설명했다.[14] "그리고 내가 관찰한 내용은 모두 업무 중이거나 통화 중에 나온 것이다. 나는 구조화된 면담을 진행하지 않았다. …… 우리 대화를 녹음했다. 방대한 양의 현장 기록도 남겼다." 오르 자신이 기사로 일한 경력이 어떤 면에서는 도움이 되었다. 수리기사들이 그를 기꺼이 받아주었다. 하지만 이 점이 오히려 함정이 되기도 했다. 오르 자신이 연구 대상과 같은 맹점을 가질 때가 있었기 때문이다. "나는 외부인에게 특이해 보일 만한 현상을 평범한 것으로 간주하는 경향이 있었다." 그는 '낯익은' 것을 '낯설게' 보기 위해 마음의 체조를 해야 했다. 그래서 그는 많은 선배 인류학자와 마찬가지로 기사들이 일상에서 사용하는 집단의식과 상징과 공간적 패턴을 들여다보면서 거리감을 확보하려 했다.

오르는 곧 가장 중요한 대화는 주로 식당에서 오가는 것을 알았다. 기사들이 애용하는 저렴한 식당은 고위 경영진이 수리팀 업무와 연관 지을 만한 곳이 아니었다(설령 이 부분을 생각해보았다고 해도). 제록스의 경영진은 수리기사들이 고객의 사무실에서 복사기를 수리하거나 제록스 사무실의 자기 자리에 있는 경우만 생각했다. 그 외에 식당에서 보내는 시간은 '죽은' 혹은 쓸모없는 시간으로 보였다. 그리고 이 시간을 부정적인 단어(일하지 않는)인 '빈'이나 '공짜'로 표현해서 시시해 보이게 만들었다. 하지만 시시하지 않았다. "나는 차를 몰고 계곡 너머로 가서 동부 소도시의 한 식당 체인점에서 서비스지원팀 사람들을 만나 아침을 먹었다." 오르가 현장 기록에 남긴 글이다.[15] 이어서 그는 이렇게 적는다. "앨리스에게 문제가 생겼다. 앨리스의 복사기가 자체 진단 오류를 보고했지만 앨리스는 곧이곧대로 믿지 않았다. 복사기 제어 시스템의 여러 부분이 작동하지 않는 것으로 보아 고장을 일으키는 다른 문제가 있다고 의심했다. …… 그래서 우리는 (앨리스의) 동료들이 식사하는 식당에서 점심을 먹으면서 가장 숙련된 수리기사인 프레드에게 앨리스와 같이 가서 복사기를 봐달라고 부탁하려 했다."[16]

현장 기록은 이렇게 이어진다. "실리콘밸리 여기저기에 저렴한 식당이 있다. 기사들이 단골로 가서 어울리는 곳이다. 프레드가 앨리스에게 고장 기록을 해석해보니 교체할 부품이 또 있다고 알려주었다." 말하자면 수리기사들이 식당에서 하는 일은 커피를 마시면서 제록스 복사기와 일상에 관한 풍부한 서사를 참조해 집단적으로 문제를 해결하는 것이다. 이들의 '수다'는 널찍한 태피스트리처럼 집단 지식을 직조하고 집단의 전체적인 관점을 활용했다. IETF의 허밍처럼.

이런 지식은 중요했다. 제록스의 규정에는 "기사들이 동일 모델 복사기의 수리 방법을 암기해서 수리하도록" 되어 있었다. PARC의 다른 인류학자이자 오르의 박사학위 지도교수인 루시 서치먼의 말이다.[17] 하지만 제록스의 기사들은 그렇게 하지 않았다. 복사기가 제록스의 공장에서 나올 때는 똑같아 보여도 수리기사가 손볼 즈음이 되면 (인간들에게 영향을 받아) 저마다의 이력을 갖는다. 다시 오르의 현장 기록을 보자. "프랭크와 나는 오늘의 첫 호출 장소를 찾아갔다. 프랭크가 건물을 찾지 못해 애를 먹었다. 사용자들이 RDH('문서 조정기 재순환'이라는 의미로 원본 문서를 자동으로 한 장씩 유리판에 올려서 복사하게 만들어주는 입력 장치)에 문제가 있다고 했고 …… 프랭크는 별로 놀라지 않았다. 한 달 반 동안 아무도 복사기를 건드리지 않아서 먼지가 낀 것이 문제였다."[18] 기사들이 식당에서 나눈 수다는 이런 역사이자 맥락이었다. "진단은 서사 과정이었다." 경영진은 먼지 따위에는 관심이 없었지만 수리기사는 관심을 가졌다.

기업 내부에도 같은 집단 역동의 문제가 적용되었다. 오르가 수리기사들을 연구하는 사이 서치먼은 사무직 노동자들이 복사기에 어떻게 반응하고 인간과 기계가 어떻게 소통하는지(더 중요하게는 어떻게 소통하지 못하는지)를 알아보았다.[19] 제록스의 경영진은 일부 복사기 모델이 복잡해서 고객들이 사용하기 어려워한다는 피드백을 받았다. 8200 모델이 특히 많은 사람의 화를 돋우었다. 8200 모델은 원래 간단히 사용할 수 있게 설계된 (것으로 알려진) 복사기라 의아한 결과였다. 서치먼은 나중에 이렇게 설명했다. "8200 복사기는 비교적 크기도 크고 기능도 많아서 특정 틈새시장에서 제록스의 존재감을 다지기 위해 갓 '출시'된 모델이었다. 광고에는 과학자 또는 엔지니어의 흰색 실험복을 입은 사람이 나와서…… 복사기의 다채로운 기능을 활성화하려면 '초록색 (시작) 버튼을 누르기만' 하면 된다고 시청자들을 안심시켰다." 엔지니어들은 특히 초록색 버튼을 자랑으로 여겼다. 이 버튼이 있어서 복사기가 고장 나지 않을 거라고 믿었다.

인지과학과 컴퓨터과학을 전공한 PARC의 연구자들이 문제되는 부분을 연구하기 시작했고, 서치먼은 여기에 몇 가지 문화적 분석을 더하기로 했다. 민족지학으로 접근해서 8200 모델이 고객들의 사무실에서 어떻게 사용되는지 관찰했다. 그리고 8200 모델을 PARC 실험실로 가져와 '지능형 대화형 인터페이스' 시스템을 시제품과 결합해 동료들에게 직접 사용해보고 결과를 영상에 담게 했다. 그런데 컴퓨터과학자들이 예상한 행동이 아니었다. 일단 복사기를 켜면 "사용자가 작업 내용을 변경할 수 있습니다", "제본된 문서로 양면 복사하기", "제본된 문서를 복사하기 위한 지침"과 같은 지시문이 나왔다.[20] 사용자는 지시문을 순서대로 따르기만 하면 되었다. 그런데 실제로는 다음과 같은 대화가 오갔다.

> A: 좋아, 하라는 대로 했어. 이제 이걸(손잡이를) 내리면 어떻게 되는지
> 보자고. …… 달라졌어.
> B: 맙소사.
> A: 와, 계속 제본된 문서를 넣으라는데? 그런데 제본된 문서를 넣을
> 필요는 없어. 이미 넣었잖아. 처음으로 다시 돌아가서 제본된 문서
> 에 관한 부분을 삭제해야 하나 봐.
> B: 그래. 좋은 생각이야.
> A: 그런데 '제본입니까?'라고 묻는데? 그냥 '아니요'를 누르자.
> B: 더는 못해먹겠네.[21]

여기서 몇 가지 중요한 측면이 드러났다. 첫째, 사용자들이 지시사항을 정확히 (그리고 순서대로) 따르고 싶어도 설명서에 없는 내용을 추론해서 판단해야 하는 애매한 상황이 생겼다. 둘째, 사용자들이 항상 순차적으로 생각하는 (혹은 행동하는) 것은 아니었다. 설명서와

컴퓨터 프로그램을 기반으로 한 제품인데도 말이다. 셋째, 기계를 해석하려고 시도하는 사용자들은 획일적이고 단일한 존재가 아니라 각자의 사회적 역동 속에 있는 존재다. PARC의 다른 연구자인 지넷 블룸버그(나중에 IBM으로 이동했다)가 지적하듯이 사무직 노동자 집단이 낯선 기계에 반응할 때는 그중 한 사람이 강사나 지도자로 나서면서 집단에 영향을 미치는 경향을 보였다. 그만큼 사회적 역동이 중요하다는 뜻이다. 하지만 컴퓨터과학자들은 이런 역동을 무시하는 경향이 있었다. 서치먼은 이런 사회적 요인을 고려해서 기계를 설계하면 인간과 컴퓨터의 상호작용이 더 효과적일 거라고 생각했다.

서치먼은 이 점을 이해하도록 도와주기 위해 고전적 인류학 기법인 비교문화 연구 기법을 적용했다. 여기서는 남태평양 미크로네시아의 추크족에 관한 연구를 참조했다. 인류학자 에드윈 허친스(Edwin Hutchins)가 뛰어난 통찰로 진행한 연구였다. 허친스는 미국 해군에서 항해 전문가로 복무한 경력이 있었다. 이런 경력 덕분에 그는 추크족이 뛰어난 항해 능력을 바탕으로 먼 거리까지 능숙하게 누비면서도 나침반이나 GPS나 육분의(六分儀) 같은 서양 해군(과 미국 해군)이 의존하는 현대 과학 장치를 전혀 사용하지 않는 것을 알아챘다. 그들은 정해진 항로를 따르지도 않았다.[22] 추크족은 주어진 상황에 집단으로 반응하면서 항해했다. 바람, 파도, 조수, 해류, 동물상(動物相), 별자리, 구름을 읽고 물이 배에 부딪히는 소리를 듣고 공기의 냄새를 맡았다. "추크족 항해사는 출발할 때 목적지를 명확히 정해두지만 실제 항로는 출발점에서는 예상하지 못하는 그때그때의 독특한 상황에 따라 변경된다." PARC가 발간한 비망록에 실린 서치먼의 설명이다.[23] "유럽 문화는 추상적이고 분석적인 사고를 선호하고 일반 원리에서 구체적인 사례를 추론하는 것이 이상적이다. 반면에 추크족은 이런 이념적인 지향성 없이 오랜 세월 누적된 구체적이고 실체적인 반응으로 배우고 기억과 경험의 지혜를 따른다." 허친스는 그 이유를 이렇게 설명했다. "인간의 인지는 문화와 사회에서 영향을 받을 뿐 아니라 본질적으로 문화적, 사회적 과정이다."[24]

PARC가 8200 모델 문제로 고심할 때 경영학계에서 허친스의 개념이 수용되기 시작했다.[25] 서치먼은 허친스의 개념을 공학과 컴퓨터과학에도 적용할 수 있고 그래야 한다고 보았다. 서치먼은 이렇게 경고했다. "서구의 항해사 허친스가 예시하는 행위의 관점이 오늘날의 컴퓨터 설계에 구현되고 있다. ……그런데도 우리는 위험하게도 추크족 항해사를 무시한다." 엔지니어들이 효과적인 인공지능 시스템을 설계하려면 센스메이킹의 역할을 인정해야 했다.

제록스의 과학자들은 마침내 인류학자들의 의견을 (어느 정도) 경청했다. '지능형 대화형 시스템'을 장착한 복사기 광고를 바꾸어서 흰색 실험복의 과학자가 거들먹거리며 사용자들에게 초록색 버튼 하나로 모든 것을 이해할 수 있다고 단언하지 않았다. 오르가 수리기사들에 관한 보고서를 발표한 뒤 제록스는 수리 인력이 현장에서 더 원활히 소통하고 (식당 밖에서도) 지식을 공유할 수 있게 해주는 시스템을 마련했다. "오르는 당장 필요한 것은 사회적 기술, 곧 양방향 무전기('눌러서 대화하기' 버튼이 있는 모토로라 초기 모델과 같은 형태)라는 것을 깨달았다. 그래야 한 지역의 기술 대표가 공동체에 속하는 다른 사람들의 집단적 전문 지식을 쉽게 활용할 수 있다고 보았다." 브라운의 설명이다.[26] 제록스는 나중에 이런 무전기에 더해서 인터넷에 기사들이 팁을 공유할 수 있는 '유레카(Eureka)'라는 기초적인 메시징 플랫폼을 만들었다. 브라운은 이것을 'SNS 플랫폼의 초기 모형'이라고 보았다.

PARC 연구팀이 실험하는 동안 실리콘밸리의 다른 기업가들도 점차 PARC의 실험에 매료되어 이들의 개념을 모방하려 했다. 일례로 애플의 창업자 스티브 잡스(Steve Jobs)는 1979년에 PARC를 둘러보다가 개인용 컴퓨터를 개발 중인 것을 보고 애플에서도 비슷한 모델을 개발하기 위해 PARC의 핵심 연구원을 스카우트했다. PARC에서 나온 다른 개념들도 애플과 다른 실리콘밸리 기업들에서 메아리쳤다. 하지만 PARC의 사례에는 한 가지 역설이 있었다. 정작 제록스는 이런 훌륭한 아이디어를 이용해 수익성 좋은 장치를 개발하지 못했고, 이후 몇십 년에 걸쳐 기업의 자산이 축소됐다.[27] 기업 문화 자체가 보수적이고 느린 데도 어느 정도 원인이 있지만 PARC는 서부 해안에 위치하고 제록스 본사는 코네티컷에 위치한 탓도 있었다(그리고 주요 기술팀과 제조팀은 각각 뉴욕, 로체스터에 있었다). 좋은 아이디어가 틈새로 빠져나가 PARC 연구진을 당혹시켰다.

하지만 PARC 연구진은 다른 데서 위안을 얻었다. 세월이 흐르고 그들이 고안한 개념이 사회과학과 실리콘밸리에 막대한 영향을 미친 것이다. 그들의 연구는 '사용자 경험' 운동이 발전하는 데 일조하면서 마이크로소프트와 인텔 같은 기업이 유사한 연구팀을 만들도록 자극했다. '센스메이킹' 관련 개념은 소비재 업계로 퍼져나가 그곳의 민족지학자들에게 수용되었다.[28] 그리고 '센스메이킹' 개념은 또 하나의 의외의 영역, 월스트리트로도 흘러들어 갔다.

◆ ◆ ◆

사회과학자 패트리시아 엔스워스는 금융계에 처음으로 센스메이킹 개념을 적용한 인물이다. 2005년에 엔스워스는 메가블링(세계 5위 안에 드는 투자은행을 지칭하는 가명이다)이라는 업체의 상무이사에게서 다급한 메시지를 받았다.[29] "저희가 몇 가지 프로젝트를 다시 본 궤도로 올려놓게 해줄 컨설턴트가 필요합니다!" 엔스워스는 이런 호소에 익숙했다. 금융과 기술이 인간과 어떻게 만나는지 연구하기 위해 오르, 서치먼, 브라운의 기법을 빌려와서 이미 10년 이상 묵묵히 적용해온 터였다.

이 분야의 많은 연구자처럼 엔스워스도 미지의 영역에 아무런 계획도 없이 진입했다. 엔스워스는 1980년대에 왕(Wang) 네트워크 컴퓨터 시스템에서 사무보조로 일을 시작했다. 생활비를 벌어서 인류학 석사학위를 따기 위해서였다. 여자 직원에게는 타이핑 능력이 필요하던 시절이라서 "사무보조로 일하는 사람들은 워드프로세서, 스프레드시트, 문서 관리 소프트웨어를 일찍부터 다룰 줄 알았다. 그들은 최초의 사무 자동화 컨설턴트였다."[30] 이후 학위를 마치고 1985년 메릴린치(Merrill Lynch)에 사무 자동화 분석가와 업무 지원 고객센터 상담원으로 들어가 사회과학 학위를 활용할 방법을 모색했다. 그러다 최고의 연구 재료가 바로 코앞에 있는 것을 발견했다. 당시 서구의 비즈니스계에는 독립형 PC가 출현하고, MS-DOS 컴퓨터 프로그래머들이 중앙컴퓨터가 지배하던 데이터 프로세싱 위계 구조에 도전하고 있었다. 공동체 전체가 끊임없이 변화하고 있었다. 엔스워스는 사회과학을 통해 IT 문제가 금융계에서 불안을 자아내는 이유를 알아보기로 했다.

엔스워스는 연구를 하면서 이내 기술 문제만이 아니라 사회적이고 문화적인 문제가 있다는 사실을 밝혀냈다. 일례로 엔스워스는 미국의 소프트웨어 프로그래머들이 자체적으로 개발한 소프트웨어 프로그램이 계속 작동 오류를 일으키자 쩔쩔매는 것을 보았다. 그들은 엔스워스가 다른 지역 사무실의 업무 관행은 다르다고 설명하자 진정되었다. 1990년대 초에 엔스워스는 신용 평가 회사 무디스인베스터스서비스(Moody's Investors Service)에 입사해서 IT 시스템의 품질 보증 책임자가 되었다. 그 직책은 기술과 관련된 것처럼 들렸다. 하지만 그녀의 주된 역할은 각기 다른 부족(소프트웨어 프로그래머, IT 기반 시설 기술자, 애널리스트, 영업직원, 외부 고객)을 연결해주는 것이었다. 이후 엔스워스는 컨설팅 회사를 차려서 고객들에게 '프로젝트 관리, 리스크 분석, 품질 보증, 기타 비즈니스 문제'를 자문하면서 문화적 인식에 공학을 결합했다.

'메가블링' 프로젝트가 전형적인 사례다. 금융계의 대다수 기업처럼 이 기업도 사업부를 온라인으로 옮기기 위해 발 빠르게 움직이고 있었다. 하지만 2005년에 자본시장팀이 위기를 맞았다. 메가블링의 트레이더들은 2000년 이전부터 IT 플랫폼의 상당 부분을 인도의 업체로 아웃소싱했다. 미국보다 인건비가 저렴했기 때문이다. 하지만 공급사의 코더(coder)와 테스터(tester)는 주식이나 채권이나 옵션과 같은 투자 상품을 능숙히 다루는 반면에, 인도의 업체에서는 메가블링이 구축하던 신규 파생상품 사업을 다루는 데 애를 먹었다. 인도의 코더들은 공식적이고 관료적인 엔지니어링 방식을 따르기 때문이었다. 그래서 메가블링은 우크라이나 키이우나 캐나다 토론토의 다른 공급사들을 이용하기 시작했다. 이들은 유연한 방식으로 일하고 창의적인 수학자들과의 협업에 익숙했기 때문이다. 하지만 문제가 더 심각해졌다. 자꾸 기한이 넘어가고 결함이 발생하고 값비싼 논쟁이 일어난 것이다.

엔스워스는 나중에 이렇게 적었다. "뉴욕의 메가블링 사무실에서는 경쟁하는 외주업체들에서 파견된 현장 직원들 사이에 높은 긴장감이 흘렀다. 그러다 갈등이 폭발했다. 캐나다인 남자 테스터가 인도인 여자 테스터를 성적인 비속어로 모욕했고 여자가 그의 얼굴에 뜨거운 커피를 끼얹은 것이다. 법적으로 직장 내 폭행 사건이 성립되어 여자 테스터는 곧바로 해고되고 추방당했다. 이후 처벌의 형평성에 관한 논쟁으로 회사가 양분되었다. …… 동시에 위기관리 감사관들은 아웃소싱한 IT 기반 시설과 공정에서 심각한 운영 및 보안 관련 위반 사항도 발견했다."[31]

메가블링에서는 문제의 원인을 여러 민족 간의 충돌에서 찾았다. 하지만 엔스워스는 더 미묘한 다른 문제를 의심했다. 메가블링의 컴퓨터 코더는 인도에서 일하든 맨해튼에서 일하든 키이우에서 일하든 토론토에서 일하든 상관없이 거의 모두가 주변을 둘러보지 않고 순차적 논리에 따라 일방적인 체계로 사고하도록 훈련받았다. 이런 면에서 복사기용 인공지능 프로그램을 개발한 제록스 엔지니어들과 유사했다. 이들이 개발한 소프트웨어의 2진법 속성은 기본적으로 모든 경험을 '켜짐(on)'과 '꺼짐(off)'으로, 16진법의 0-1 스위치로, '나는 옳고 너는 틀렸다는 사고방식'으로 사고하는 경향이 있다. 이런 특성은 그들이 IT 시스템을 개발하는 방식에도 영향을 미쳤다. 이를테면 코더는 구체적인 문제를 해결하는 알고리즘을 구축할 수는 있지만 전체 그림을 보거나 협업을 통해 변화하는 상황에 맞게 틀을 조정하는 것은 어려워했다. 제록스의 복사기 문제와 비슷했다. 먼지 때문에 똑같은 복사기가 다르게 작동할 수 있는 것처럼 금융인들이 IT 시스템을 사용하고 새로운 상품을 시스템에 올릴 때 코드의 작동 방식이 달라지는 것이다. 엔스워스는 이렇게 적었다. "코더들은 조사 내용을 이용 사례, 흐름도, 시스템 아키텍처 설계의 형식으로 문서화한다. …… 이 문서는 버전 1.0에는 충분히 효과적이다. 가상공간 모형이 사용자 공동체의 실제 경험과 일치하기 때문이다. 하지만 시간이 흐르는 사이 모형과 현실이 점차 벌어진다."

코더들이 처음의 계획과 이후의 현실 사이의 격차를 모르거나 당혹감에 알고도 숨기려 한 것으로 보였다.

이런 상황을 바로잡을 수 있을까? 엔스워스는 코더들에게 주변 시야를 심어주는 방법으로 문제를 해결하려 했다. 인도의 업체에는 미국의 업무 규정과 관행에 관한 직원 교육 자료를 추가하도록 설득하고, 우크라이나와 캐나다의 공급사에는 IT에 과도하게 자유

분방하게 접근하는 태도의 위험성을 지적했다. 엔스워스는 코더들에게 증권사의 떠들썩하고 혼란스러운 상황을 담은 영상을 보여주었다. IT 코더들은 주로 도서관처럼 조용하고 평온한 곳에서 일하기 때문에 그 영상을 보고 충격을 받았다. 한편 메가블링의 경영진에게는 코더들이 중요한 전용 데이터베이스와 도구에 접근할 수 없어서 화가 났다고 설명해주었다. 또 관료적 성향의 코더들에게는 그들이 회사에서 충분히 인정받고 있다고 안심시켜주었다(사실 금융인들은 화가 난 것 같았지만).[32] 목표는 모든 '당사자'가 인류학의 가장 기본적인 원칙을 따르게 만드는 데 있었다. 요컨대 세상을 상대의 관점으로 보게 만드는 것이다.

2008년에 금융위기가 터지자 결국 메가블링 프로젝트는 흐지부지되었다. 엔스워스는 다른 여러 은행으로 옮겨 다니며 주로 빠르게 커나가는 사이버 보안의 위협에 집중했다. 그래도 엔스워스는 인류학이 교훈을 남겼기를 바랐다. "납품 일정과 오류율이 문제가 되곤 했지만 항상 만연하던 골칫거리는 사라졌다."[33] 적어도 IT 직원들이 더는 금융인들에게 커피를 끼얹는 일은 생기지 않아서 다행이었다.

◆ ◆ ◆

월스트리트의 다른 한쪽에서 베운자도 센스메이킹 개념을 적용하고 있었다. 금융계의 트레이더가 대상이었다. 그는 1999년에 '로어맨해튼의 인상적인 고층건물'에 위치한 '인터내셔널 시큐리티스

(가명)'라는 증권사에 들어갔다. 이 증권사의 대표 '밥'은 베운자가 트레이더들을 따라다닐 수 있게 해주었다. 그에게서 무료로 경영 아이디어와 피드백을 듣고 싶어서였다. 하지만 연구는 계획대로 진행되지 않았다. 베운자는 원래 트레이더의 고함이 시장에 어떤 영향을 미치는지 연구하고 싶었다. "올리버 스톤의 영화〈월스트리트(Wall Street)〉를 보고 기업 인수의 드라마에 감동했다. 톰 울프(Tom Wolf)의《허영의 불꽃(The Bonfire of the Vanities)》을 읽고 월스트리트의 증권사는 혼잡하고 감정적인 곳이라고 상상했다. 울프의 표현처럼 '이른 새벽에 땀을 흘리고 고함을 질러대는 …… 젊은 남자들이' 가득한 곳으로 상상했다."[34] 나중에 그가 한 말이다.

하지만 인터내셔널 시큐리티스에 가서는 충격을 받았다. 증권사가 조용했던 것이다. 베운자는 놀랐다. "왜 트레이더들이 영화에서처럼 행동하지 않나요?" 그가 물었다. 대답은 간단했다. 몇 년 사이 주식거래가 거의 '온라인'으로 옮겨가서 이제는 주식거래 '소굴'에서 전화기로 또는 직접 만나서 거래를 진행하지 않는다는 것이었다. 이제 드라마는 컴퓨터 화면 위에 펼쳐졌다.

그런데 베운자가 더 당황한 부분이 있었다. 모든 업무를 온라인으로 처리할 수 있다면 증권사는 왜 군이 지점을 운영할까? 밥은 이렇게 답했다. "서로를 이해하기 위해서예요. 제가 누군가에게 복잡한 무언가를 설명해야 한다면 전화로 설명하기 싫거든요. 상대가 내 말을 이해하는지 확인해야 하니까요. 증권사 지점은 …… 사회적 공간이에요. 남들의 대화도 엿들을 수 있어요. 시장이 움직이지 않을 때가 있어요. 지루해질 때도 있고요. 또 사람들과 소통하고 싶을 때도 있어요." 사실 밥은 이런 사회적 소통을 매우 중시해서 트레이더를 어디에 앉히느냐는 다소 고리타분해 보이는 문제로 오랫동안 고심했다. "저는 트레이더들을 최대한 많이 순환시키려고 합니다. 그러면 다들 저항해요. 경험상 보통 주변에 있는 사람들하고 얘기하거든요. ……저에 대해 불평하고 그러면서 서로를 알아가죠. ……서로 모르던 사람들이 친해질 만큼 가까이 앉히지만 서로를 못 잡아먹어 안달할 정도로 오래 같이 있게 하지는 않는 게 요령입니다."

밥은 그 이유에 대해 이렇게 말했다. "트레이더 두 사람이 나란히 앉으면 서로가 마음에 들지 않더라도 협조하게 됩니다. 룸메이트처럼요." 그래서 밥은 모든 트레이더의 자리를 6개월마다 순환시켰다. 게다가 "모두에게 보이도록 PC를 낮게 놓으라"고 지시했다. 그 역시 트레이더들을 보기 위해 그들과 함께 책상을 썼다.

밥은 이 전략을 상식이라고 말했다(베운자는 나중에 밥을 월스트리트에서 만난 최고의 경영인 중 한 사람이라고 단언했다). 하지만 베운자는 여전히 당혹스러웠다. 금융인이라면 과학과 복잡한 수학을 기반으로 한 금융 모형을 근거로 투자 결정을 내려야 한다. 특히 '양적' 금융 전략이 중요하다. 그런데 그들이 어디에 앉는지가 왜 중요할까? '센스메이킹'의 관점에서 이해하는 것이 최선이라는 판단이었다. 트레이더들은 시장을 '항해'하면서 사실상 두 가지 방식으로 사고했다. 간혹 21세기의 항해사가 GPS를 사용하듯이 모형을 기준으로 계획을 세우고 미리 정한 경로를 따랐다. 하지만 다른 광범위한 신호와 정보를 흡수하여 시장을 '항해'하기도 했다. 트레이더들이 화이트보드 앞에 옹기종기 모여 있거나 바에서 어울릴 때 센스메이킹이 일어났다. 또 서로의 대화를 엿듣거나 옆에 있는 사람과 가벼운 농담을 주고받을 때도 센스메이킹이 일어났다. 오르가 제록스의 수리기사들에게서 "진단은 서사 과정"이라는 점을 깨달았듯이 베운자는 증권사의 "수다"가 "트레이더가 금융 모형을 사용할 때 필연적으로 부딪히는 불확실성에 능숙하게 대처하는 데 필요한 사회 체계"를 형성해준다고 판단했다. 제록스의 수리기사들이 먼지에 관해 얘기하는 것과 같은 상황이다.

이것이 중요한 이유는 금융 모형도 (제록스의 복사기와 마찬가지로) 인간과 만나면 일률적으로 작동하지 않기 때문이다. 금융인들은 대개 금융 모형이 '카메라'인 것처럼 무슨 일이 일어나는지 포착하고 중립적으로 여겨지는 스냅 사진을 근거로 미래를 예측하려 한다. 하지만 착각이다. 금융사회학자 도널드 매켄지가 말하듯이 금융 모형은 '카메라'이기보다는 시장의 '엔진'이다. 사람들이 금융 모형의 배후에서 거래하며 가격을 움직이기 때문이다.[35] 모형이 추적하는 대상 자체를 바꾸는 것이다. 게다가 모형은 현지의 '물질적인' 요인에 영향을 받으므로 모두가 같은 방식으로 사용하지 않는다.[36] 매켄지는 런던과 뉴욕의 금융인들을 관찰하면서 여러 증권사가 동일 모형을 사용하며 자산에 저마다 다른 가치를 부여한다는 사실을 발견했다. 이런 이유에서 과거 사건에 대한 진단과 미래에 대한 예측, 두 가지 모두에서 서사가 중요한 것이다. 정책 입안자들에게도 같은 논리가 적용되었다. 인류학자 더글러스 홈스는 잉글랜드은행과 릭스방크, 뉴질랜드은행과 같은 각국의 중앙은행을 연구하면서 중앙은행의 언어적 개입이 (그리고 그들이 경제 이야기에 보이는 반응이) 통화 정책의 '작동' 방식에 결정적인 역할을 한다는 사실을 알았다.[37] 금융인과 정책 입안자들은 그들이 하는 일을 과학적 용어로 기술하면서 돈의 가치를 추적하는 모형을 고안하려 하지만, 사실 돈의 세계는 뉴턴의 물리학으로 작동하지 않았다. 돈의 세계에서는 주인공들이 끊임없이 (말로) 서로에게 반응하기 때문이다. 개인의 심리와 집단의 심리가 중요하게 작용한다.[38] 이런 이유로 경제학자 로버트 쉴러가 '서사 경제(narrative economics)'라고 부르는 현상이나 인류학자들이 센스메이킹이라고 부르는 현상이 중요한 것이다.[39]

따라서 이런 서사와 상호작용에서는 좋은 이유에서든 나쁜 이유에서든 거래소의 배치가 매우 중요하다. 밥과 같은 경영인들은 서로 잘 맞는 트레이더가 나란히 앉으면 비록 컴퓨터 화면으로 거래하더라도 더 좋은 성과를 올릴 가능성이 크다고 보았다. 반면에 다른 팀과는 소통하지 못할 정도로 팀의 구성원들끼리 지나치게 가깝게 배치되면 부족주의와 터널 시야에 빠질 수도 있었다. 물리적 패턴과 사회적 패턴이 상호작용하고 서로 강화하면서 부르디외가 말한 아비투스를 형성하는 경향이 나타났다. 그러면 팀 내에 집단 사고가 강화될 수 있었다. '프런트' 오피스와 '미들' 오피스와 '백' 오피스 사이에, 혹은 거래를 고안하는 팀과 실제로 거래를 실행하는 팀 사이에 심한 분열도 나타났다. 인류학자 호는 이렇게 설명했다. "프런트 오피스와 미들 오피스와 백 오피스 사이의 경계는 사회적 위계를 보여준다. 프런트 오피스와 백 오피스 직원들은 업무 시간에도 서로 어울리지 않는다(층별 엘리베이터로 인해 서로 어울리는 것이 더 어려워진다)."[40] 하지만 금융인들에게는 이런 식의 분열이 지극히 자연스럽게 느껴져서 거의 의문을 품지 않았다. 물리적 지형도와 사회적 지형도가 얽히는 것이다. 하지만 여기에 갖가지 위험이 도사린다. 트레이더가 거래를 전체적으로 보지 못하고 기반 시설 문제나 거래의 결과에 더 무신경해질 수 있다. 그렇게 베운자가 "도덕적 이탈에 기반을 둔 모형"이라고 일컬은 현상이 발생했다. 말하자면 트레이더들은 그들이 설계한 모형으로 거래를 실행하고 나서는 현실 세계에서 그 거래가 '실물' 경제(4장에서 언급한 '실제' 사람들)에 미치는 영향을 고려해야 할 필요성을 느끼지 못하는 것이다.

밥과 같은 현명한 경영인들은 이런 위험을 본능적으로 직감했다. 그래서 큰 비용을 들여서라도 트레이더의 자리를 지속적으로 순환시켰다. 밥은 팀들 사이의 소통을 부추겨서 사회학자들이 "부수적인 정보 교환"이라고 부르는 현상을 촉진하려 했다. 사람들이 만날 때 발생할 수 있는 아이디어의 흐름을 끌어내려 한 것이다. 그러면 특정 자산 집단의 트레이더들이 그들만의 '반향실(echo chamber)'로 들어가거나 무리 행위에 휩쓸리는 경향이 해소될 수 있다. 물론 이런 노력의 가시적 가치를 금전적으로 측정할 방법은 없었다. 밥은 잦은 팀 이동에 들어간 막대한 비용이 제값을 했는지 입증할 수 없었다. 하지만 베운자는 밥이 그렇게 한 이유를 이해했다. 디지털 금융시장에서도 사람들은 무엇보다도 중요한 주변 시야와 센스메이킹을 얻기 위해 소통해야 한다.

◆ ◆ ◆

여기서 한 가지 질문이 제기된다. 사람들이 갑자기 서로 마주 보면서 일하지 못하게 되면 어떨까? 베운자는 21세기 초에 월스트리트와 시티오브런던의 증권사에서 벽에 붙은 파리처럼 맴돌며 혼자서 자주 이 질문을 던졌다. 하지만 답을 알아낼 방법이 없었다. 그러다 2020년 봄에 뜻밖의 자연실험이 발생했다. 코로나19가 확산되면서 금융기관들이 갑자기 밥이 결코 일어나지 않거나 일어날 수 없다고 생각한 조치를 취하기 시작한 것이다. 트레이더들을 블룸버그 단말기와 함께 집으로 보냈다. 그래서 베운자는 그해 여름에 월스트리트의 옛 지인들에게 연락해서 중요한 질문을 던졌다. 그래서 어떻게 됐습니까?

연구를 진행하는 것이 쉽지는 않았다. 인류학은 원래 대면 관찰을 중시하는 학문이다. 줌(Zoom)을 통한 연구는 어찌 보면 인류학을 정면으로 거스르는 방식이었다. "민족지학자이자 산업 사용자 조사관으로서 내 연구의 상당 부분은 사람들을 직접 만나 대화를 나누면서 그들의 용어를 파악하고 그들의 공간에서 그들이 어떻게 사는지 이해하는 과정에 달려 있다." 스포티파이(Spotify) 소속의 인류학자 클로이 에반스가 2020년의 EPIC 토론에서 한 말이다. "우리 같은 사람들에게는 한 공간에 머무는 것이 중요합니다. 그래야 우리가 일하는 기업을 위해 소비자가 제품과 서비스를 어떻게 사용하는지 이해할 수 있으니까요."[41] 하지만 민족지학자들은 새로운 세상에도 장점이 있다는 것을 발견했다. 더 평등한 기반에서 때로는 더 친밀하게 세계 각지의 사람들에게 다가갈 수 있게 된 것이다. "우리는 실험실에서는 접하기 어려운 맥락에서 사람들을 만난다." 주로 인도의 빈곤 지역에서 연구를 진행하는 민족지학자 스튜어트 헨샬의 말이다. 코로나19 봉쇄령 이전에 그가 면담한 인도인들은 누추한 집이 부끄러워서 연구소에서 인터뷰하는 쪽을 선호했다. 하지만 봉쇄령이 내려진 뒤로는 집과 인력거에서 휴대전화 영상으로 대화하기 시작했고, 헨샬은 그들의 삶에서 완전히 새로운 측면에 대한 통찰을 얻을 수 있었다. "참가자는 당연하게도 집에서, 자신의 환경 속에서 더 편안해한다. 더 안정감을 느낀다." 이것은 새로운 유형의 민족지학이다.[42]

베운자는 인터넷 연결로 금융인들을 인터뷰하면서 인도인들과 같은 패턴을 발견했다. 응답자들이 사무실보다 집에서 그를 더 만나려 했고, 더 친밀감을 느꼈다. 그들은 비록 단기간이지만 일부 작업은 가상공간으로 옮기는 것이 비교적 수월했다고 말했다. 컴퓨터 코드를 입력하거나 법률 문서를 훑어보는 업무라면 재택근무가 수월했다. 장기간 함께 일한 팀은 영상으로도 충분히 소통할 수 있었다. 하지만 중요한 문제는 우연한 정보 교환이었다. "재택근무로 복제하기 어려운 부분은 그전에는 필요한 줄도 몰랐던 정보다." JP 모건(JPMorgan)의 수석 트레이더 찰스 브리스토(Charles Bristow)의 말이다.[43] "복도 건너의 책상에서 들리는 소음이나 생각을 자극하는 말들이 바로 그것이다. 집에서 일하면 그런 정보가 필요한지조차 모른다." 재택근무는 젊은 금융인들에게 생각하고 행동하는 법을 가르쳐주기 어렵다. 수습 기간에 금융의 습관(과 아비투스)을 전하는 데는 실제 물리적 경험이 중요하다. "금융기관의 분위기를 전하는 최선의 방법으로는 관찰과 상사의 리더십을 통한 메시지 전달이 있다. 그러나 분산된 패턴에서는 이런 방법을 쓰는 것이 훨씬 더 어려워진다."

이런 의미에서 베운자는 금융인들이 트레이더들을 하루빨리 사무실로 불러내고 싶어 한다는 말에 놀라지 않았다. 그리고 봉쇄 기간 중에도 대다수의 금융기관이 이미 일부 팀을 사무실에서 일하게 했다는 말에도 놀라지 않았다. JP모건 같은 은행이 일부 부서를 다시 사무실로 불러들이기 시작했고(처음에는 인력의 50퍼센트) 긴 시간을 들여 직원들을 '순환시키는' 시스템을 고안한다는 말에도 놀라지 않았다. JP모건 같은 은행은 팀 전체가 아닌 각기 다른 팀의 팀원들을 불러들였다. 사무실이 절반만 차는 경우 브리스토 같은 경영인이 중시하는 우연한 정보 교환이 가장 효과적으로 일어났다. 하지만 베운자가 봉쇄 기간에 진행한 인터뷰에서 가장 흥미로운 부분은 성과에 관한 것이다. 베운자가 월스트리트와 유럽의 주요 은행들에 2020년 봄 금융시장의 대혼란기를 어떻게 넘겼는지 물어보자 "금융인들은 사무실로 출근한 트레이더 팀이 재택근무 팀보다 훨씬, 훨씬 좋은 성과를 올렸다고 답했다. …… 월스트리트의 은행들이 팀을 더 많이 사무실로 불러낸 덕에 유럽의 은행들보다 훨씬 좋은 성과를 올린 듯했다." 베운자가 2020년 가을에 내게 한 말이다. 집 안에 마련한 기술 플랫폼이 제대로 작동하지 않아서였을 수도 있다. 하지만 베운자는 다른 데서 원인을 찾았다. 사무실에서 직접 만난 팀은 우연한 정보 교환과 센스메이킹의 기회를 더 많이 얻었고, 스트레스가 심한 시기에는 이런 센스메이킹이 두 배로 중요해 보인다는 것이다.

그런데 베운자가 관찰한 금융인들만 대면 관계의 가치를 깨달은 것은 아니었다. IETF의 인터넷 컴퓨터 괴짜들에게도 같은 양상이 적용되었다. 가상공간에 관해서는 가장 전문적인 지식을 갖춘 사람들인데도 말이다. 2020년 봄 코로나19가 발생했을 때 IETF의 창립위원들은 평소의 대면 협의회를 가상 회의로 대체하기로 했다. 몇 달 뒤 IETF 회원 약 600명에게 설문 조사를 실시하여 디지털 전환을 어떻게 생각하는지 알아보았다.[44] 엔지니어의 절반 이상이 온라인 회의가 대면 회의보다 덜 생산적이라고 생각하고 7퍼센트만 가상 회의를 선호한다고 답했다. 가상 회의를 좋아하지 않는 이유는 온라인으로 코드를 작성하는 것처럼 기술 관련 업무를 수행하기 어려워서가 아니었다. 주요 문제는 엔지니어들이 주변 시야를 놓치고 대면 회의에서 나오는 우연한 정보 교환의 기회를 놓친다는 점이었다. IETF의 한 회원은 이렇게 불만을 토로했다. "온라인은 효과적이지 않다. 만나서 회의할 때는 회의 자체만이 아니라 회의 이외의 사교 행사에서 사람들과 접촉하는 것도 중요하다." 다른 회원은 이렇게 말했다. "우연한 만남과 잡담이 일어날 복도가 없는 것이 결정적인 차이다." 또 어떤 사람은 이렇게 말했다. "사람을 직접 만나야 의미 있는 무언가를 해낼 수 있다."

이들은 또한 허밍 의식도 치를 수 없었다. 회의가 가상공간으로 옮겨가자 응답자의 3분의 2가 가상공간에서 거친 합의를 끌어낼 방법을 찾고 싶다고 답했다. "온라인으로 '허밍'할 방법을 찾아야 한다." 한 회원의 말이다. 그래서 IETF 창립위원들은 온라인 투표를 실험했다. 하지만 IETF 회원들은 가상공간의 투표는 지나치게 거칠고 일방적이라면서 3차원의 더 섬세한 방식으로 부족의 정서를 판단할 방법을 갈망했다. "내게 허밍의 가장 중요한 부분은 얼마나 많은 참석자가 하는지, 얼마나 크게 하는지다. 정확한 수치는 중요하지 않다. 비율이 중요하다." 또 누군가는 이렇게 불평했다. "직접 만나서 하는 허밍을 대체할 수 없다." 실리콘밸리의 백전노장이라면 하틀리의 표현대로 기술쟁이가 '인문쟁이'의 연결을 갈망하는 사례라고 표현했을 것이다.[45] 인류학자라면 센스메이킹을 찾는 과정이라고 표현했을 것이다. 어느 쪽이든 핵심은 이렇다. 코로나19 범유행은 노동자들을 가상공간으로 내몰고 디지털에 능숙하게 만들었지만 다른 한편으로 사회적 침묵, 곧 인간의 상호작용과 의식의 역할을 명백히 드러내주었다. 범유행이 있든 없든 이 사실을 잊지 말아야 한다.

10
윤리적인 돈

■

**UBS 같은 은행들이 ESG 상품을 판매한다고 했을 때
중세 가톨릭 성당이 면죄부를 판매하는 것과 비슷해 보였다.**

2020년 여름에 나는 BP의 CEO 버나드 루니(Bernard Looney)를 만났다. '만났다'는 것은 비유적 표현이다. 코로나19 봉쇄령이 한창이라 나는 뉴욕 우리 집의 누추한 손님방에서, 그는 웨스트 런던의 세련된 홈오피스에서 근사한 서가를 배경으로 사이버 링크를 통해 대화했다. 그래서인지 오히려 더 친밀하다는 기묘한 착각이 들었다. 실제 회의실에서 책상 너머 루니의 얼굴을 보는 대신, 우락부락한 그의 얼굴 표정을 픽셀 단위로 볼 수 있었다. 그는 경쾌한 아일랜드 억양에 자조적인 말투로 특유의 매력을 발산했다.

그에게는 좋은 이야깃거리도 있었다. 사실 그는 몇 달 전에 BP의

CEO가 되면서 사업 방향을 대대적으로 전환하겠다고 발표하여 투자자들을 놀라게 했다. BP는 수십 년간 화석연료 업계의 거대 기업으로 자리매김했다. 1998년까지는 회사명이 '브리티시 페트롤륨(British Petroleum)'이었다. 하지만 루니는 과거의 '석유(petroleum)'에서 벗어나 2050년까지 '탄소 중립'으로 넘어가겠다고 약속했다. 말하자면 유정과 천연가스정에 대한 투자를 줄이고 태양열과 같은 재생에너지에 중점을 두겠다는 뜻이었다.[1] 하지만 석유와 가스 회사에 당장 시추를 중단하라고 요구하는 그레타 툰베리(Greta Thunberg) 같은 환경운동가들에게는 만족스럽지 않은 발표였다. 그리고 BP는 그럴 생각이 없었다. 어쨌든 화석연료로 수익을 내야 청정에너지로 전환할 자금을 확보할 수 있다고 주장했다. 그래도 BP의 발표는 놀라운 사건이었고, 엑손(Exxon) 같은 기업들과는 확실히 다른 노선이었다. 더 놀라운 것은 루니가 이런 변화를 계획하는 방식이었다. 그는 1년 전에 애버딘에서 열린 BP의 정기주주총회에서 만난, 그와는 전혀 다른 사회 집단인 환경운동가들의 영향을 받았다고 한다.

다른 기업과 마찬가지로 BP의 경영진 역시 이런 연례행사에서 갑자기 튀어나와 최대한 시선을 끌려는 시위자들을 자주 접했다. 이번 주주총회도 다르지 않았다. 애버딘에서 주주총회가 열리는 동안 일부 시위자들은 런던의 BP 본사 건물을 타고 올라갔다. 애버딘에서는 기후운동가들이 노란색과 초록색 태양이 그려진 BP의 로고를 피 흘리고 타들어가는 구체로 바꾼 플래카드를 들고 건물 앞에 서 있었다. 일부는 회의장에 몰래 진입해 구호를 외치려다가 보안요원들에게 끌려 나갔다. 또 일부는 주주총회에 입장해서 BP의 경영진에게 질문을 던졌다. 정식 주주로서 발언권을 얻은 것이다. 물론 그들은 발언권을 얻기 위해 주식을 샀다. BP의 경영진은 이런 식의 질문에 대답하면서도 너무 깊이 들어가지는 않으려고 주의했다. 에너지 업계에 오랫동안 몸담은 경영진에게 활동가들은 완전히 이질적인 부족으로 보였다.

하지만 그날 루니는 주주총회에서 시위자들의 항의와 질문을 경청하다가 그중 한 명이 명확히 의사를 전달하는 모습에 충격을 받았다. 그는 그 시위자가 비판하는 이유를 알아보고 잠시나마 그 사람의 눈으로 세상을 보고 싶어서 만남을 요청했다. 루니는 내게 이렇게 말했다. "저희 어머니는 늘 입이 하나고 귀가 둘이니 그에 맞게 입과 귀를 써야 한다고 말씀하셨어요. 시위자들이 무슨 말을 하려고 하는지 직접 들어보고 싶었어요. …… 그래서 우리는 점심 식사 자리에서 조용히 만났고, 저는 그에게 왜 우리를 싫어하느냐고 물었습니다. 그리고 가만히 들었습니다. 서로 언성을 높이지 않았어요. 그분이 상황을 설명해줬어요. 대부분 제가 동의하지 않는 내용이었어요. 제가 생각해본 적도 없는 내용이었죠. 많이 배웠어요."[2]

"어떤 내용인가요?" 내가 물었다.

"주로 저희에게 비판적인 내용이었어요. 전에도 많이 들어본 얘기였죠. 그분이 제게 이렇게 묻더군요. '왜 광고에 석유와 가스 굴착기 사진을 넣지 않나요? 왜 재생에너지 관련 사진만 들어가 있나요? 석유와 가스가 부끄러운가요? 부끄럽다면 왜죠?' 이 질문이 저를 생각하게 만들었어요." 루니는 그 시위자의 이름은 절대 밝히지 않겠다고 했다. "그걸 밝히면 그분이 하시는 일에 지장이 갈 수도 있으니까요. 그런 건 원치 않습니다." 그는 이후에도 그 시위자를 대여섯 번 더 만났다. "그분의 말에 전혀 혹은 대부분 동의하지 않습니다. 그래도 그분의 말을 들어보고 그분의 눈으로 세상을 보고 싶었어요. 그리고 그분이 제 관점을 일부 바꿔놓았어요."

나는 놀랐다. 저널리스트로 일하면서 수많은 경영인을 인터뷰했고, 그중 다수가 거세게 비판받는 사람들이었다. 대개는 비판에 방어적으로 반응했다. 자기를 싫어하는 사람들의 말을 일부러 찾아들으려는 사람은 거의 없었다. 2004년 렉스 칼럼을 맡았을 때 시위자를 히피들로 여기는 에너지 기업 경영인들을 만난 적도 있다. 2009년에 만난 월스트리트와 런던 금융가의 은행 경영인들은(거의 다 남자였다) "월가를 점령하라(Occupy Wall Street)"와 같은 시위운동을 경멸하는 말을 쏟아냈다. 2016년에 만난 실리콘밸리의 거물들은 '테크래시(techlash, '기술technology'과 '반발backlash'의 합성어로 빅테크 기업들의 영향력이 커지면서 이들의 과도한 영향력을 우려하는 반발 작용 – 옮긴이)'를 비난했다. (2017년에 보통 사람들 틈에서 '경청 투어'를 하고 싶다는 페이스북 회장 마크 저커버그Mark Zuckerberg의 말이 세간의 관심을 끌었던 이유는 실제로 이런 태도가 극히 드물었기 때문이다. 다만 저커버그가 실제로도 비판에 열려 있는지는 확실치 않다.)[3] 하지만 루니는 진심으로 들어보고 싶어 했다. 그는 사회인류학 교과서를 막 삼킨 사람처럼 말했다. 낯선 '타자'의 마음으로 들어가 그의 관점을 알아보고 싶다고.

"인류학을 공부하신 적이 있나요?" 내가 물었다. 그는 내 컴퓨터 모니터 안에서 고개를 가로저으며 더블린에서 공학을 전공했다고 말했다. 그가 경청하고 싶어 하는 이유는 어머니 덕이라고 했다. 또 대학에서 평범한 학생이었기 때문에 남들의 견해를 무시할 만큼 자신만만한 적이 없었던 것도 한몫했다고 했다. "저는 늘 들어야 한다고 생각했어요. 그게 좋은 경영이죠."

진심인지는 알 길이 없었다. 새로 취임한 여느 CEO처럼 루니는 매력적인 캠페인을 시작할 의지가 충만했다. BP의 전임 CEO 밥 더들리(Bob Dudley)는 투자자들에게 냉담해 보인다는 비판을 받았고, BP 이사회가 루니를 선택한 이유도 기업의 이미지를 바꾸고 싶은 의지가 강했기 때문이다. 루니는 과감한 수사법으로만 존재하는 계획을 가시적인 행동 계획으로 바꿔야 했다. 그런데 그의 계획을 실제로 행동에 옮긴다면 효과가 나타나기는 할까?* 나도 몰랐다. 하지만 그가 이런 언어로 말한다는 사실 자체가 놀라웠다. CEO들도 인류학자의 사고방식과 사고 과정을 부분적으로나마 채택하는 것이 가능하다는 뜻이었으니까(비록 실제로는 인류학의 용어로 말하지 않거나 인류학에서 가져오지 않았다고 해도). 루니는 이것을 단지 좋은 '경영'의 틀에 넣었다. 하지만 요즘처럼 급변하는 세상에서 이런 사고방식을 적극적으로 채택하는 경영인이 이렇게 드물다는 것이 놀랍다.

---

* BP가 기후변화와 싸우기 위해 충분히 노력하는지 철저히 검증하자는 의미가 아니다. 지지자들이 보기에는 BP가 약속한 조치가 대다수 경쟁사보다 급진적일 수 있고, 이런 조치가 BP에는 다른 기업들보다 위험을 추구하는 문화가 더 강하다는 사실을 반영하는 것일 수도 있다. 반면에 비판하는 입장에서는 BP가 계획하는 개혁에는 딱히 '청정'으로 보이지 않는 요소가 있다고 지적한다(이를테면 BP가 양심적이지 않은 생산업체에 더러운 자산을 팔고 있다는 것이다). 실제로 BP의 개혁에 관해 명확한 판단이 서려면 시간이 걸릴 것이다.

두 번째로 놀라운 점은 루니에게는 더 넓은 환경이 영향을 미친다는 것이다. 시대정신이 예상보다 빠르게 변화하고 있었기 때문에 그는 나에게 (그리고 외부 세계에) 자신이 환경운동가들과 교류한다는 사실을 알리고 싶어 했다. BP 같은 기업은 툰베리 같은 활동가에게 공격받을 뿐 아니라 주류 투자자들에게도 압박을 받았다. 우리가 만나기 1년 전에 BP 주가는 거의 반 토막이 났고, 다른 에너지 기업들의 주가도 마찬가지였다. 어느 정도는 코로나19 봉쇄령으로 인한 경기 침체가 주가 폭락의 원인이 되었다. 하지만 투자자들이 석유와 가스 관련 주식을 외면하는 이유는 미래에는 이 부문이 과거만큼 이익을 가져다주지 않을 것이라 우려해서다. 여기에 정부가 화석연료 사용을 규제하고 소비자들은 기후변화를 불안하게 주시한다는 것도 한몫을 했다. 이로써 '좌초자산(stranded asset)'에 대한 불안이 커져갔다. 좌초자산이란 화석연료 기업이 소유한 석유와 가스 매장량이 무가치해져서 기업 가치가 투자자의 예상보다 낮아질 수 있다는 개념이다. 이전에는 환경 문제가 투자자와 경제학자의 모형에서 빠져 있었다. '외부 효과'로 간주하고 거의 무시했던 것이다. 그런데 이제 외부 효과가 모형을 전복시킬 만큼 위협적이고 중요해졌다. 이런 요인을 외면한다는 생각 자체가 어불성설이 되었다(인류학자는 이미 알고 있었다).

투자자들은 이런 극적인 태도의 변화를 '지속 가능성' 운동이나 '녹색 금융', 혹은 '환경(environmental), 사회(social), 지배구조(governance)' 원칙의 약어인 'ESG'로 이해했다. 또 다른 이해의 틀은 '이해관계자주의(stakeholderism)', 곧 기업 경영인들이 (시카고대학교의 경제학자 밀턴

프리드먼Milton Friedman의 주장처럼) 주주의 이익만이 아니라 모든 이해당사자, 곧 직원, 사회, 공급업체를 비롯한 모두의 이익을 보호하는 것을 목표로 삼아야 한다는 개념이다. 하지만 루니의 말을 듣다가 문득 현재 상황을 이해하기 위한 (더 단순한) 방법이 있다는 생각이 들었다. 바로 기업과 금융계의 리더들이 터널 시야에서 벗어나서 주변 시야를 수용하는 것이다. 프리드먼이 1970년대에 설계한 기업의 시야는 집중적이고 경계가 명확하고 능률적이었다. CEO는 하나의 목표(주주의 수익률)만 추구하고 다른 것은 거의 다 무시할 수 있었다. 정확히 말하면 '외부 효과'에 대한 걱정을 정부와 인도주의 단체들에 떠넘겼다. 사람들은 이들에게 근시안적이고 이기적인 태도라고 비판했다. "수익을 내야 생존하는 시스템이 있다면 부정적인 외부 효과를 무시할 수밖에 없다." 노엄 촘스키의 지적이다.[4] 하지만 대다수 비즈니스 지도자와 자유시장 경제학자들은 기업이 주주의 이익에 집중하면 성장을 촉진할 수 있다고 응수했다.

하지만 루니가 모니터 속에서 나와 마주할 무렵, 투자자들이 수익 이상의 무언가를 요구하는 세상이 도래했다. 주주들이 갑자기 기업의 맥락과 행위의 결과에 주목하기 시작한 것이다. 달리 말하면 인류학 개론서를 삼킨 것처럼 행동하는 사람이 루니만은 아니었다는 뜻이다. 투자자들도 그런 식으로 행동하기 시작했다. 여기서 흥미로운 질문이 제기되었다. 왜 그렇게 많은 투자자가 역사적으로 바로 이 시점에 주변 시야(인류학 시야)를 더 많이 채택하기 시작했을까?

．．．

    나 역시 ESG와 인류학의 관련성을 항상 뚜렷하게 인식했던 것
은 아니다. 나는 (저널리스트로 일하면서) 이런 관련성을 우연히 발
견했다. 이 이야기는 2017년 여름에 시작되었다. 그때 나는 〈파이
낸셜 타임스〉 미국 지부의 편집국을 맡고 있어서 금융과 비즈니스
와 정치 부문을 모니터링해야 했다. 대기업과 대규모 기관의 홍보
팀에서 이메일이 쏟아져 들어왔고, 다들 우리에게 기삿거리를 제
공하고 싶어 했다. 어느 날 편지함에 잔뜩 쌓여 있는 이메일을 스크
롤해서 내리다가 문득 제목에 '지속 가능성', '녹색', '사회적 책임',
'ESG' 같은 단어가 줄기차게 등장하는 것을 알아챘다. 보통은 이
런 메일을 무시하거나 삭제했다. 개인적으로는 기후변화나 불평등
에 저항하는 사업에 공감했다. 하지만 저널리스트로 훈련받으면서
본능적으로 기업의 이미지를 포장하기 위한 홍보성 보도자료를 보
내는 홍보팀 사람들을 의심의 눈으로 보게 되었다. '자선'이 어떻게
유익하지 않은 활동과 사회적 패턴의 연막이 되어주는지를 설명한
인류학자(와 다른 사람들)의 연구 논문을 읽은 뒤로는 배로 더 냉소
적이 되었다(예를 들어 펜실베이니아 허시 재단의 거창한 연구들에는 기
업의 '자선'을 둘러싼 모순이 잘 드러났다).[5]
    "알고 보면 ESG는 눈알 굴리기(Eye-roll)와 비웃음(Sneer)과 불만의
신음(Groan)을 뜻하는 말이 아닐까." 나는 혼자 이런 농담을 했다. 어
쨌든 2017년 봄에 내 관심을 끈 또 하나의 문제가 있었다. 바로 도
널드 트럼프와 그가 백악관에서 쉴 새 없이 쏟아내는 요란한 트위

터 메시지였다. 어느 날 나는 평소처럼 삭제 버튼을 누르다가 문득 이런 의문이 들었다. '내가 같은 실수를 반복하는 건가?' 여러 해 전에 〈파이낸셜 타임스〉에 입사했을 때 나는 경제가 지루해 보인다는 편견으로 경제를 피했다. 파생상품과 복잡한 금융상품을 접했을 때도 그랬다. '눈알 굴리기, 비웃음, 불만의 신음'에 관한 농담은 또 하나의 맹점이었을까? 그래서 나는 십 수 년 전에 CDO를 대상으로 했던 것과 다르지 않은 실험을 시작했다. 몇 주 동안 ESG에 관해 다들 뭐라고 말하는지 경청하기로 한 것이다. 줄기차게 들어오는 이메일을 찬찬히 읽었다. 경영인과 금융인들에게 왜 지속 가능성에 관해 계속 이야기하는지 물어보았고, 회의에도 여러 번 참석해 경청했다. 점차 몇 가지 요점이 명료해졌다. 우선 이번 시대정신의 변화는 한 영역에서 일어나는 것이 아니었다. 세 영역이었다. 첫 번째로 기업의 경영진에서 일어났다. 경영인들이 수익만이 아니라 '목적'과 '지속 가능성'을 말하기 시작했다. 두 번째로는 금융권의 투자자와 금융기관에서 수익이 어떻게 창출되는지 추적하고 있었다. 세 번째로 변화가 일어나는 (다소 간과되는) 부분은 정책 결정과 박애주의적 세계의 교차점이었다. 국민의 세금만으로는 정책 목표를 달성하기 어렵기 때문에 각국 정부는 민간 자원과 함께 자선가들을 활용해야 했다.

이 세 가지 변화의 영역이 서로를 강화했다. 기업은 더 광범위한 목적을 추구했고, 투자자들은 이런 목적에 투자하고 싶어 했고, 정부와 박애주의자들은 화력을 조율하려 했다. "요즘 저희는 박애주의의 의미를 다시 생각하고 있습니다." 막강한 포드 재단의 이사장

대런 워커(Darren Walker)가 내게 말했다. "당신이 내는 돈의 5퍼센트만 중요한 것이 아닙니다. 나머지 95퍼센트로 무슨 일을 하는지가 더 중요합니다."[6] 이런 태도는 기업이 환경 문제에 접근하는 방식에도 영향을 미쳤다. 또 한편으로는 사회 개혁(소득 불균형이나 성 차별과 싸우는 등)과 기업의 지배구조에 관한 새로운 담론을 촉발했다. 툰베리 같은 활동가들 덕분에 'E'(환경)가 관심을 가장 크게 끌기는 하지만 E, S, G는 서로 밀접하게 연결되어 있었다. "ESG에서 'E'나 'S'를 간단히 떼어낼 수 없습니다. 모든 것이 'G'를 중심으로 돌아가거든요." 막강한 UBS 은행(스위스 연방은행과 스위스 은행의 합병으로 탄생한 스위스의 금융 회사 - 옮긴이)의 은행장 악셀 베버(Axel Weber)가 내게 말했다. 이 은행은 새로운 변화의 선두에 서기를 간절히 바랐다.

'베버 같은 사람들이 이런 걸 진심으로 믿는 건가?' 나는 이런 의문이 들었다. 나의 호기심이 냉소주의와 싸웠다. UBS 같은 은행들은 2008년 신용 거품이 커지던 시기에 발생한 광기의 한복판에서 이윤을 추구했었다. 은행의 최고경영진은 여전히 보통 사람들에게는 터무니없이 높아 보이는 고액 연봉을 받고 '녹색'과는 거리가 먼 활동에 자금을 대고 있었다. 은행이 ESG 상품을 판매한다는 것은 중세 가톨릭 성당의 사제들이 '면죄부', 곧 자신과 남들의 죄를 사하여준다는 증서를 파는 것과 약간 비슷해 보였다. '눈알 굴리기, 비웃음, 불만의 신음'이라는 농담이 계속 내 머릿속을 떠나지 않았다. 하지만 열심히 경청하려고 애쓰는 사이 파생상품에서 보았던 '빙산 문제'가 드러났다. 이번에도 역시 시스템에서 일어나는 소음에 의해 더 중요한 침묵의 영역이 가려져 있었다.

당장의 문제는 리스크 관리를 중심으로 일어났다. ESG를 둘러싼 소음을 가만히 들어보면 이 운동의 중심에 행동주의가 있는 듯했다. 목소리 큰 활동가들이 사회와 환경의 변화를 요구하고, 기업과 금융권은 그 요구를 따르기 위해 자신들이 무엇을 하고 있는지 큰소리로 밝혀야 했다(그리고 내가 그동안 삭제한 그 모든 이메일을 보냈다). 하지만 ESG를 인류학자의 렌즈로 더 자세히 들여다보자 드러내놓고 논의하지 않는 두 번째 요인, 곧 이해관계가 명백히 드러났다. ESG를 이용해 자신을 보호하려는 비즈니스와 금융계의 리더들이 점차 늘어나고 있었다. 10년 혹은 20년 전에 ESG 운동을 시작한 활동가들은 이런 노력을 대체로 인정하지 않으려 했다. 사실 ESG를 떠들썩하게 홍보하는 사람들이 지속 가능성 문제를 이야기하는 이유는 금융으로 더 좋은 세상을 만들려는 진실하고 요란한 (그리고 칭찬할 만한) 욕구 때문이었다. 이는 주로 '임팩트 투자(impact investing)', 곧 사회 변화를 일으키고 포트폴리오에서 '죄악 주식(sin stock)'을 배제하는 방식으로 표현되었다. "이건 수녀들과 덴마크 연금 펀드와 미국 금수저 아이들이잖아!" 내가 동료들에게 가끔 하는 농담이다(수녀 집단은 거침없이 발언하는 주주 활동가가 되어 기업들에 기업 활동을 정화하도록 요구해왔고, 리젤 프리츠커 시몬스Liesel Pritzker Simmons 같은 미국의 부유한 상속자들은 '임팩트 투자'를 내세우고 있다).

활동가들은 세상을 주도적으로 변화시키기 위해 ESG 운동을 시작했지만, 2017년의 투자자들은 그저 더 넓은 세상에 해를 입히지 않는 정도의 덜 야심 찬 목표를 추구하는 듯했다. "이건 지속 가능성 패거리예요." 나는 동료들에게 말했다. 그리고 스스로 피해를 입고 싶지 않아서 ESG에 관심을 두는 더 큰 (그리고 투자자들보다 덜 야심 찬) 집단이 있었다. 바로 화석연료 좌초자산으로 돈을 잃고 싶지 않은 자산관리자 집단이다. 이를테면 평판에 문제가 생기거나 직장 내 성비위 문제가 있거나 공급망의 인권 침해 또는 인종 문제("흑인의 목숨도 소중하다" 시위에서 폭로된 각종 문제)에 직면한 기업에 투자하고 싶지 않은 것이다. 마찬가지로 기업의 이사회는 경악할 사건에 휘말리고 싶어 하지 않았다. 주주가 이탈하거나 스캔들이 터져서 이사들이 일자리를 잃을 상황을 피하려는 것이다. 그리고 직원들이 (그리고 고객들이) 이런 문제에 분노해서 떠나는 것을 보고 싶어 하지도 않았다. 반대로 투자자들은 시대정신의 변화가 만들어내는, 예컨대 '녹색' 기술로의 변화와 같은 새로운 기회를 놓치고 싶어 하지 않았다. 기업도 마찬가지였다.

그렇다고 이런 모든 모험을 위선으로 볼 수 있을까? 많은 저널리스트가 그렇다고 생각했다. 하지만 나는 이런 운동을 처음 시작한 사람들이 어느 정도 승리를 거둔 셈이라고 보았다. 역사적으로 혁명이 일어나는 순간은 소수의 헌신적인 활동가들이 어떤 대의를 품었을 때가 아니라 침묵하는 다수가 변화를 거부하는 것은 위험하거나 무의미하다고 판단하는 때다. 투자와 비즈니스 세계의 주류가 활동가를 자처하지 않으면서도 새로운 조류에 이끌려가기 시작하자 ESG는 티핑포인트(tipping point, 균형이 깨지고 급속도로 특정 현상이 퍼지거나 우세해지는 현상 – 옮긴이)에 가까워지고 있다.

여기서 또 하나의 질문이 제기된다. 왜 ESG가 2007년이나 1997년이나 1987년이 아니라 하필 2017년에 각광받게 되었을까?

ESG 활동가들도 이유를 모르는 듯했다. 하지만 나는 경영인들 사이에 불확실성과 불안정감이 커져서가 아닐까 추측했다. 다보스 세계경제포럼 연례회의가 좋은 지표였다. 2007년 초에 다보스 회의에 처음 참석했을 때(그리고 신용파생상품에 관한 부정적인 기사를 썼다가 비판받았을 때) 나는 세계적인 엘리트들의 낙관주의에 충격을 받았다. 훗날 나는 〈파이낸셜 타임스〉에 베를린 장벽이 무너지고 소련이 붕괴하자 다보스의 엘리트들은 "생각의 성삼위일체"를 수용했다고 적었다. 그들 사이에는 혁신에 대한 숭배, 자본주의는 선하다는 믿음, 세계화가 유익하고 이를 저지할 수 없다는 가정, 21세기는 "자본주의와 혁신과 세계화의 지배를 받으며 일직선으로 발전하는 시대"라는 자신감이 팽배했다.[7]

하지만 2017년에 다보스의 엘리트들은 진보가 후진할 수도 있다는, 더 정확히 말하면 역사의 추세가 진자처럼 움직일 수도 있다는 사실을 깨달았다. 2008년 금융위기를 통해 적어도 금융계에서는 '혁신'이 항상 선하다는 믿음이 깨졌다. 자유시장 자본주의가 모든 문제를 해결해줄 거라는 가정이 무너지기 시작했고, 정부가 금융계를 비롯한 경제의 다른 부문에도 개입했다. 세계화가 모든 영역에서 후퇴했다. 민주주의가 공격받는 듯했다. 서구 각국 정부의 지위와 신뢰가 세계의 다른 모든 곳에서, 특히 아시아에서 추락했다. 중국은 더욱 독단적으로 나가면서 서구의 개념을 수용하려는 의지를 잃었다. 2016년 브렉시트 투표와 미국 대선에서 의외의 결과가 나오면서 서구 국가들 내부에는 정치적 격변이 일어났다. 보호주의와 포퓰리즘과 시위가 도처에서 나타났다. 결과적으로 미군이

자주 쓰는 용어로 강렬한 '뷰카', 곧 변동성, 불확실성, 복잡성, 모호성에 시달리는 세계가 되었다.[8]

이런 변동성과 불확실성으로 인해 엘리트의 가정이 미세하게 흔들리고 있었다. 나아가 엘리트들은 사회 현안과 소득 불평등, 공급망의 취약성, 기후변화가 미래에 미칠 영향을 무시할 경우 발생할 수도 있는 잠재적 리스크를 두려워하게 되었다. 그래서 다시 프리드먼의 개념(비즈니스는 다른 모든 것을 배제하고 주주에게만 집중해야 한다)이 호소력을 잃은 듯 보였다. 어쩌면 놀랄 일이 아닐 수도 있었다. 어쨌든 프리드먼도 자기 환경의 산물이었다. 그가 20세기 중반에 주주 가치에 관한 이론을 내놓을 때는 앵글로색슨의 세계에서 정부와 혁신, 과학의 진보, 자유시장의 효능에 대한 믿음이 갈수록 커지던 시대였다. 또한 그는 이전 세대의 비즈니스 리더들이 설명하기 힘든 방식으로 행동한 것에 반응했다. 언제나처럼 프리드먼의 개념이 나온 맥락을 알아야 했다. 특히 2017년에는 이런 맥락이 급격히 변화했기에 더더욱 알아야 했다. 뷰카의 세계에서 비즈니스 리더들은 (유권자들도 마찬가지로) 앵글로색슨 세계의 정부들이 기후변화나 불평등과 같은 문제를 바로잡을 수 있다는 확신을 가질 수 없었다. 오히려 홍보 회사인 에델만의 설문 조사에서는 2008년 금융위기 이후 서구 세계의 대부분 지역에서 정부에 대한 신뢰가 추락한 것으로 나타났다. 비즈니스에 대한 신뢰도 금융위기 이후 몇 년에 걸쳐 무너졌고, 특히 은행권에 대한 신뢰가 심각하게 (하지만 놀랍지는 않게) 하락했다. 하지만 특기할 만한 점은 이런 추세에도 정부가 기업보다 나을 것이 없어 보였고 이런 양상이 이후 몇 년간 크게 달라지지 않았다는 것이다. 2020년 에델만의 설문 조사에 따르면 전체 조사 국가 27개국 중 18개국에서 정부 지도자 보다 기업 지도자의 문제 해결력에 대한 신뢰도가 더 높은 것으로 나타났다. 그리고 놀랍게도 비정부기관보다도 기업을 더 신뢰했다 (비정부기관은 기업보다는 약간 더 윤리적이라고 여겨지지만 경쟁력이 떨어지는 한편, 정부는 비윤리적이고 경쟁력도 떨어지는 것으로 여겨졌다).[9]

이런 추세가 긍정적으로 작용해서 기업의 리더들이 ESG를 포용하게 되었다는 것이 에델만의 대표 리처드 에델만(Richard Edelman)의 주장이다. 하지만 좀 더 부정적이지만 크게 논의되지 않은 인센티브 문제도 있었다. 바로 은유적인 쇠스랑의 공포다. 시위가 일어나는 동안 기업의 리더들은 대중이 받아들이기 쉽게 자본주의를 개혁하지 않으면 자신들이 축출될 위험이 커진다는 사실을 절감했다. 비록 기업 경영자들이 공개적으로 논의하지는 않았지만 행동주의, 이익 추구, 자기 보호라는 요인이 복잡하게 얽혀 있었다.

♦ ♦ ♦

2018년에 나는 〈파이낸셜 타임스〉 동료들에게 우리 웹사이트에 ESG를 전문적으로 다루는 섹션을 만들자고 제안했다. 나는 시장에 틈새가 있을 수 있다고 보았다. 관심은 커지고 있었지만 주류 언론에서 진지하게 다루지 않고 전문가 뉴스 사이트에만 기사가 올라왔기 때문이다. 내가 10년 전에 봤던 금융증권화와 신용파생상품에 관한 정보 흐름의 양상이 다시 나타난 것이다. 이번에도 저널리스트들은 좋은 '이야기'의 문화적 정의에 잘 들어맞지 않는, 서서히 움직이고 많이 생략된 이야기에 직면했다. 또 이번에도 이런 이야기는 불친절한 약어와 기술 용어로 외부인을 소외시켜서 기사로서 '팔기' 어려웠다. ESG 부문도 모호하고 파편화되어 있었다. 가내 수공업 방식으로 운영되기 때문이었다. 이를테면 혁신을 내세우는 사람들이 저마다의 상품 아이디어를 내놓고 저마다의 라벨을 붙이고 저마다의 기준을 세웠다. 전체적으로 무슨 일이 벌어지는지를 조망하기 어려웠다. 언론 보도에도 이런 현실이 반영되었다. 2019년 초에 〈파이낸셜 타임스〉 연구자들은 〈파이낸셜 타임스〉 웹사이트에서 ESG 문제를 다루는 기사의 수를 파악하려다가 모니터링 자체가 어렵다는 것을 깨달았다. 관련 콘텐츠에 10여 가지의 다른 '태그'가 달려서 각각의 기사가 서로 다른 주제로 분류되었기 때문이다. ESG는 어디에나 있지만 아무 데도 없었다. 그래서 정보의 격차가 발생한 것이다. "현재 ESG의 상태는 제가 40년 전에 벤처캐피털 사업을 시작했을 때의 벤처캐피털 업계와 유사합니다." 유럽에서 '벤처캐피털의 아버지'로 불리는 로널드 코헨(Ronald Cohen)이 내게 말했다. 그는 의욕적인 자본가로 출발해서 에이팩스(Apax) 벤처캐피털 회사를 공동으로 설립했다. 21세기에는 ESG 전도사가 되어 하버드경영대학원과 손잡고 '임팩트' 회계 지표를 개발했다.[10] 크레디트스위스(Credit Suisse)의 수석 금융인 마리사 드류(Marisa Drew, 나중에 이 은행의 지속 가능성 최고책임자가 되었다)는 이렇게 말했다. "나는 1990년대와 21세기 초에 레버리지 대출과 구조화 금융으로 출발했어요. 당시 그 분야의 상황은 요즘의 ESG 상황과 상당히 비슷했죠. 어느 부문이든 혁신이 무르익기 전의 초기 단계에 벌어지는 상황입니다."

그래서 〈파이낸셜 타임스〉는 2019년 여름에 '윤리적인 돈(Moral Money)'이라는 뉴스레터를 발행하기 시작했다.[11] 내가 이 제목을 제안한 이유는 종교적 의미를 담기 위해서가 아니라 약어가 아니면서도 시선을 끄는 태그를 찾고 싶어서였다. 나는 2008년 금융위기 이전에는 온갖 약어와 전문용어로 인해 CDO니 CDS니 하는 이름을 흥미롭게 들리게 만드는 것이 얼마나 어려운 일인지 절감했다. '윤리적인 돈'은 기억하기 쉬운 제목으로 보였다. 그뿐 아니라 18세기의 지성 애덤 스미스의 이론적 틀을 상기시키는 제목이기도 했다. 스미스가 자유시장의 창시자로 불리는 이유는 1776년에 출간된 《국부론(The Wealth of Nations)》에서 경쟁을 혁신과 성장의 원천으로 찬양하기 때문이다. 하지만 앞서 1759년에 나온 그의 두 번째 저서 《도덕감정론(The Theory of Moral Sentiments)》에서는 상업과 시장은 윤리적 기반과 사회적 기반을 공유할 때만 작동할 수 있다고 주장했다. ESG 운동은 스미스의 두 저서를 다시 통합시키는 것처럼 보였다. 말하자면 '윤리적' 정서가 도입되어 시장과 자본주의를 더 지속적이고 효과적으로 만들어주는 것이다.

시기가 절묘하게 맞아떨어졌다. 2019년 8월에 '윤리적인 돈' 뉴스레터가 시작된 지 두 달 만에 미국의 비즈니스라운드테이블(Business Roundtable, BRT, 미국 내 200대 대기업 CEO들의 협의체)에서 '이해관계자' 자본주의를 시작하겠다고 공언하는 정식 합의문을 발표했다. BRT는 과거 수십 년간 프리드먼의 이론을 지지해왔다. 주주에게 배당금을 돌려주는 데만 몰두한 것이다. 하지만 이제는 종업원과 사회, 환경, 공급자의 이익을 추구하겠다고 다짐했다. BRT의 회원 200명 중 거의 모두가 이 합의문에 서명했다.[12]

"저게 실제로는 어떤 의미일까?" 〈파이낸셜 타임스〉의 동료 저널리스트들의 질문이었다. 냉소주의가 만연해 있었다. 놀랄 일은 아니었다. BRT 합의문이 미시적 차원에서 얼마나 영향을 미칠지 확실치 않았다. '윤리적인 돈' 팀에서 CEO들에게 연락하자 일부는 자기네는 항상 주주들을 존중해왔다고 주장했다. 하지만 다수가 새로운 기조에 충실하기 위해 어떻게 변화를 시도할 계획인지 명확히 밝히지 못했다. ESG에 회의적인 입장을 자처하는 루시안 벱척 하버드대 교수는 동료와 함께 BRT 합의문에 서명한 인물들을 조사했다. 그리고 서명 전에 각자의 기업 이사회와 접촉한 사람이 거의 없었다는 점을 알아냈다. 벱척과 공동 연구자인 로베르토 탈라리타는 BRT 합의문이 공허한 홍보 문건에 불과하다고 보았다. "기업 이사회의 승인을 받지 않은 가장 그럴듯한 이유는 CEO들이 이 합의문을 진정한 약속으로 여기지 않았다는 것이다."[13] '눈알 굴리기, 비웃음, 불만의 신음' 요인이 여전히 사라지지 않았다.

하지만 인류학자의 관점에서 보면 그래도 BRT 선언은 놀라웠다. 오래전에 나는 타지키스탄에서 의식에 담긴 메시지가 아무리 '현실'과 조화를 이루지 않는 듯해도 의식은 여전히 중요하다는 점을 배웠다. BRT 합의문은 지금껏 정상으로 여겨지던 현실의 기반이 흔들리고 있음을 보여주었다. 인류학자 부르디외라면 '독사(doxa, 논쟁과 정설의 경계선)'가 움직였다고 표현했을 것이다.[14] 미국의 컨설팅 회사 맥킨지(McKinsey)의 최고 중역 제임스 매니카(James Manyika)는 이렇게 말했다. "비즈니스와 이사진과 투자자의 관점이 변화하고 있다. 이제는 이해관계자가 관건이다." 돈의 흐름도 바뀌고 있었다. 2019년 가을에 이미 32조 달러가 ESG의 정의에 따라 투자된 것으로 추산되었다. 10년 전의 두 배 수준이다. 누군가는 더 높은 수치로 추산했다. "세계 시장에서는 올해 위태로운 코로나19 범유행에도 투자 유입과 신규 펀드 론칭이 급격히 증가한 것으로 나타났다." 미국의 은행 BNY 멜론(BNY Mellon)의 2020년 9월 보고서에 실린 내용이다. "펀드 평가 전문 업체 모닝스타(Morningstar)에 따르면 전세계 ESG 펀드로 유입된 돈이 2020년 1사분기에만 72퍼센트 증가했고, 6월 30일 기준 ESG 펀드에 할당된 자산 총액은 106조 달러에 이르렀다."[15] 2021년 초에 뱅크오브아메리카의 부총재 앤 피누케인(Anne Finucane)은 세계적으로 투자 가능한 모든 자산의 40퍼센트가 몇 가지 ESG 기준에 따라 관리된다고 추산했다.[16]

세계 최대의 민간 부문 자산관리업체인 블랙록(BlackRock)의 CEO 래리 핑크(Larry Fink)는 이런 추세가 지속될 것으로 내다보았다. 핑크는 2020년 초에 투자자와 블랙록이 투자하는 기업들에 보낸 편지에서(그가 매년 투자자들에게 보내는 편지인 '래리의 편지'를 통해서였다) 블랙록의 적극적 투자 전략(사전에 선택된 지수를 자동으로 추종하는 수동적 전략과 반대)에 기후변화에 대한 분석을 담겠다고 공표했다. "기후변화는 투자 리스크입니다. 시장에 리스크가 있다는 사실을 알면 아무리 미래의 일이라 해도 미리 전략에 반영해야 합니다." 그해 가을 핑크가 내게 한 말이다.[17] "우리는 지금 혁명을 목도

하고 있습니다. 10년 안에 지속 가능성이 우리가 세상을 보는 렌즈가 될 것입니다." 실제로 핑크는 시대정신의 변화가 놀라울 정도로 대규모로 일어나서(그리고 금융시장에 미칠 영향이 어마어마해서) 자신이 금융계에 몸담은 평생 이에 비견할 사건은 딱 한 번 보았을 뿐이라고 말했다. 바로 50년 전에 채권 트레이더로 일을 시작해서 금융 증권화가 모기지와 기업 부채 시장을 변형시키는 과정을 목격했을 때였다. ESG 회계 시스템은 새로운 형태의 약어와 함께 등장했다(기후 관련 재무 정보 공개 협의체를 줄여서 TCFD, 지속 가능성 회계 기준 위원회를 줄여서 SASB라 한다). ESG 상품의 등급 서비스도 출현했다. 기업들은 '지속 가능성 최고책임자'라는 새로운 직책을 만들어 내부 감사를 실시했다. "현재 ESG를 말하지 않는 기업은 단 한 곳도 없습니다." HSBC가 세계 기업 고객 9000곳을 대상으로 진행한 설문 조사를 발표했을 때 HSBC의 상업 은행 부문 글로벌 책임자 배리 오바이른(Barry O'Byrne)이 내게 한 말이다. 이 조사에서는 조사 대상의 85퍼센트가 지속 가능성이 최우선 과제라고 답했고, 65퍼센트가 코로나19 범유행 이후 지속 가능성에 대한 관심을 높이거나 유지하고 싶다고 답했다(그리고 91퍼센트가 더 나은 환경적 기반 위에 기업을 구축하고 싶다고 답했다).[18] "사람들이 공급망, 환경 발자국(생태계에 남긴 영향을 토지의 면적으로 환산한 수치 - 옮긴이), 지역사회와의 관계, 노사 관계 등 모든 측면을 주시하고 있습니다." 놀랍게도 이들 기업의 3분의 2가 정부 규제 때문이 아니라 고객과 직원 그리고 투자자의 압박 때문에 이런 시도를 한다고 답했다.

월마트(Walmart)는 변화하는 시대정신의 전형이었다. 기업가 샘 월튼(Sam Walton)이 1950년대에 아칸소주 벤턴빌에서 월마트를 설립했을 때 이 회사는 미국 소도시의 정신과 자본주의의 꿈을 상징하는 표본으로 자리매김했다. "월마트는 미국인의 애국주의와 민주주의, 기독교적 가족관, 소비자의 선택, 자유시장 원리를 구현한다고 자처했다." 21세기 초에 참여 관찰로 월마트를 연구한 인류학자 니콜러스 코플랜드와 크리스틴 라부스키의 말이다. "맥도널드 정도를 제외하면 월마트만큼 미국을 대표하는 기업도 없다." 두 사람이 2009년 〈배니티 페어(Vanity Fair)〉에서 실시한 설문 조사를 인용하여 덧붙인 말이다. 이 설문 조사에서는 응답자의 약 48퍼센트가 월마트를 "오늘의 미국을 가장 잘 상징하는" 기업으로 꼽았다.[19]

하지만 코플랜드와 라부스키도 언급하듯이 21세기 초에는 이렇게 가장 미국적인 이미지가 모순에 둘러싸였다. 월마트의 연례 주주총회에서 사용된 상징과 의식에는 창업자 샘 월튼의 창조 신화에서 연상되는 서민적인 이미지가 반영되었다. 하지만 월마트가 소비자에게 저렴한 가격에 물건을 제공할 수 있었던 이유는 기업의 무자비한 효율성과 주주 배당금이라는 지극히 20세기적인 미국의 문화를 구현했기 때문이다. 월마트는 중국의 공장에서 저가로 수입하는 상품의 비중을 늘렸다. 덕분에 월마트 자체는 나날이 확장되었지만, 그 결과 다른 소규모 소매업체들은 몰락하고 전통적인 소도시에서는 공동화 현상이 심화되었다. 환경운동가들도 월마트가 환경을 훼손시키거나 근로조건이 열악한 공급업체를 이용한다고 비판했다. 월마트는 부인했다. 하지만 코플랜드와 라부스키는 "월마트의 성공은 효율성과 이윤 극대화를 최우선에 두는 규제 제도에 잘 적응한 결과"라고 말하면서 월마트는 "외부 효과를 은폐하고 노동조합을 방해하고 주요 소송과 원치 않는 규제를 회피하고 새로운 도시와 국가로 확장하는 놀라운 능력을 보여주었다"고 지적했다.[20]

이런 월마트가 2005년에 노선을 바꾸었다. 환경보호기금(Environment Defense Fund)과 같은 단체와 손잡고 월마트 내부의 환경 파괴 요인을 줄여나갈 방법을 모색하기 시작했다. 일각에서는 초기의 전략적 변화가 규모 면에서 상당히 제한적으로 보였기에 그저 또 하나의 홍보 전략일 뿐이라고 조롱했다. 하지만 월마트는 이후 지속 가능성 전담 부서를 설치하고 지속 가능성 최고책임자를 임명하면서 혁신에 박차를 가했다. 2018년에는 '기가톤 프로젝트(Project Gigaton)'를 시작했다. 이 프로젝트는 월마트 내부의 탄소 배출량을 줄일 뿐 아니라 2030년까지 월마트의 광범위한 공급망의 탄소 배출량을 기가톤(10억 톤)만큼 줄이는 것을 목표로 삼았다. 테스코(Tesco) 같은 유럽의 소매업체도 유사한 조치를 취했다. 하지만 미국에서 월마트의 조치는 선구적인 것이었다. 혹은 적어도 더 큰 정서적 변화의 상징이 되었다. 우연의 일치인지, 월마트의 CEO 더그 맥밀런(Doug McMillon)은 비즈니스라운드테이블의 의장이기도 했다. 앞서 보았듯이 이 협의체는 프리드먼의 '주주' 중심 원칙을 거부하는 놀라운 합의문을 발표했었다.

"저희가 기가톤 프로젝트를 시작한 이유는 '3범위' 사업체(본사 외부의 사업체)에서 탄소 배출량을 줄이기 위해서입니다." 월마트의 지속 가능성 최고책임자 캐슬린 맥로플린(Kathleen McLaughlin)이 〈파이낸셜 타임스〉의 '윤리적인 돈'과의 인터뷰에서 한 말이다.[21] "저희는 본사의 사업체, 그러니까 주로 '1범위와 2범위' 사업체를 위해 과학에 기반을 둔 목표를 약속했습니다. 가령 재생에너지, 에너지 효율, 특히 장거리 선단, 냉장 설비…… 심지어 기업 내부의 냉방 시설에까지 실질적인 혁신을 약속했습니다. 하지만 여느 소매기업과 마찬가지로 탄소 배출량의 90에서 95퍼센트가 저희의 공급망에서 나옵니다." 그리고 맥로플린은 공급망의 환경 문제에 대해 새로 실시하는 정밀조사가 조만간 사회 문제로까지 커질 수도 있다고 강조했다. "저희는 더 나아가 사회 문제를 다룰 기회를 모색하기 시작했습니다. …… 인력을 채용할 때 강제 노동과 인신매매에 관심을 갖고 책임감 있게 접근하는 방식처럼요." 활동가들은 이런 식의 변화가 빈곤 지역과 환경에 바람직한 영향을 미치기를 바랐다. 하지만 투자자들은 새로운 투자 혜택도 엿보는 듯했다. 이를테면 이런 식으로 공급망을 철저히 조사하면서 코로나19와 같은 충격을 견디고 탄력적으로 대응하는 데 필요한 정보를 수집하는 점이다. "공급망에서 ESG 리스크를 차단하는 것이 좋은 경영이다." HSBC 오바이른의 주장이다. "투자자들은 현재 이런 것을 기대하고 또 그에 대해 보상한다."

따라서 이처럼 정밀조사를 강화하는 조치가 눈덩이 효과를 일으켰다. 지속 가능성 의제를 추구하는 사람들은 자기네 사업체에서만이 아니라 남들도 이를 따르도록 강요하고 있다. 노르웨이 중앙은행의 노르웨이 투자 관리(Norges Bank Investment Management, NBIM) 부서에서 운영하는 노르웨이 국부펀드는 이런 추세가 어떻게 전개

되는지 잘 보여주었다. 중앙은행들을 연구해온 더글러스 홈스는 2020년에 노르웨이의 인류학자 크누트 미르와 함께 NBIM에서 벽에 붙은 파리 기법으로 연구를 진행했다.[22] 국부펀드의 펀드 매니저들은 ESG 가치관을 옹호하는 이해관계자 원칙의 선구자가 되었다. 이를테면 그들의 투자 포트폴리오에 포함된 기업들과 회의를 가질 때마다 마치 종교 경전을 외우듯이 이해관계자 원칙을 거듭 강조했다. 홈스와 미르는 펀드 매니저들이 투자 포트폴리오에 포함된 기업들도 같은 방향으로 움직이고 남들에게도 이 원칙을 전파하기를 바란다는 것을 발견했다. 미르는 이것을 "생산적 불완전성"[23]이라고 표현했다. NBIM의 펀드 매니저들이 남들을 끌어들여서 그들의 사명에서 스스로 채우지 못하는 구멍을 메우려 한다는 뜻이다. 홈스는 이를 '서사 경제'의 또 다른 사례로 보았다. ESG에 관한 말들이 돈의 흐름을 바꾸고 있었다. 통화 정책에 관한 말들이 홈스가 연구해온 중앙은행을 둘러싼 시장을 바꿔놓은 것처럼 말이다.

이런 상황이 지속될까? 적어도 가까운 미래에는 그럴 것 같다. 코로나19 범유행으로 기업과 비즈니스 세계는 터널 시야의 위험성뿐만 아니라 기업의 재무 또는 경제라는 좁은 렌즈로 미래를 보는 것이 얼마나 위험한지도 알게 되었다. 주변을 둘러보려는 욕구가 자극된 것이다. 코로나19 범유행은 또한 모두에게 과학을 무시하거나 지구 반대편의 상황을 무시하는 것이 얼마나 위험한지도 일깨워주었다. 기후변화 문제는 두 가지와 연결되었다. 우선 기후변화 문제를 해결하려면 터널 시야가 아닌 주변 시야와 함께 세계의 연결성에 대한 인식이 필요하다는 점이다. 나아가 변동성, 불확실성, 복잡성, 모호성 문제가 그 어느 때보다 현실적으로 다가왔다. ESG가 뷰카에 대한 반응이라는 점에서 ESG는 계속 이어질 것이고 더불어 인류학의 관점을 반영하는 세계관이 강화될 것으로 보인다. "민족지학적 담론은 윤리로 가는 가교다." 홈스의 말이다.

"경청이 결정적이다."

| 에필로그 |
아마존에서 아마존으로

■

현명한 사람은 정답을 말하지 않고 올바른 질문을 던진다.
— 클로드 레비스트로스

인공지능 및 사회 전문 연구소를 운영하는 뉴욕대학교 교수 케이트 크로퍼드는 2018년에 스마트 스피커인 아마존 에코(Amazon Echo)의 '블랙박스'를 보여주는 도표를 공개했다.[1] 인공지능 시스템 '알렉사(Alexa)'가 탑재된 이 장치는 서구의 많은 가정에 들어가 있다. 하지만 알렉사의 '가상 비서' 인공지능(AI) 플랫폼이 어떻게 작동하는지 아는 사람은 거의 없었다. 크로퍼드는 사용자가 알아야 한다고 생각했다.

크로퍼드와 블라단 욜러(Vladan Joler)가 그린 이 도표는 매우 복잡하고 난해해서 컴퓨터 모니터 몇 개를 합치거나 거대한 종이에 인쇄해야 볼 수 있었다. 이 도표에는 뇌리에 박히는 강렬한 아름다움이 있었다. 뉴욕 현대미술관(Museum of Modern Art, MoMA)에서 구입해서 전시할 정도였다.[2] (MoMA가 이 도표를 산 것이 이상해 보일지 모르지만 예술의 한 가지 목적은 '보이지 않는 것'을 적절히 보이게 하고 '낯설게 하기'로 평소에 놓치는 것을 보게 하는 것이라고 했던 러시아 작가 빅토르 쉬클롭스키Viktor Shklovsky의 말을 떠올려 보라.[3])

그런데 여기에 반전이 있다. MoMA에 걸린 그 '예술' 작품을 보는 일반 관람자는 그 도표가 알렉사 스마트 스피커 시스템 내부에 자리 잡은 신비를 보여준다고 생각할 수 있다는 점이다. 어쨌든 AI는 강렬한 흥미와 경외감을 자아내는 우리 시대의 뜨거운 주제다. 사실 스마트 장치 안에 무엇이 들어 있는지 아는 사람은 드물다. 그런데 크로퍼드의 도표에는 우리가 평소 무시하는 또 하나의 수수께끼가 묘사되어 있다. 알렉사 에코의 작동에 필요한 **맥락**을 보여준다는 점이다. 이 맥락에는 마이크로소프트의 인류학자들이 "유령 노동자"[4]라고 일컬은 사람들, 곧 AI를 떠받치는 주요 기능을 수행하는 보이지 않는 저임금 인간 노동자, 광물을 추출하는 복잡한 공정, 데이터센터에 공급되는 전력을 생산하기 위한 에너지, 금융과 무역의 복잡한 연결망이 포함된다. 크로퍼드는 이렇게 말한다. "소비자가 [알렉사와] 소통하는 짧은 순간에 방대한 매트릭스가 소환된다. 말하자면 채굴, 물류, 유통, 예측, 낙관주의의 전체 네트워크에 걸쳐 있는 자원 추출과 인간 노동과 알고리즘 처리가 복잡하게 얽힌 연결망이 소환되는 것이다. …… 우리가 어떻게 이런 연결망을 보고, 또 그 방대함과 복잡성을 하나의 연결된 형태로 이해할 수 있을까?" 과연 어떻게.

크로퍼드는 인류학자가 아니다. 변호사 교육을 받고 미디어 연구로 박사학위를 받은 뒤 AI의 사회적 영향을 연구하면서 인류학의 개념을 받아들였다. 하지만 크로퍼드의 도표에는 이 책의 핵심 메시지가 담겨 있다. 요컨대 오늘날 우리를 둘러싼 세상에서 실제로 무슨 일이 일어나는지 이해하기 어려우므로 시야를 바꿔야 한다는 것이다. 20세기는 효과적인 분석 도구를 남겼다. 경제 모형, 의학, 금융 전망, 빅데이터 시스템, 알렉사 같은 AI 플랫폼. 분명 감탄할 만한 성과다. 하지만 지금처럼 맥락이 변화하는 시대에 맥락과 문화를 무시하면 20세기의 도구는 무용지물이 된다. 우리가 무시하는 그것을 보아야 한다. 우리가 세상을 지각하는 방식에 의미망과 문화가 어떤 영향을 미치는지 알아야 한다. 빅데이터는 무슨 일이 일어나는지 말해준다. 하지만 왜 그런 일이 일어나는지는 말해주지 못한다. 상관관계는 인과관계가 아니다. 알렉사 같은 AI 플랫폼도 우리가 주변 세상에서 물려받은 모순된 의미의 층위에 관해서는 말해주지 못한다. 가령 기호 코드가 어떻게 변형되고, 개념이 어떻게 이동하고, 관행이 어떻게 혼합되는지는 말해주지 못한다. 따라서 우리는 또 하나의 'AI', 곧 '인류학 지능(anthropology intelligence)'을 수용해야 한다. 달리 말하면 심리학자처럼 우리 사회를 소파에 앉히거나 X선 장비와 같은 분석 도구를 활용하여 좋게든 나쁘게든 우리에게 영향을 미치는 반쯤 감춰진 문화적 편향을 모두 확인해야 한다. 다만 인류학 시야는 한눈에 볼 수 있는 파워포인트 자료나 확고한 과학적 결론이나 확실한 증거를 제시하지 못한다. 인류학은 경험적 학문이 아니라 해석하는 학문이기 때문이다. 잘해야 질적 분석과 양적 분석을 결합해서 무엇이 우리를 인간으로 만들어주는지 보여줄 수 있을 뿐이다.

가끔은 이런 식으로 렌즈를 확장하는 시도가 더 좋은 세상을 만들 수 있다. 크로퍼드와 율러가 보이지 않는 것을 (약간) 더 잘 보이게 만들어준 놀라운 도표를 발표한 뒤 아마존은 풀필먼트(fullfilment, 고객 주문에 맞춰 물류센터에서 제품을 고르고 포장해서 배송하고 고객의 요청에 따라 교환 및 환불까지 해주는 일련의 과정 - 옮긴이) 현장의 "유령 노동자"가 짐승의 우리와 같은 곳에서 일하게 만들지 않겠다고 공표했다.[5] 유령 노동자들에게는 미약한 (그리고 간절한) 진보의 신호였다. 일부 아마존 경영인들에게도 한 단계 나아간 조치였다. 그들이 더 폭넓은 시야를 갖게 해준 것이다. 이렇듯 낯설게 하기는 변화를 불러올 수 있다.

◆ ◆ ◆

그러면 인류학 시야를 어떻게 기를까? 이 책에서는 적어도 다섯 가지 개념을 제시했다. 첫째, 우리 모두는 생태적, 사회적, 그리고 문화적 의미에서 환경의 산물이라는 사실을 깨달아야 한다. 둘째, '자연스러운' 문화적 틀이 하나만 있는 것이 아니고, 인간 존재 자체가 다양성의 산물임을 받아들여야 한다. 셋째, 우리와 다른 사람들의 마음과 삶에 (잠깐이나마 반복적으로) 열중해서 그들에게 공감할 방법을 찾아야 한다. 넷째, 우리 세계를 외부인의 렌즈로 들여다보면서 우리 자신을 더 선명하게 보아야 한다. 다섯째, 이런 관점을 통해 사회적 침묵을 적극적으로 경청하고, 우리의 일상에 영향을 주는 의식과 상징을 고찰하며, 아비투스와 센스메이킹, 리미널리티, 우연한 정보 교환, 오염, 상호성, 교환과 같은 인류학적 개념의 렌즈를 통해 우리의 관행을 고찰해야 한다.

인류학 시야를 얻기 위해 다른 도구가 필요한가? 알렉사 도표를 보면서 당신이 그 중심에 있다면 어떻게 보일지 상상해보라. 당신을 둘러싼 시스템의 그림에 색칠해보면 어떤 감춰진 흐름과 연결과 양상과 의존성이 드러날까? 쉬클롭스키의 말처럼 예술은 '낯설게 하기' 과정을 통해 우리가 내부인이자 외부인이 되도록 도와줄 수 있다. 이 일은 여행으로도 가능하다. 그리고 어원학, 곧 우리가 무심코 주고받는 말에 관한 연구로도 가능하다. 8장에서 영어의 '데이터(data)'라는 단어의 어원을 설명했다. '회사(company)'를 예로 들어보자. 이 단어는 원래 '빵과 함께'라는 의미의 고대 이탈리아어 '콘파니오(con panio)'에서 유래한다. 중세 상인들이 처음 '컴퍼니'를 만들 때 함께 식사한 것에서 나온 말이다. 물론 오늘날의 투자자와 경영자가 정의하는 '회사'와는 다르다. 요즘은 대차대조표에만 관심이 있다. 하지만 회사의 어원은 회사가 사회 조직으로서 출발했다는 (그리고 평범한 노동자들은 회사가 계속 그런 의미로 남아 있었다면 더 좋아했을 거라는) 사실을 일깨워준다.

'은행(bank)'과 '금융(finance)'의 어원도 의외다. '은행'은 고대 이탈리아어에서 금융인들이 고객을 만나던 벤치를 뜻하는 '방카(banca)'에서 유래했고, '금융'은 고대 프랑스어에서 '끝내다'는 뜻의 '피네르(finer)'에서 유래했다. 어원에서 짐작할 수 있듯이 금융은 채무 혹은 혈채를 정산하기 위해 출현했다. 물론 오늘날의 금융인들이 '금융'을 보는 방식은 아니다. 오늘날의 금융인들은 금융을 그 자체로 중요한 것, 곧 실체 없는 유동성의 끝없는 흐름으로 취급하는 경향이 있다. 하지만 금융인이 아닌 대다수 사람은 금융을 목적을 위한 수단(곧 사람들에게 서비스를 제공하는 일)으로 보고 싶어 한다. 이런 인식의 차이는 금융인이 아닌 많은 사람이 금융인들에게 느끼는 도덕적 분노를 이해하는 데 도움이 된다. '경제학(economics)'도 마찬가지다. 경제학은 그리스어로 '가계 관리'나 '(재산이나 조직) 관리'를 뜻하는 '오이코노미아(oikonomia)'에서 유래했다. 이 어원도 현대 경제학의 의미, 말하자면 경제학의 복잡한 수학 모형에 부합하지 않는다. 하지만 경제학자가 아닌 사람들에게는 그리스어 어원이 더 매력적으로 느껴진다. 우리가 '데이터', '회사', '금융', '경제'를 말할 때마다 다양한 차원에서 삶을 바라보고 사회적 침묵을 경청하는 것이 왜 중요한지 새삼 깨달을 수 있다.

◆ ◆ ◆

그러면 더 많은 사람이 인류학 시야를 수용하면 어떻게 될까? 그함의는 굉장할 수 있다. 경제학자들은 돈과 시장 너머로 렌즈를 넓혀서 폭넓은 교환의 형태를 고찰하고 환경 문제처럼 한때는 '외부효과'로 치부되던 문제에 더 관심을 기울일 것이다. 경제학자들은 경제학계의 부족 패턴이 어떻게 터널 시야를 강화해왔는지 깨달을

것이다[6](일부 경제학자는 이미 이런 시도를 하고 있고 그들에게 경의를 표하지만 아직은 부족하다).[7]

경영인들이 인류학 시야를 채택한다면 기업 내부의 사회적 역동에 관심을 더 많이 기울이고 사회적 소통과 상징과 의식의 중요성을 인식하게 될 것이다. 인사부가 단지 '문화적으로 잘 맞는'(회사에 이미 있는 다른 인력과 같은) 지원자를 채용하는 부서가 아님을 알아채고 다양한 사고방식을 포용한다면 회사에 활력이 생긴다는 점을 깨달을 것이다. 인류학 시야를 가진 경영인들은 또한 기업이 세상에 남기는 사회적, 환경적 발자국에 더 많은 관심을 기울이고 좋은 쪽이든 나쁜 쪽이든 기업 활동의 결과에 관해 고민할 것이다.

금융도 마찬가지다. 금융인들이 인류학 시야를 갖추면 금융기관 내부의 부족주의와 임금체계가 어떻게 리스크를 악화시키는지, '센스메이킹'이 시장과의 소통에 어떤 영향을 미치는지(그 반대도 마찬가지다) 깨달을 것이다.[8] 더불어 그들의 사회적, 경제적 환경이 남들은 (거의) 공감하지 못하는 '유동성'과 '효율성'에 대한 집착을 어떻게 강화해왔는지, 각종 추상적 모형에 대한 의존성으로 인해 그들이 시도하는 혁신이 실제 세계에 어떤 결과를 낳는지를 지금껏 보지 못했다는 사실을 깨달을 것이다.[9]

기술 전문가들에게도 같은 논리가 적용된다. 앞서 보았듯이 많은 기술 회사가 최근 몇십 년간 인류학자들에게 고객 연구를 의뢰했다. 높이 살 만한 일이다. 하지만 이제 그들은 당장 렌즈를 뒤집어 **그들 자신**을 연구해야 한다. (금융인들과 마찬가지로) 그들이 어떻게 남들에게는 비도덕적으로 보일 수 있는 사고의 틀에 빠져들면서 효율성과 혁신과 다원주의적 경쟁을 숭배하고 컴퓨터의 언어와 이미지로(가령 '사회적 그래프'나 '사회적 교점' 같은 구문으로) 사람들에 관해 말하려 해왔는지 깨달아야 한다.[10] 인류학 시야는 또한 컴퓨터 프로그래머들에게 컴퓨터 프로그램이 어떻게 인종차별주의와 같은 편견을 시스템에 심어두고 또 그런 방식이 어떻게 인공지능에 의해 강화될 수 있는지, (모든 사람이 교육이나 고속 인터넷과 같은 기반시설을 공평하게 이용하지 못하는 경우) 디지털 기술이 어떻게 사회적, 경제적 불평등을 악화시키는지 깨닫게 해줄 것이다.[11] 한마디로 기술 회사의 경영진이 예전부터 인류학 시야를 채택했다면 지금의 테크래시에 직면하지 않았을 수도 있다. 앞으로 이런 반발에 잘 대처하고 싶다면 당장 사회적 렌즈를 넓혀야 한다. 마찬가지로 정책 입안자들이 데이터 보호와 인공지능에 관한 합리적인 규정을 만들고 싶다면 인류학 시야를 도입해야 한다.

의사도 인류학 시야로 혜택을 볼 수 있다. 코로나19 범유행(그리고 에볼라)에서 보았듯이 질병과 싸우려면 의학 그 이상이 필요하다. 한편 계약서에는 흔히 간과하기 쉬운 문화적 가정이 따라온다는 점에서 변호사들에게도 인류학 시야가 유용할 것이다.[12] 또 여론조사기관도 사회적 침묵을 경청한다면 더 정확히 분석할 수 있을 것이다. 내 직업(언론)도 인류학에서 배우면 도움이 될 것이다. 저널리스트들이 "이 표제에서 내가 보지 못한 것이 무엇일까?", "아무도 말하지 않은 것은 무엇일까?", "우리가 피하려 하는 이 무시무시한 전문용어에는 무엇이 감춰져 있을까?", "나는 누구의 목소리를 듣지 않고 있을까?"와 같은 질문을 던질 공간과 시간, 훈련과 보상이 마련될 때 최고의 저널리즘이 완성된다. 저널리스트들은 당연히 그렇게 하고 싶어 한다. 하지만 자원이 넘쳐날 때도 이런 질문을 던지는 것은 쉽지 않다. 하물며 저널리스트의 호기심을 채워주기 위한 자원도 부족한 데다 파편화되고 혼잡한 업계에서 경쟁 구도가 지속된다면 질문을 던지기가 두 배로 어려워진다. 정치가 양극화되고 정보가 개인 맞춤형으로 제공되고 '청중'이 기존의 편견을 더 강화하는 뉴스만 소비하는 시대에는 더 어렵다. 사실 2016년 도널드 트럼프의 트위터 계정은 더 큰 문제의 (원인이 아니라) 증상이었다. 언론은 이런 사실을 인지하고 (남들에게 그리고 우리 자신에게 있는) 부족주의와 사회적 침묵 문제를 해결해야 한다.* 이런 사명은 그 어느 때보다 중요해졌다. 인류학 시야가 도움이 될 수 있다.

이렇게 나의 마지막 주제에 이르렀다. 정책 입안자와 정치인이 인류학을 수용한다면 요즘 인기를 끄는 태그인 '더 나은 재건'을 더 훌륭하게 준비할 수 있다. 인류학 시야는 사람들이 기후변화와 불평등, 사회적 통합, 인종차별주의, 물물교환을 비롯한 교환에 관해 최대한 넓은 의미에서 생각하게 해준다. 정책 입안자가 대중의 삶

---

* 저널리스트가 자신의 사일로(부서 이기주의. 생각과 행동을 가로막는 편협한 사고의 틀 또는 심리상태 – 옮긴이)를 어떻게 깨뜨릴 수 있을까? 책 한 권으로 따로 다룰 만한 주제다. 특히 언론에 대한 신뢰가 추락한 현실을 생각하면 더 그렇다. 그래서 나는 '도미노' 전략을 지지한다. 조각들이 연쇄적으로 넘어가는 측면에서가 아니라 실제 도미노 게임에서 나타나는 유사성과 차이의 원리 측면에서 그렇다. 이렇게 생각해보자. 도미노 게임에서 플레이어는 도미노 조각의 절반은 상대가 가진 조각의 숫자와 맞춘다. 하지만 나머지 절반은 다르다. 숫자를 맞추기는 하지만 차이가 나타났다. 언론 보도에도 이런 은유를 적용할 수 있다. 좋은 기사는 독자에게 낯익은 것을 제시하여 관심을 끈다. 그런데 더 좋은 기사는 낯선 것, 도미노의 나머지 절반처럼 기대하지 않은 것에도 독자가 눈을 뜨게 해준다. 정신적, 사회적 거품을 깨뜨리는 데 도움이 되는 방법이다.

을 구성하는 의식과 상징과 공간의 양상에 관해 고민하게 해준다. 관료와 정치인이 편견과 문화적 패턴의 방해를 받아 나쁜 정책을 내놓는 과정을 돌아보게 해준다. 또 (교육 제도에 속한 학생들부터 시작해서) 어디서나 배우도록 열린 자세를 갖게 해준다. 또 다양성을 수용하는 것은 도덕적으로 옳을 뿐 아니라 역동성과 창의성과 탄력성에도 중요하다는 사실을 일깨워준다. 인류학자 토마스 휠란 에릭센은 이렇게 말했다. "이렇게 사회를 비교하는 (인류학적) 방식에서 얻을 수 있는 단 하나의 중요한 통찰은 우리 사회의 모든 것이 지금과는 달랐을 수도 있다는 사실을 깨닫는 것이다(우리가 사는 방식은 인간이 채택한 무수한 삶의 방식 중 하나일 뿐이다)."[13] 그러나 비상시에는 렌즈를 넓혀야 한다는 사실을 망각하기 쉽다. 범유행으로 봉쇄령이 내려지면 (문자 그대로) 우리 집단의 안전만 생각하고 시야를 내부로 돌리게 된다. 경제 불황의 시기에도 마찬가지다. 하지만 범유행이 한창일 때나 이후의 시기일수록 아무리 우리의 직관에 어긋나 보여도 렌즈를 좁힐 것이 아니라 더 넓혀야 한다.

이렇게 주변 시야나 인류학 시야를 수용하는 것이 가능할까? 아마도. 어쨌든 우리는 좋은 의미로든 나쁜 의미로든 매우 유동적인 시대에 살고 있다. 냉전 시대에 영국에서 자란 내가 1990년 타지키스탄에 갔을 때는 멀고도 낯선 외딴곳에 떨어진 기분이었다. 2021년 초 이 책을 마무리할 즈음 세계는 서로 긴밀히 연결되어 '낯익음'과 '낯섦'이 새로운 방식으로 충돌하고 있다. 두샨베에서 내가 머물던 집의 손녀 말리카는 현재 케임브리지대학교에서 역사학 박사 과정을 밟고 있다. 말리카의 오빠는 홍콩에서 기술 회사를 창업했다. 그들의 친척인 파란기스는 캐나다에서 작곡가로 상까지 받았다. 그 집의 할머니 무니라는 문화의 교차로, 곧 고대 실크로드를 따라 동서양을 이어주는 가교로서 타지키스탄의 역할을 빛나게 하는 토대를 마련했다.[14] 30년 전만 해도 이렇게 멀리 떨어진 지역 간의 연결은 상상도 하지 못할 일처럼 보였을 것이다. 아무리 그 지역의 엘리트 집안이라 해도 말이다. 하지만 1991년 소련이 붕괴하면서 국경이 열리고 항공편이 생기고 장학 제도가 생겼다. 또한 갑작스럽게 인터넷이 놀라운 방식으로 문화와 지역을 연결했다. 달리 말하면 내가 1990년에 중앙아시아로 날아갔을 때 이 지역은 먼지를 풀풀 날리는 대상(隊商)을 통해, 또는 사마르칸트 같은 고대 도시의 시장을 통해 생각과 물건이 교환되는 실크로드상의 역사적 장소로만 알려져 있었다. 지금은 우리를 둘러싼 가상공간과 비행기가 새로운 실크로드로서 좋은 쪽으로든 나쁜 쪽으로든 끊임없이 세상을 전염시키고 있다.

인류학적으로 보면 세계는 놀라울 정도로 방향을 바꾸었다. 그래서 지난 30년의 내 삶을 돌아보면 마치 여러 갈래의 실이 다시 원점으로 돌아와 만난 것처럼 보인다. 내가 케임브리지대학교에서 인류학을 공부하던 1980년대에는 '문화'나 사회적 정의(혹은 아마존 열대우림)를 걱정하는 학생들은 회계사나 변호사나 경영인이나 금융인이나 경영 컨설턴트가 되거나 아마존 같은 기업을 설립하고 싶어 하는 학생들과 전혀 달랐다. 마거릿 대처(Margaret Thatcher)와 로널드 레이건(Ronald Reagan)의 자유시장 정신을 추종하는 사람은 말리노프스키나 기어츠나 래드클리프-브라운이 발전시킨 개념을 수용하지 않았다. 하지만 오늘날 기업과 금융계에서는 환경뿐 아니라 불평등, 남녀의 인권, 편견, 다양성에 관한 담론을 끌어내는 새로운 지속 가능성 운동이 일어나고 있다. 모든 인간은 소중하다는 보아스의 개념이 기업의 이사회와 투자위원회에서 언급되고 '유령 노동자'와 생태학적 훼손과 기업 공급망의 인권 문제가 활발히 논의된다.

어느 정도는 지구를 괴롭히는 위험 환경에 관한 밀레니얼 세대의 경각심 때문에 일어난 현상이다. 하지만 한편으로는 뷰카로 둘러싸인 세계에서 자기 보존과 리스크 관리에 대한 관심을 반영한 것이기도 하다. 혹은 PARC의 연구자 존 실리 브라운의 카누 타기 비유를 빌리면 ESG는 '급류'와 같은 세계에 대한 반응이다.[15] 이 세계에서는 잔잔한 강에서 카누를 타고 정해진 물길을 따라 내려가듯이 삶의 경로를 계획하는 것이 더 어려워진다. 우리는 눈에는 보이지 않지만 끊임없이 역동적으로 뒤얽히며 하얀 물보라를 일으키는 급류를 만난다. 인공지능이 네트워크로 연결되어 피드백 회로가 악화될 수도 있다. 과거의 명확한 (경계가 있는) 모형은 오늘날의 세계에서는 조악한 항법 안내 장치에 불과하다. 이제 우리에게는 터널 시야가 아닌 주변 시야가 필요하다.

그래서 30년 전 타지키스탄에서 두려움에 떨던 밤(마커스가 내게 인류학이 "대체 무슨 소용"이냐고 물었을 때)을 돌아보면 지금의 내 대답은 이렇다. 우리를 둘러싸고 반쯤 감춰진 온갖 위험에서 살아남으려면 인류학 시야가 필요하다고. 또 사이버 실크로드와 혁신이 창출하는 흥미로운 기회를 잡아서 번창하려면 인류학 시야가 필요하다고. 인공지능이 삶을 장악하는 시대일수록 우리를 인간으로 만들어주는 것을 찬양해야 한다. 정치와 사회의 양극화가 심해지는 시대일수록 우리에게는 공감이 필요하다. 범유행이 우리를 온라인으로 내몬 시대일수록 우리의 물리적이고 '체화된' 존재를 인식해야 한다. 봉쇄령으로 시야가 안으로 향하는 시기일수록 렌즈를 넓혀야 한다. 기후변화와 사이버 위험과 범유행 같은 문제가 앞으로도 오랫동안 우리를 위협할 것이므로 공통의 인류애를 수용해야 한다. 지속 가능성 운동이 일어났다는 사실은 더 많은 사람이 굳이 '인류학'이라는 단어를 떠올리지 않더라도 본능적으로 이런 측면을 이해했다는 뜻이라고 나는 생각한다.

바로 여기에 희망의 이유가 있다.

인류학자들에게 보내는 편지

■

다양성이 우리의 사업이다.
— 울프 한네르츠[1]

이 책은 인류학자를 대상으로 하지 않는다. 그보다는 인류학자가
아닌 사람들에게 내가 30년 전에 만나 사랑에 빠진, 잘 알려지지 않
은 학문에서 나온 귀중한 개념을 알리고 싶었다. 따라서 어떤 인류
학자들은 내가 그들의 소중한 개념과 방법론을 지나치게 단순화했
다고 생각할 수도 있다. 그렇다면 사과드린다. 하지만 내가 이렇게
한 데는 이유가 있다. 나는 인류학에서 나온 개념이 공공의 담론에
더 확실히 삽입된 것을 보고 싶었다. 하지만 이런 측면에서 아직 경
제학과 심리학과 역사학의 수준만큼 올라가지 못해서 안타까울 뿐
이다.

왜일까? 부분적으로 의사소통의 문제가 있다. 인류학자는 미묘한 회색 그림자 속의 삶을 보도록 훈련받는다. 물론 훌륭한 접근 방식이지만 이 때문에 인류학 연구를 외부인에게 쉬운 용어로 설명하지 못할 수도 있다. 또 하나의 문제는 개성과 방법에 있다. 인류학자들은 비유하자면 덤불 속에 숨어서 사람들을 관찰하도록 훈련받았기에 앞에 나서서 주목받는 것을 꺼린다. 인류학자들은 대개 반체제적 세계관을 갖는다(권력이 정치경제학에서 어떻게 작용하는지를 연구하면 냉소와 분노를 피하기 어려워서일 것이다). 이런 이유에서 인류학자는 영향력을 발휘하기 어려워진다.

또 하나의 문제는 이른바 '단순하거나' '원시적'인 사회를 연구하던 인류학자들이 산업화된 서구 문화를 분석하기 시작할 때 다른 학문이 이미 차지한 영토에서 어디를 비집고 들어가야 할지 갈피를 잡지 못했다는 것이다. 이를테면 다른 분야와 협업해야 하나? 다른 관찰이나 분석 도구를 도입해야 할까? '인류학'이라는 이름이 도중에 사라지더라도 사용자 조사처럼 인류학의 방법론이 다른 분야로 스며들게 나둬야 할까? 아니면 인류학자들이 무심한 태도로 일관하며 인류학자의 특성을 내세워야 할까? 한마디로 인류학의 '사명'을 어떻게 찾아야 할까? 키스 하트의 말처럼 19세기 식민지 시대에는 목표가 명확했다. 서구 엘리트는 인류학을 지적 도구로 삼아서 제국을 정당화하고 백인이 아닌 사람들을 열등하다고 주장했다. 20세기 초중반에는 정반대의 사명이 주어졌다. 인류학자들은 19세기 제국주의와 인종차별주의의 공포를 되돌리는 데 몰두했다. 그러면 현재는 어떨까? 보편적 인간성을 정의하고 다양성을 찬양한다는 의미에서 인류학은 그 어느 때보다 중요해졌다. 인류학은 세계 곳곳에서 얻은 교훈을 정부와 기업과 유권자에게 전달할 수 있다. 우리가 우리 자신의 세계를 새롭게 보게 만들 수도 있다. 하지만 강력한 엘리트들에게는 참여 관찰이 어떻게 작용할까? 인터넷에서는? 혹은 사람들이 가상공간에서 연결되면서도 분리될 때는? 인류학자들은 이런 개념에 관해 열띤 논쟁을 벌이고 있지만 항상 명확한 답을 아는 것은 아니다.[2]

그래서 나는 (조심스럽게) 인류학자들이 더 협조적이고 의욕적이고 유연해야 하고 상상력을 발휘해야 한다고 제안한다. 빅데이터와 가상공간의 혁명으로 사회학자와 컴퓨터과학자들은 사람들을 관찰할 막강한 도구를 얻었다. 하지만 빅데이터만으로 세상을 설명할 수는 없다. 사회과학과 데이터과학을 결합해야 한다는 절박한 요구가 있고, 이렇게 할 수 있는 사람은 절대적으로 부족하다. 그래서 인류학자에게 기회가 열린다. 기호 코드가 계속 변화하는 지금의 세계화된 세상에서는 현실 세계와 가상공간에서 다양한 문화를 탐색할 수 있는 사람들의 가치가 높아진다. 그리고 전염병의 위험이 발생할 때 정부와 기업과 비정부기구에는 위험을 전체론적 방식으로 보기 위해 상상력을 발휘할 사람들이 필요하다. 전염병의 범유행이든 핵 위협이든 환경 문제든 이와 유사한 어떤 문제든 마찬가지다. 한마디로 인류학의 관점을 컴퓨터나 의학이나 금융이나 법 등의 분야와 결합하거나 인류학의 시야를 정책 입안에 삽입할 수 있는 인류학자가 많을수록 세상에 이로울 것이다.

이런 식의 융합이 항상 대학의 학과와 맞아떨어지는 것은 아니다. 대학의 학과에는 간혹 관료주의 문화와 제국주의 행정가가 식민지에 그려놓은 국경만큼 인위적인 (그리고 쓸모없는) 경계선이 있다. 파머가 에볼라 위기 당시에 개탄했듯이 인류학은 때로 (다른 학문 분야에서 일하는 사람들에게 의심의 눈길을 보낸다는 의미에서) '길드' 정신에 시달린다.[3] 학자들은 학자가 아닌 사람들을 상대하지 않고, 그 반대도 마찬가지다. 민간 기업이나 비영리단체나 정부기관의 인사 관련 부서가 인류학 지식을 가진 사람들을 어떻게 활용할지 항상 잘 아는 것은 아니다. 하지만 앞서 소개했듯이 누군가는 이미 인류학 개념을 강력한 방식으로 현실 세계에 끌어들였다. 이를테면 뉴욕의 '데이터앤소사이어티'(인류학으로 가상공간 연구)나 PIH 팀이나(사회 의학 옹호) 마이크로소프트의 연구 팀이나('유령 노동자'의 역경 폭로) 오스트레일리아국립대학교에서 벨이 운영하는 연구소나 (인공지능 연구) 산타페연구소(복잡성 연구)를 비롯한 다양한 시도가 있다. 이들 모두에게 경의를 표한다. 이런 시도가 더 늘어나고 폭넓게 지지받아서 학자와 학자가 아닌 사람을 연결해주기를 바란다. 더불어 서구인이나 백인이 아닌 인류학자들이 인류학계에서 더 큰 역할을 해주기를 바란다. 인류학은 유럽과 북아메리카의 지적 사업으로 출현했고, 여전히 서구의 목소리에 지배당한다. 다양성이 더 필요하지만 그러려면 헌신과 돈이 뒷받침되어야 할 것이다.

끝으로 나는 인류학자들이 인류학 개념을 주류로 더 끌어올려주기를 바란다. 누군가는 이미 이런 시도를 하고 있다. 일례로 미국인류학회의 2020년 회의 제목은 이런 의도를 반영하여 "우리의 목소리 높이기"로 정해졌다. "목표는 인류학을 더 포괄적이고 접근하기 쉽게 만드는 것이다." 프로그램 위원장 마얀티 페르난도(Mayanthi Fernando)의 설명이다.[4] 〈이런 인류학 생활(This Anthro Life)〉과 같은 인류학 팟캐스트도 생기고,《사피엔스(Sapiens)》같은 비전공자의 전자출판물도 나왔다. 그리고 인류학자들이 '대화(The Conversation)' 같은 플랫폼에 기고하고 있다. 인류학자는 아니라도 민족지학 훈련을 받은 사회과학자들이 공직에 들어가기도 한다. 이 책이 출간된 2021년 초에 조 바이든 미국 대통령의 새 행정부가 사회학자이자 민족지학자인 앨런드라 넬슨(Alondra Nelson)을 백악관의 과학기술정책실 부실장으로 임명했다. 이번 임명에 두 배로 주목할 만한 이유는 최근 수십 년간 이런 요직에 올라간 사회과학자가 (거의) 없었던 데다, 넬슨의 최근 연구가 기술의 사회적 영향에 초점을 맞추었기 때문이다(넬슨은 정치 조작과 오보 같은 주제를 연구하는 사회과학자들에게 페이스북 데이터세트에 대한 접근을 허용하라는 캠페인을 공동으로 이끌었다).* 말하자면 넬슨의 연구는 현대의 정책 문제에 사회과학을 어떻게 적용할 수 있는지 보여준다. 그리고 나는 넬슨의 고위직 임명이 정책 입안자들이 사회과학의 기술을 받아들일 준비가 되었다는 신호이기를 바란다.

하지만 인류학과 민족지학과 사회학 등 여러 사회과학의 통찰을 주류로 끌어오고 질적 분석과 양적 분석을 결합하기 위해서는 아

---

* 소셜사이언스원(Social Science One)이라는 이 캠페인은 이후 하버드 밖에서 펼쳐졌지만 애초의 목표를 달성하지 못했다. 하지만 당시 넬슨이 책임자로 있던 사회과학연구위원회(Social Science Research Council)와 기술 회사가 여기 동참했다. 자세한 내용은 다음을 참조하라. https://socialscience.one/blog/unprecedented-facebook-urls-dataset-now-available-research-through-social-science-one.

직 많은 시도가 필요하다. 이 책에서 가장 중요한 메시지는 인류학의 관점이 필요한 시기가 있다면 바로 지금이라는 것이다. 세상이 항상 인류학자의 말에 귀를 기울일 준비가 되어 있는 것은 아니다. 게다가 인류학자의 메시지와 시각이 사람들을 불편하게 만들 때도 많다. 하지만 바로 이런 이유에서 우리는 인류학의 메시지에 귀를 기울여야 한다. 이 책이 도움이 되기를 바란다.

┃주┃

프롤로그 물고기는 물을 볼 수 없다

1   Ralph Linton, *The Study of Man* (New York: Appleton Century Company, 1936).

2   Gillian Tett, *Ambiguous Alliances: Marriage, Islam and Identity in a Soviet Tajik Village*, Cambridge University PhD, 1995.

3   Nassim Nicholas Taleb, *The Black Swan: Second Edition: The Impact of the Highly Improbable* (New York: Random House, 2010); John Kay and Mervyn King, *Radical Uncertainty: Decision-Making Beyond the Numbers* (New York; Norton, 2020), Margaret Heffernan, *Uncharted: How to Map the Future Together* (London: Simon & Schuster, 2020).

4   '이국적(exotic)'이라는 단어가 왜 오해를 일으킬 수 있는지(우리는 모두 서로에게 이국적이므로)에 관한 논문. Jeremy MacClancy, ed., *Exotic No More: Anthropology for the Contemporary World*. 2nd ed. (Chicago: University of Chicago Press, 2019).

5   H. M. Miner, "Body Ritual Among the Nacirema," *American Anthropologist* 58, no. 3 (June 1956): 503-7, doi:10.1525/aa.1956.58.3.02a00080.

6   이 내용은 1939년에 쓰이고 1941년에 발표된 다음 글에 나온다. "The Relation of Habitual Thought and Behavior to Language", *Language, Culture and Personality: Essays in Memory of Edward Sapir* edited by Leslie Spier(1941). 이 글은 다음 책에 다시 실렸다. John B. Carroll, ed., *Language, Thought and Reality: Selected Writings of Benjamin Lee Whorf*(1956). pp. 134-59. 이 주제에 관한 다음 책도 참조하라. Edmund T. Hall, *The Silent Language* (New York: Anchor Books, 1973, originally published in 1959).

7   Matthew Engelke, *Think Like an Anthropologist* (London: Pelican, 2018).

8   폴 브로카의 말로 널리 알려졌고, 그의 지적 주장과 학술적 접근의 핵심을 반영한다. 하지만 정확한 출처인지는 확실치 않아 보인다.

9 서구 전문가들 사이에서 시간에 대한 태도가 어떻게 다를 수 있는지에 관한 설명
은 다음을 참조하라. Frank A. Dubinskas, ed., *Making Time: Ethnographies of High-Technology Organizations* (Philadelpia: Temple University Press, 1988).

10 Victor Turner, *The Ritual Process: Structure and Anti-Structure* (Piscataway, NJ: Aldine
Transaction, 1996; first published 1966). 다음도 보라. Victor Turner, *Forest of Symbols:
Aspects of Ndembu Ritual* (Ithaca, NY: Cornell Paperbacks, 1970).

11 https://www.bbc.com/news/blogs-trending-38156985.

12 사회학자 알리 러셀 혹실드의 저서에도 유사한 논점이 담겨 있다. Arlie Russell
Hochschild, *Strangers in Their Own Land: Anger and Mourning on the American Right*
(New York: The New Press, 2018).

13 Rebekah Park, David Zax, and Beth Goldberg, "Fighting Conspiracy Theories Online at
Scale," case study, EPIC, 2020. Gillian Tett, "How Can Big Tech Best Tackle Conspiracy
Theories?," *Financial Times*, November 4, 2020, https://www.ft.com/content/2ab6a100-
3fb4-4fec-8130-292cab48eb83.

14 큐어넌과 같은 현대의 음모론자가 전통적인 민속문화와 얼마나 유사한 방식으로
공동체에 영향을 미치는지 알고 싶다면 다음을 참조하라. James Deutch and Levi
Bochantin, "The Folkloric Roots of the QAnon Conspiracy," *Folklife*, December 7,
2020, https://folklife.si.edu/magazine/folkloric-roots-of-qanon-conspiracy.

15 현대 인류학에 지대한 영향을 미친 '심층 기술'이라는 획기적인 개념은 클리퍼드
기어츠의 저서에 실린 장 제목에서 유래했다. Clifford Geertz, *The Interpretation of
Cultures* (New York: Basic Books, 2000; first published 1973), pp. 3–33.

16 Ben Smith, "How Zeynep Tujecki Keeps Getting The Big Things Right," *New York
Times*, August 23 2020, https://www.nytimes.com/2020/08/23/business/media/how-
zeynep-tufekci-keeps-getting-the-big-things-right.html and "Jack Dorsey On Twitter's
Mistakes." The Daily, *New York Times*, August 7, 2020.

1. 새의 눈, 벌레의 눈

1 경험적 접근과 해석적 접근을 융합하려는 시도와 통계에 집중하도록 훈련받은 과학
자들은 민족지학에 회의적인 시각을 지니고 있다. 다음 자료가 이를 훌륭하게 다루
고 있다. T. M. Luhrmann, "On Finding Findings," *Journal of the Royal Anthropological
Institute* 26 (2020), pp. 428–42.

2 인류학의 간략한 역사는 다음을 참조하라. Matthew Engelke, *How to Think Like
an Anthropologist* (London: Pelican, 2018). Eriksen Thomas Hyland and Finn Sivert
Nielsen, *A History of Anthropology* (London: Pluto, 2013). Adam Kuper, *Anthropology*

and *Anthropologists: The British School in the Twentieth Century* (New York: Routledge, 2015; originally published 1973).

3   Keith Hart, *Self in the World: Connecting Life's Extremes* (New York: Berghahn, 2021).

4   Marc Flandreau, *Anthropologists in the Stock Exchange: A Financial History of Victorian Science* (Chicago: Chicago University Press, 2016), p. 19.

5   Anthony Trollope, *The Way We Live Now* (1875).

6   Flandreau, *Anthropologists in the Stock Exchange*, p. 9.

7   Ibid., p. 49.

8   인류학을 둘러싼 지적 풍조가 19세기 말과 20세기 초에 어떻게 발전했는지를 자세히 다룬 자료는 다음을 참조하라. Charles King, *Gods of the Upper Air: How a Circle of Renegade Anthropologists Reinvented Race, Sex and Gender in the Twentieth Century* (New York: Doubleday, 2019).

9   Ibid., pp. 29–31.

10   Franz Boas, *The Mind of Primitive Man* (New York: Macmillan, 1922; first published 1911), p. 103.

11   이 내용은 다음 책에 상세히 다루어졌다. Isabel Wilkerson, *Caste: The Origins of Our Discontents* (New York: Random House, 2020).

12   Bronisław Malinowski, *Argonauts of the Western Pacific* (New York: Dutton, 1961; first published 1922), p. 25.

13   "Nazis Burn Books Today: Anthropologist 'Not Interested,'" *Columbia Spectator* (May 10, 1933), http://spectatorarchive.library.columbia.edu/?a=d&d=cs19330510-01.2.6&.

14   20세기 중반에 일부 인류학자들이 인류학의 모든 시도는 백인의 특권과 '불평등한 힘의 대결'에 뿌리를 둔다고 불평을 터트린 뒤 인류학계 내부에서 격렬한 비판이 일었다. Talal Asad, *Anthropology and the Colonial Encounter* (London: Humanities Press, 1995); Lee Baker, *Anthropology and Racial Culture* (Durham, NC: Duke University Press, 2010). 오늘날 일부 인류학자들의 비판을 반영하는 다음 글을 보라. Leniqueca A. Welcome, "After the Ash and Rubble Are Cleared: An Anthropological Work for the Future," *Journal of the American Anthropological Association* (2020), http://www.americananthropologist.org.

15   Adam Kuper, *Anthropology and Anthropologists: The British School in the Twentieth Century*, 4th ed. (Abingdon, UK: Routledge, 2015).

16   Caroline Humphrey, *Karl Marx Collective: Economy, Society and Religion in a Siberian Collective Farm* (Cambridge, UK: Cambridge University Press, 1983). 다음도 보라. *Magical Drawings in the Religion of the Buryat*, PhD thesis, University of Cambridge,

1971.

17 Peter Hopkirk, *The Great Game: The Struggle for Empire in Central Asia* (New York: Kodansha International, 1992).

18 '부드러운 아랫배'라는 표현은 1959년 12월 12일 〈뉴욕타임스〉의 C. L. 설즈버거(C. L. Sulzberger)의 기사 "소련의 부드러운 아랫배를 따라서(Along the Soft Underbelly of the USSR)"에서 중앙아시아를 설명하기 위해 처음 쓰였다. 이 개념은 냉전 시대의 해외 정책 관련 논쟁에 거듭 등장하다가 지금까지 계속 사용된다. Gavin Helf, *Looking for Trouble: Sources of Violent Conflict in Central Asia*, United States Institute of Peace, November 2020, https://www.usip.org/sites/default/files/2020-11/sr_489_looking_for_trouble_sources_of_violent_conflict_in_central_asia-sr.pdf.

19 Nancy Tapper, *Bartered Brides: Politics, Marriage and Gender in an Afghan Tribal Society* (Cambridge, UK: Cambridge University Press, 1991), p. xv.

20 Gregory J. Massell, *The Surrogate Proletariat: Moslem Women and Revolutionary Strategies in Soviet Central Asia 1919–1929* (Princeton, NJ: Princeton University Press, 2016; first published 1974).

21 Simon Roberts, *The Power of Not Thinking: How Our Bodies Learn and Why We Should Trust Them* (London: 535, an imprint of Blink Publishing, 2020).

22 Gillian Tett, *Ambiguous Alliances: Marriage and Identity in a Muslim Village in Soviet Tajikistan*, unpublished PhD thesis from the University of Cambridge, 1995, p. 109.

23 Ibid., p. 170.

24 Ibid., p. 142.

25 Joseph Henrich, *The Weirdest People in the World: How the West Became Psychologically Peculiar and Particularly Prosperous* (London: Allen Lane, 2020), p. 56.

26 Ibid., p. 193.

27 Pierre Bourdieu, *Outline of a Theory of Practice* (Cambridge, UK: Cambridge University Press, 1988: original French version 1972; original English translation 1977).

28 Grant McCracken, *The New Honor Code: A Simple Plan for Raising Our Standards and Restoring Our Good Names* (New York: Tiller Press, 2020).

2. 킷캣과 인텔의 인류학자들

1 https://www.imdb.com/title/tt8482920/.

2 Amy Bennett, "Anthropologist Goes from Iguanas to Intel," *Computerworld*, September 15, 2005, https://www.computerworld.com/article/2808513/anthropologist-goes-from-iguanas-to-intel.html.

3 https://www.engadget.com/2016-08-16-the-next-wave-of-ai-is-rooted-in-human-culture-and-history.html.

4 http://www.nehrlich.com/blog/2012/09/19/the-anthropology-of-innovation-panel/.

5 Ulf Hannerz, *Cultural Complexity: Studies in the Social Organization of Meaning* (New York: Columbia University Press, 1992).

6 David Howes, ed., *Cross-Cultural Consumption: Global Markets, Local Realities.* (Abingdon, UK: Routledge, 1996), pp. 1–15.

7 화물숭배에 관한 자세한 내용은 다음을 참조하라. https://www.anthroencyclopedia.com/entry/cargo-cults.

8 Clifford Geertz, *The Interpretation of Cultures.*

9 세계화가 문화적 차이뿐 아니라 공통성을 강화한다는 주장을 하는 인류학 서적이 많다. 그중 대표적인 것이 이 책이다. David Held and Henrietta L. Moore, eds., *Cultural Politics in a Global Age: Uncertainty, Solidarity and Innovation* (London: Oneworld, 2008).

10 Christian Madsbjerg, *Sensemaking: The Power of the Humanities in the Age of the Algorithm* (New York: Hachette, 2017), p. 118.

11 Tat Chan and Gordon Redding, *Bull Run: Merrill Lynch in Japan* (Paris: INSEAD, 2003). Peter Espig, "The Bull and the Bear Market: Merrill Lynch's Entry into the Japanese Retail Securities Industry," *Chazen Web Journal of International Business* (2003), https://www0.gsb.columbia.edu/mygsb/faculty/research/pubfiles/187/Merrill_Yamaichi.pdf.

12 David Howes, ed., *Cross-Cultural Consumption: Global Markets, Local Realities*, p. 1.

13 이 역사는 모두 네슬레 기록 보관소와 내부 마케팅 문헌에서 참조했다.

14 이 내용은 필립 수가이가 일본에서 진행한 방대한 분석을 참조하고 현직과 전직 네슬레 경영진과의 인터뷰로 보완했다. Philip Sugai, "Nestlé KITKAT in Japan: Sparking a Cultural Revolution," case studies A–D, Harvard Business Review Store, 2017.

15 Ibid.

16 https://soranews24.com/2017/08/22/now-you-can-buy-cough-drop-flavoured-kit-kats-in-japan/.

17 https://business360.fortefoundation.org/globetrotting-anthropologist-genevieve-bell-telling-stories-that-matter/.

18 https://www.bizjournals.com/sanjose/stories/2004/08/16/story5.html.

19 https://www.engadget.com/2004-08-24-intel-embraces-cultural-difference.html.

20 John Fortt, "What Margaret Mead Could Teach Techs," *CNN Money*, February 25,

2009, https://money.cnn.com/2009/02/25/technology/tech_anthropologists.fortune/
index.htm

21 Janet Rae-Dupree, "Anthropologist Helps Intel See the World Through Customers'
    Eyes," *Silicon Valley Business Journal*, August 15, 2004, https://www.bizjournals.com/
    sanjose/stories/2004/08/16/story5.html.

22 Michael Fitzgerald, "Intel's Hiring Spree," *MIT Technological Review*, February 14, 2006,
    https://www.technologyreview.com/2006/02/14/229681/intels-hiring-spree-2/.

23 Natasha Singer, "Intel's Sharp-Eyed Social Scientist," *New York Times*, February 15,
    2014, https://www.nytimes.com/2014/02/16/technology/intels-sharp-eyed-social-
    scientist.html.

24 Genevieve Bell, "Viewpoint: Anthropology Meets Technology," *BBC News*, June 1,
    2011, https://www.bbc.com/news/business-13611845.

25 Singer, "Intel's Sharp-Eyed Social Scientist."

26 Bell, "Viewpoint."

27 https://www.epicpeople.org/ai-among-us-agency-cameras-recognition-systems/.

28 https://www.epicpeople.org/ai-among-us-agency-cameras-recognition-systems/.

29 http://www.rhizome.com.cn/?lang=en.

30 https://www.ww01.net/en/archives/65671.

31 Kathi Kitner, "The Good Anthropologist: Questioning Ethics in the Workplace," in Rita
    Denny and Patricia Sunderland, eds., *Handbook of Anthropology in Business* (Abingdon,
    UK: Routledge, 2017), p. 309.

32 Shaheen Amirebrahimi, *The Rise of the User and the Fall of People: Ethnographic
    Cooptation and a New Language of Globalization*, EPIC, 2016, https://anthrosource.
    onlinelibrary.wiley.com/doi/epdf/10.1111/1559-8918.2016.01077

33 Ortenca Aliaz and Richard Waters, "Third Point Tells Intel to Consider Shedding Chip
    Manufacturing," *Financial Times*, September 29, 2020; Richard Waters, "Intel Looks to
    New Chief's Technical Skills to Plot Rebound," *Financial Times*, January 14, 2021.

34 https://3ainstitute.org/about.

3. 낯선 전염병과 싸우는 법

1 저자 인터뷰.

2 https://www.youtube.com/watch?v=NshGFgPv3As.

3 Engelke, *Think Like an Anthropologist*, p. 318. 테빗의 말에 대한 논쟁은 다음을 보라.
   https://www.jstor.org/stable/3033203?seq=1.

4   Paul Richards, *Ebola: How a People's Science Helped End an Epidemic* (London: ZED Books, 2016), p. 17.

5   https://www.thegazette.co.uk/awards-and-accreditation/content/103467.

6   https://www.hopkinsmedicine.org/ebola/about-the-ebola-virus.html.

7   이 주장은 다음의 명저에 잘 설명되어 있다. Mary Douglas, *Purity and Danger* (New York: Routledge 2002; first published 1966), p. 80.

8   Mary Douglas and Aaron Wildavsky. *Risk and Culture: An Essay on the Selection of Technological and Environmental Dangers* (University of California Press, 1983), pp. 6–15.

9   저자 인터뷰.

10 Susan Erikson, "Faking Global Health," *Critical Public Health* 29, no. 4 (2019): 508–516, https://www.tandfonline.com/doi/full/10.1080/09581596.2019.1601159.

11 Michael Scherer, "Meet the Bots That Knew Ebola Was Coming," *Time*, August 6, 2014, https://time.com/3086550/ebola-outbreak-africa-world-health-organization/.

12 John Paul Titlow, "How This Algorithm Detected the Ebola Outbreak Before Humans Could," *Fast Company*, August 13, 2014, https://www.fastcompany.com/3034346/how-this-algorithm-detected-the-ebola-outbreak-before-humans-could.

13 Timothy Maher, "Caroline Buckee: How Cell Phones Can Become a Weapon Against Disease," "Innovators Under 35," in *MIT Technological Review*, https://www.technologyreview.com/innovator/caroline-buckee/.

14 https://www.ncbi.nlm.nih.gov/pmc/articles/PMC6175342/.

15 Ibid.

16 Adam Goguen and Catherine Bolten, "Ebola Through a Glass, Darkly: Ways of Knowing the State and Each Other," *Anthropological Quarterly* 90, no. 2 (2017): 429–56.

17 Richards, *Ebola*, p. 17.

18 Paul Farmer, *Fevers, Feuds, and Diamonds: Ebola and the Ravages of History* (New York: Farrar, Straus and Giroux, 2020), p. 21.

19 Ibid., p. 32.

20 Catherine Bolten and Susan Shepler, "Producing Ebola: Creating Knowledge In and About an Epidemic," *Anthropological Quarterly* 88, no. 3: 350–66.

21 Goguen and Belton, "Ebola Through a Glass Darkly."

22 이 정책의 실패는 다음 자료에 상세히 설명되어 있다. Farmer, *Fevers, Feuds and Diamonds*.

23 인류학자가 에볼라 문제에 제대로 대응했는지에 관한 논의는 다음을 참조하라. Adia

Benton, "Ebola at a Distance: A Pathographic Account of Anthropology's Relevance," *Anthropology Quarterly* 90, no. 2 (2017): 495–524. 또는 다음을 보라. Bolten and Shepler, "Producing Ebola." 또한 다음을 보라. Farmer, *Fevers, Feuds and Diamonds*, p. 511.

24 저자 인터뷰.

25 http://www.ebola-anthropology.net/wp-content/uploads/2014/11/DFID-Brief-14oct14-burial-and-high-risk-cultural-practices-2.pdf.

26 Richards, *Ebola*, p. 133.

27 Julienne Ngoungdoung Anoko and Doug Henry, "Removing a Community Curse Resulting from the Burial of a Pregnant Woman with a Fetus in her Womb: An Anthropological Approach Conducted during the Ebola Virus Pandemic in Guinea," In David A. Schwartz, Julienne Ngoundoung Anoko, and Sharon A. Abramowitz, eds., *Pregnant in the Time of Ebola: Women and their Children in the 2013–2015 West African Epidemic* (New York: Springer, 2020), pp. 263–77.

28 Farmer, *Fevers, Feuds and Diamonds*, p. 521.

29 Christopher JM Whitty et al., "Infectious Disease: Tough Choice to Reduce Ebola Transmission," *Nature*, November 6, 2014.

30 Gillian Tett, "We Need More Than Big Data to Track the Virus," *Financial Times*, May 20, 2020, https://www.ft.com/content/042a1ca2-9997-11ea-8b5b-63f7c5c86bef.

31 저자 인터뷰.

32 Michael C. Ennis-McMillan and Kristin Hedges, "Pandemic Perspectives: Responding to COVID-19," *Open Anthropology* 8, No. 1 (April 2020), https://www.americananthro.org/StayInformed/OAArticleDetail.aspx?ItemNumber=25631.

33 "Trump Says Coronavirus Worse 'Attack' Than Pearl Harbor", *BBC News*, May 7, 2020, https://www.bbc.com/news/world-us-canada-52568405, Katie Rogers, Lara Jakes, and Ana Swanson, "Trump Defends Using 'Chinese Virus' Label, Ignoring Growing Critcism," *New York Times*, March 18, 2020, https://www.nytimes.com/2020/03/18/us/politics/china-virus.html.

34 https://oxfamblogs.org/fp2p/what-might-africa-teach-the-world-covid-19-and-ebola-virus-disease-compared/.

35 마스크 문화에 관한 자세한 논의는 다음을 참조하라. Christos Lynteris, "Why Do People Really Wear Face Masks During an Epidemic?," *New York Times*, February 13, 2020, https://www.nytimes.com/2020/02/13/opinion/coronavirus-face-mask-effective.html, https://www.sapiens.org/culture/coronavirus-mask/, https://www.jstor.org/stable/23999578?seq=1#metadata_info_tab_contents, Gideon Lasco, "The Social

Meanings of Face Masks, Revisited," *Inquirer.Net*, July 30, 2020, https://opinion. inquirer.net/132238/the-social-meanings-of-face-masks-revisited.

36 https://hbr.org/2020/06/using-reverse-innovation-to-fight-covid-19.

37 사회전문가행동네트워크(Societal Experts Action Network, SEAN)에 관해서는 다음을 참조하라. https://www.nationalacademies.org/our-work/societal-experts-action-network.

38 https://www.bi.team/blogs/facemasks-would-you-wear-one/.

39 IFS 연례 강연. Gus O'Donnell, "The Covid Tragedy: following the science or sciences?" 24 September, 2020, https://www.ifs.org.uk/uploads/IFS%20Annual%20Lecture%20 2020.pdf; Larry Elliott, "Covid Means UK Needs EU Deal to Avoid Calamity, Says Lord O'Donnell," *Guardian*, September 23, 2020, https://www.theguardian.com/ politics/2020/sep/24/covid-means-uk-needs-eu-deal-to-avoid-calamity-says-lord-odonnell.

40 https://dominiccummings.files.wordpress.com/2013/11/20130825-some-thoughts-on-education-and-political-priorities-version-2-final.pdf.

41 Martha Lincoln, "Study of the Role of Hubris in Nations' COVID-19 Response," *Nature*, September 15, 2020, https://www.nature.com/articles/d41586-020-02596-8.

42 서구 국가의 공무원과 관료가 어떻게 그들 문화의 포로인지에 관해서는 자주 논의 되지 않는다. 하지만 훌륭한 분석이 담긴 논문이 있다. UK's Behavioral Insights Team, "Behavioral Government," July 11, 2018, https://www.bi.team/publications/behavioural-government/. 더 과감한 분석은 다음을 참조하라. David Graeber, *The Utopia of Rules: On Technology, Stupidity and the Secret Joys of Bureaucracy* (New York: Melville, 2016).

4. 금융인들이 묻지 않는 가장 단순한 질문

1 Alan Beattie and James Politi, "'I Made A Mistake,' admits Greenspan," *Financial Times*, October 23, 2008. 그린스펀이 경제에 대한 접근법을 어떻게 재고해서 행동경제학과 불확실성을 결합했는지는 다음을 참조하라. Alan Greenspan, *The Map and the Territory 2.0: Risk, Human Nature, and the Future of Forecasting* (New York: Penguin 2013).

2 Daniel Beunza, *Taking the Floor: Models, Morals, and Management in a Wall Street Trading Room* (Princeton, NJ: Princeton University Press, 2019).

3 Karen Ho, *Liquidated: An Ethnography of Wall Street* (Duke University Press, 2009).

4 Vincent Antonin Lépinay, *Codes of Finance: Engineering Derivatives in a Global Bank* (Princeton, NJ: Princeton University Press, 2011).

5 Laura Barton, "On the Money," *Guardian*, October 30, 2008, https://www.theguardian. com/business/2008/oct/31/creditcrunch-gillian-tett-financial-times.

6　Laura Nader, "Up the Anthropologist," 미국 보건교육복지부에 보내는 보고서, https://eric.ed.gov/?id=ED065375.

7　Karen Ho, *Liquidated*, p. 19. 최고 권력자들 사이에서 인류학 연구를 진행하는 문제이지만 다른 맥락(핵 에너지)에서 나타나는 비슷한 논의는 다음에서 찾을 수 있다. Hugh Gusterson, "Studying Up Revisited," *POLAR: Political and Legal Anthropology Review* 20, no. 1, 114–19.

8　Paul Tucker, "A Perspective on Recent Monetary and Financial System Developments," *Bank of England Quarterly Bulletin*, 2007, https://papers.ssrn.com/sol3/papers.cfm?abstract_id=994890. 이 기간에 관한 자세한 설명은 다음을 참조하라. Tett Gillian, Chapter Four in *The Silo Effect* (New York: Simon & Schuster, 2016).

9　Gillian Tett, *Fool's Gold* (New York: Simon & Schuster, 2009).

10　Gillian Tett, "Innovative Ways to Repackage Debt and Spread Risk Have Brought Higher Returns But Have Yet to Be Tested Through a Full Credit Cycle," *Financial Times*, April 19, 2005; Gillian Tett, "Teething Problems or Genetic Flaw?," *Financial Times*, May 18, 2005; Gillian Tett, "Market Faith Goes Out the Window As the 'Model Monkeys' Lose Track of Reality," *Financial Times*, May 20, 2005; Gillian Tett, "Who Owns Your Loan?", *Financial Times*, July 28, 2005.

11　Gillian Tett, "Should Atlas Still Shrug?: The Threat That Lurks Behind the Growth of Complex Debt Deals," *Financial Times*, January 15, 2007; Gillian Tett, "The Unease Bubbling in Today's Brave New Financial World," *Financial Times*, January 19, 2007; Gillian Tett, "The Effect of Collateralised Debt Should Not Be Underplayed," *Financial Times*, May 18, 2007; Richard Beales, Saskia Scholte, and Gillian Tett, "Failing Grades? Why Regulators Fear Credit Rating Agencies May Be Out of Their Depth," *Financial Times*, May 17, 2007; Gillian Tett, "Financial Wizards Debt to Ratings Agencies' Magic," *Financial Times*, November 30, 2006.

12　'아비투스' 개념을 이해하려면 다음을 참조하라. Ho, *Liquidated*. Pierre Bourdieu, *Outline of a Theory of Practice* (Cambridge, UK: University of Cambridge, 1977) 하지만 부르디외는 읽기 어려울 수 있으므로 다음 책에서 주요 개념을 이해하면 수월할 수 있다. David Swartz, *Culture and Power: The Sociology of Pierre Bourdieu* (Chicago: University of Chicago Press, 1995).

13　Michael Lewis, *The Big Short: Inside the Doomsday Machine* (New York: W. W. Norton, 2011).

14　Gillian Tett, "In with the 'On' Crowd," *Financial Times*, May 26, 2013.

15　Bourdieu, *Outline of a Theory of Practice*.

16 Upton Sinclair, *I, Candidate for Governor: And How I Got Licked* (1935).

17 James George Frazer, *The Golden Bough: A Study in Magic and Religion* (New York: Macmillan and Co., 1890), Claude Lévi-Strauss, *Myth and Meaning* (Abingdon, UK: Routledge, 1978).

18 Hortense Powdermaker, *Hollywood: The Dream Factory* (Hollywood, CA: Martino Fine Books, 2013; first published 1950).

19 Gillian Tett, "Silos and Silences: Why So Few People Spotted the Problems in Complex Credit and What That Implies for the Future," *Banque de France Financial Stability Review* 14 (July 2010), p. 123, https://publications.banque-france.fr/sites/default/files/medias/documents/financial-stability-review-14_2010-07.pdf.

20 Gillian Tett, *Fool's Gold*.

21 Gillian Tett, "An Interview with Alan Greenspan," *Financial Times*, October 25, 2013, https://www.ft.com/content/25ebae9e-3c3a-11e3-b85f-00144feab7de.

22 Richard Beales and Gillian Tett, "Greenspan Warns on Growth of Derivatives," *Financial Times*, May 6, 2005.

23 https://www.ft.com/content/25ebae9e-3c3a-11e3-b85f-00144feab7de.

24 Caitlin Zaloom, *Out of the Pits: Traders and Technology from Chicago to London* (Chicago: University of Chicago Press, 2006).

25 Ho, *Liquidated*, p. 12.

26 Donald Mackenzie, *An Engine Not a Camera: How Financial Models Shape Markets* (Cambridge, MA: MIT Press), pp. 2–7.

27 Annelise Riles, *Collateral Knowledge: Legal Reasoning in the Global Financial Markets* (Chicago: University of Chicago Press, 2011).

28 Melissa Fisher, *Wall Street Women* (Durham, NC: Duke University Press, 2012).

29 Daniel Scott Souleles, *Songs of Profit, Songs of Loss: Private Equity, Wealth and Inequality* (Lincoln, NE: University of Nebraksa Press, 2019).

30 Alexander Laumonier, https://sniperinmahwah.wordpress.com/.

31 Vincent Antonin Lépinay, *Codes of Finance: Engineering Derivatives in a Global Bank*, PhD thesis, Columbia University, 2011, p. 7, https://academiccommons.columbia.edu/doi/10.7916/D80R9WKD. Lépinay, *Codes of Finance*.

32 Keith Hart, "The Great Economic Revolutions Are Monetary in Nature: Mauss, Polanyi and the Breakdown of the Neoliberal World Economy", https://storicamente.org/har, 2009.

33 Douglas Holmes, *Economy of Words: Communicative Imperatives in Central Banks*

(Chicago: University of Chicago Press, 2013). 비슷한 주제에 관해서는 다음을 참조하라. David Tuckett, *Minding the Markets: An Emotional Finance View of Financial Instability* (London: Palgrave, 2011). 비슷한 정서가 담긴 자료로는 다음을 참조하라. Robert Shiller, *Narrative Economics: How Stories Go Viral and Drive Major Economic Events* (Princeton, NJ: Princeton University Press, 2019), Richard Thaler, *Misbehaving: The Making of Behavioral Economics* (New York: W. W. Norton, 2015). 비슷한 주장이 담긴 자료로는 다음을 참조하라. Margaret Heffernan, *Uncharted: How to Map the Future Together* (London: Simon & Schuster, 2020), John Kay and Mervyn King, *Radical Uncertainty: Decision Making Beyond the Numbers* (London: W. W. Norton, 2020).

5. 부품을 빼돌리는 GM 직원들

1 이 대화를 위한 자료는 브리어디의 현장 기록에서 참조했다. 부분 시놉시스는 다음을 참조하라. Elizabeth K. Briody, *Handling Decision Paralysis on Organizational Partnerships*, course reader (Detroit: Gale, 2010).

2 https://www.fastcompany.com/27707/anthropologists-go-native-corporate-village.

3 W. Lloyd Warner, *A Black Civilization: A Study of an Australian Tribe*, revised ed. (New York: Harper, 1958, first published 1937).

4 https://blog.antropologia2-0.com/en/hawthrone-effect-first-contacts-between-anthropology-and-business/.

5 Elizabeth K. Briody, Robert T. Trotter II, Tracy L. Meerwarth, *Transforming Culture: Creating and Sustaining Effective Organizations* (New York: Palgrave Macmillan, 2010), p. 54.

6 Ibid., p. 52.

7 James C. Scott, *Weapons of the Weak: Everyday Forms of Peasant Resistance* (New Haven, CT: Yale University Press, 1985).

8 이 사건의 전체 내용은 2014년 안전 문제에 관한 발루카스의 보고서에서 찾아볼 수 있다. https://www.aieg.com/wp-content/uploads/2014/08/Valukas-report-on-gm-redacted2.pdf. 제너럴모터스의 자체 성명서와 메리 배러의 연설에는 기업 문화에 관한 브리어디 연구팀의 다양한 관찰이 담겨 있다. https://media.gm.com/media/us/en/gm/news.detail.html/content/Pages/news/us/en/2014/Jun/060514-ignition-report.html.

9 Elizabeth K. Briody, Robert T. Trotter II, Tracy L. Meerwarth, *Transforming Culture*, pp. 56–57.

10 Ibid., pp. 59–60.

11 Gary Ferraro and Elizabeth K. Briody, *The Cultural Dimension of Global Business*, 7th edition (Abingdon, UK: Routledge, 2016).

12 Frank Dubinskas, *Making Time*, p. 3.

13 Elizabeth K. Briody, S. Tamur Cavusgil, S. Tamur and Stewart R. Miller, "Turning Three Sides into a Delta at General Motors: Enhancing Partnership Integration on Corporate Ventures," *Long Range Planning* 37 (2004), p. 427.

14 Gary Ferraro and Elizabeth K. Briody, *The Cultural Dimension of Global Business*, pp. 166–67.

15 Ibid., p. 174.

6. 서구인의 이상한WEIRD 특성에 관한 이론

1 Meg Kinney and Hal Phillips, "Educating the Educators," presentation to EPIC, 2019, https://www.epicpeople.org/tag/parenting/.

2 Horace Miner, "Body Ritual Among the Nacirema," *American Anthropologist* 58, no. 3 (1956): 503–507.

3 Patricia L. Sunderland and Rita M. Deny, *Doing Anthropology in Consumer Research* (Walnut Creek, CA: Left Coast Press, 2007), p. 28.

4 저자 인터뷰.

5 Meg Kinney and Hal Phillips, *Educating the Educators*.

6 Rachel Botsman, "Who Can You Trust? How Technology Brought Us Together and Why It Might Drive Us Apart" (New York: Public Affairs, 2017).

7 Joseph Henrich, *The Weirdest People in the World: How the West Became Psychologically Peculiar and Particularly Prosperous* (London: Allen Lane, 2020).

8 Ibid., p. 55.

9 Ibid., p. 27.

10 Ibid., p. 34.

11 Ibid., p. 21.

12 Maryann McCabe, "Configuring Family, Kinship and Natural Cosmology," in Rita Denny and Patricia Sunderland, eds., *Handbook of Anthropology in Business* (Abingdon, UK: Routledge, 2013), p. 365.

13 Richards Meyers and Ernest Weston Jr., "What Rez Dogs Mean to the Lakota," *Sapiens*, December 2, 2020, https://www.sapiens.org/culture/rez-dogs/.

14 Maryann McCabe, "Configuring Family, Kinship and Natural Cosmology," p. 366.

15 Maryann McCabe and Timothy de Waal Malefyt, "Creativity and Cooking:

Motherhood, Agency and Social Change in Everyday Life," *Journal of Consumer Culture* 15, no. 1 (2015): 48–65.

16 Maryann McCabe, "Ritual Embodiment and the Paradox of Doing the Laundry," *Journal of Business Anthropology* 7, no. 1 (Spring 2018): 8–31.

17 Ibid., p. 15.

18 Ibid., p. 17.

19 Kenneth Erickson, "Able to Fly: Temporarily, Visibility and the Disabled Airline Passenger," Rita Denny and Patricia Sunderland, eds., *Handbook of Anthropology in Business* (Abingdon, UK: Routledge, 2013), p. 412.

20 Nina Diamond et al., "Brand Fortitude in Moments of Consumption," Rita Denny and Patricia Sunderland, eds., *Handbook of Anthropology in Business* (Abingdon, UK: Routledge, 2013), p. 619.

21 Grant McCracken, "TV Got Better," *Medium*, 2021, https://grant27.medium.com/tv-got-better-how-we-got-from-bingeing-to-feasting-782a67ee0a1. Ian Crouch, "Come Binge with Me," *New Yorker*, December 13, 2003, https://www.prnewswire.com/news-releases/netflix-declares-binge-watching-is-the-new-normal-235713431.html.

22 인류학이 광고와 소비자 연구에 어떤 영향을 미쳤는지는 다음을 참조하라. Timothy de Waal Malefyt and Maryann McCabe, eds., *Women, Consumption and Paradox* (Abingdon, UK: Routledge, 2020); Timothy de Waal Malefyt and Robert J. Morais, *Advertising and Anthropology: Ethnographic Practice and Cultural Perspectives* (Oxford, UK: Berg, 2012); Patricia Sunderland and Rita Denny, *Doing Anthropology in Consumer Research* (Walnut Creek, CA: Left Coast Press, 2007).

23 Simon Roberts, *The Power of Not Thinking*. https://dscout.com/people-nerds/simon-roberts.

24 빌 모러 교수가 감독하는 연구 플랫폼 "돈, 기술, 금융 수용성 연구소(Institute for Money, Technology and Financial Inclusion)"의 연구는 다음에서 참조하라. https://www.imtfi.uci.edu/about.php. 자세한 배경에 관해서는 다음을 참조하라. Bill Maurer, *How Would You Like To Pay? How Technology Is Changing the Future of Money* (Durham, NC: Duke University Press, 2015).

25 https://www.redassociates.com/new-about-red-.

26 ReD White Paper, *The Future of Money*, 2018.

27 저자 인터뷰.

28 레드어소시에이츠의 프레젠테이션과 저자 인터뷰.

29 Daniel Kahneman, *Thinking, Fast and Slow* (New York: Farrar, Straus and Giroux,

2011).

30 비서구 사회가 교환과 각종 유사 화폐의 영역에서 어떻게 작동하는지는 다음을 참조하라. Thomas Hylland Eriksen, *Small Places, Large Issues: An Introduction to Social and Cultural Anthropology*, 4th edition (London: Pluto Press, 2015), pp. 217–40. David Graeber, *Debt: The First 5,000 Years* (Brooklyn, NY: Melville, 2014; first published 2011), and Maurer, *How Would You Like to Pay?*

31 저자 인터뷰. https://www.worldfinance.com/wealth-management/pension-funds/how-anthropology-can-benefit-customer-service-in-the-pension-industry.

32 서구적 개념인 생명보험을 둘러싼 문화적 역설은 다음을 참조하라. Viviana A. Rotman Zeliser, *Morals and Markets: The Development of Life Insurance in the United States* (New York: Columbia University Press, 2017).

7. 트럼프와 레슬링

1 Nicholas Carr, *The Shallows: What the Internet Is Doing to Our Brains* (New York: W. W. Norton, 2011), pp. ix–x.

2 이런 현상에 관한 확실한 사례는 트리스탄 해리스(Tristan Harris)의 TED 강연을 참조하라. https://www.youtube.com/watch?v=C74amJRp730.

3 보이드의 현장 연구에 관한 전체 내용은 다음을 참조하라. Danah Boyd, *It's Complicated: The Social Life of Networked Teens* (New Haven, CT: Yale University Press, 2014).

4 Daniel Souleles, "Don't Mix Paxil, Viagra, and Xanax: What Financiers' Jokes Say About Inequality," *Economic Anthropology* 4, no. 1 (January 11, 2017), https://anthrosource. onlinelibrary.wiley.com/doi/abs/10.1002/sea2.12076.

5 Salena Zito, "Taking Trump Seriously, Not Literally," *Atlantic*, September 23, 2016, https://www.theatlantic.com/politics/archive/2016/09/trump-makes-his-case-in-pittsburgh/501335/.

6 Naomi Klein, *No Is Not Enough: Defeating the New Shock Politics* (London: Allen Lane, 2017); Gillian Tett, "No Is Not Enough by Naomi Klein—Wrestling with Trump," review, *Financial Times*, June 16, 2017.

7 Simon Roberts, *The Power of Not Thinking*.

8 Gillian Tett, "A Vision of Life Through a Dirty Lens," *Financial Times*, October 15, 2016.

9 Gillian Tett, "Making Slogans Great Again," September 30, 2016; Gillian Tett, "The Hack That Could Swing an Election," *Financial Times*, August 27, 2016; Gillian Tett, "What Brexit Can Teach America," August 6, 2016; Gillian Tett, "Female Voters and

the Cringe Factor," *Financial Times*, July 30, 2016; Gillian Tett, "Is Trump a Winner?," *Financial Times*, January 30, 2016.

10 https://www.youtube.com/watch?v=E5f7Jikg7ZU. Ingrid Burrington, *Networks of New York: An Illustrated Field Guide to Urban Internet Infrastructure* (New York: Melville House Printing, 2016).

8. 개인 정보의 소비자 가격

1 이 이야기는 2016년부터 현재까지 케임브리지 애널리티카에서 일한 적이 있는 직원, 관리자, 주주와의 폭넓은 인터뷰를 토대로 한다.

2 (이후 논란이 된) 페이스북 데이터가 그날 내가 본 모형에 사용되었는지 여부는 알 수 없다. 이 점에 관해서는 논의한 적이 없다. 우리는 일반적인 데이터 사용에 관해 대화를 나누었다.

3 Christopher Wylie, *Mindf*ck: Inside Cambridge Analytica's Plot to Break the World* (London: Profile Books, 2019).

4 케임브리지 애널리티카의 행동에 대한 비판과 선거운동 조작과 오보에 대한 혐의 는 영국 의회 청문회에서 자세히 기술되었다. 영국 하원 디지털·문화·미디어·스포 츠부 보고서에도 설명되어 있다. https://publications.parliament.uk/pa/cm201719/ cmselect/cmcumeds/1791/1791.pdf. 다음 증언을 참조하라. Chris Wylie, Britney Kaiser and others, https://www.parliament.uk/globalassets/documents/commons-committees/ culture-media-and-sport/Brittany-Kaiser-Parliamentary-testimony-FINAL.pdf, https:// committees.parliament.uk/committee/378/digital-culture-media-and-sport-committee/ news/103673/evidence-from-christopher-wylie-cambridge-analytica-whistleblower-published/. 알렉산더 닉스가 영국 의회에서 강력히 반박한 내용은 다음을 참조하라. https://www.youtube.com/watch?v=SqKU0gqY7oo.

5 저자 인터뷰.

6 Adam Smith, *The Wealth of Nations*, Book 1, Chapter 4. https://www.econlib.org/book-chapters/chapter-b-i-ch-4-of-the-origin-and-use-of-money/.

7 Kadija Ferryman, *Reframing Data as a Gift*, SSRN 22, July 2017, https://papers.ssrn.com/sol3/papers.cfm?abstract_id=3000631.

8 David Graeber, "On Marcel Mauss and the Politics of the Gift," https://excerpter.wordpress.com/2010/06/20/david-graeber-on-marcel-mauss-and-the-politics-of-the-gift/. David Graeber, *Debt*.

9 Stephen Gudeman, *Anthropology and Economy* (Cambridge, UK: Cambridge University Press, 2016). 이들 주제에 관한 또 하나의 논의는 다음을 참조하라. Chris Hann and

Keith Hart, *Economic Anthropology* (Cambridge, UK: Polity, 2011), and Keith Hart, "The Great Revolutions Are Monetary in Nature," *Storiamente* (2008), https://storicamente. org/hart. 다음도 보라. Karl Polanyi, *The Great Transformation* (London: Farrar & Rinehart, 1945). 폴라니의 연구는 현대 경제인류학의 토대를 다졌다.

10 일부 경제학자는 국내총생산과 같은 개념의 한계를 지적한다. Diane Coyle, *GDP: A Brief but Affectionate History* (Princeton, NJ: Princeton University Press, 2014); David Pilling, *The Growth Delusion: Wealth, Poverty, and the Well-Being of Nations* (New York: Tim Duggan, 2018).

11 https://archive.org/details/giftformsfunctio00maus.

12 Caitlin Zaloom, *Indebted: How Families Make College Work at Any Cost* (Princeton, NJ: Princeton University Press, 2019).

13 물물교환에 관한 중요한 논의는 다음을 참조하라. Caroline Humphrey, "Barter and Economic Disintegration," *Man New Series* 20, no. 1 (March 1985): 48–72, https:// doi.org/10.2307/2802221. Caroline Humphrey and Stephen Hugh-Jones, eds., *Barter, Exchange and Value: An Anthropological Approach* (Cambridge, UK: Cambridge University Press, 1992).

14 https://youtu.be/IhvX9QCiZP0.

15 저자 인터뷰.

16 Vance Packard, *The Hidden Persuaders* (New York: Pocket Books, 1957 [original], reprinted by Ig Publishing, New York, 2007).

17 케임브리지 애널리티카는 와일리가 공식적으로 파리에 거주하던 2015년 6월 29일 날짜로 법적 서류를 작성하고 서명해서 와일리와 유오니아에게 "나열된 항목이나 SCL 기밀 정보를 이용하지 않겠다"고 약속하게 했다. 페이스북 데이터세트와 이 자료에 기초한 모형을 비롯해 와일리가 케임브리지 애널리티카에 있는 동안 만든 지적 재산권을 사용하지 않는다는 뜻이었다. 저자가 관련 문서를 받았다.

18 출처는 저자가 2018년 12월 20일에 와일리의 변호사 탬신 앨런에게 받은 법률 문서 다. 이 문서에서는 유오니아가 트럼프 캠프와 일하자고 주장했다고 인정하지만 "와 일리 씨는 코리 레반도프스키(Corey Lewandowski)와의 회의에 참석하지 않았다. [페 이스북] 데이터를 트럼프 선거운동에 활용하지 않았다. 유오니아의 다른 사람들이 준비한 홍보는 트럼프가 대통령 선거 출마를 선언하기 전에 그의 선거 조직을 대상 으로 한 것이다. 와일리 씨는 CA IP 권한 위반 소지가 있다고 보지 않는다"고 언급한 다. 닉스와 케임브리지 애널리티카의 다른 직원들은 여기에 반박한다. 사건에 대한 와일리의 입장은 다음을 참조하라. Chris Wylie, *Mindf*ck*, pp. 174–76.

19 무형의 자산에 관한 데이터는 에이온과 포네몬 연구소의 연구를 참조하라. https://

www.aon.com/getmedia/60fbb49a-c7a5-4027-ba98-0553b29dc89f/Ponemon-Report-V24.aspx.

20 알라모 프로젝트가 샌안토니오에서 한 일, 페이스북 '임베드'의 역할, 클린턴 선거 운동과의 비교에 관해서는 다음을 참조하라. Gillian Tett, "Can You Win an Election Without Digital Skullduggery?," *Financial Times*, January 10, 2020.

21 이들 활동은 2019년 카림 아메르(Karim Amer)와 지혜인 누자임(Jehanne Noujaim) 이 제작한 다큐멘터리 영화 〈거대한 해킹(The Great Hack)〉에서 자세히 다뤄진다. https://www.youtube.com/watch?v=iX8GxLP1FHo.

22 Carole Cadwalladr and Emma Graham Harrison, "Revealed: 50 Million Facebook Profiles Harvested for Cambridge Analytica in Major Data Breach," *Guardian*, March 17, 2018.

23 Rob Davies and Dominic Rush, "Facebook to Pay 5bn Fine as Regulator Settles Cambridge Analytica Complaint," *Guardian*, July 24, 2019, and BBC News "Facebook 'to be Fined 5bn Over Cambridge Analytica Scandal,'" https://bylinetimes.com/2020/10/23/dark-ironies-the-financial-times-and-cambridge-analytica/. https://www.ftc.gov/news-events/press-releases/2019/07/ftc-imposes-5-billion-penalty-sweeping-new-privacy-restrictions. 그리고 다음도 보라. https://ico.org.uk/about-the-ico/news-and-events/news-and-blogs/2019/10/statement-on-an-agreement-reached-between-facebook-and-the-ico/.

24 Izabella Kaminska, "ICO's Final Report into Cambridge Analytica Invites Regulatory Questions," *FT Aphaville*, October 8, 2020, https://www.ft.com/content/43962679-b1f9-4818-b569-b028a58c8cd2. Izabella Kaminska, "Cambridge Analytica Probe Finds No Evidence It Misused Data to Influence Brexit," *Financial Times*, October 8, 2020.

25 https://www.imf.org/en/News/Seminars/Conferences/2018/04/06/6th-statistics-forum.

26 GDP 통계의 장단점은 다음을 참조하라. Diane Coyle, *GDP*. 또는 다음을 보라. David Pilling, *The Growth Delusion*.

27 Gillian Tett, "Productivity Paradox Deepens Fed's Rate Rise Dilemma," *Financial Times*, August 20, 2015. Gillian Tett, "The US Needs More Productivity, Not Jobs," *Foreign Policy*, December 15, 2016.

28 Rani Molla, "How Much Would You Pay for Facebook Without Ads?," *Vox*, April 11, 2018, https://www.vox.com/2018/4/11/17225328/facebook-ads-free-paid-service-mark-zuckerberg.

29 http://www.pnas.org/content/116/15/7250.

30 David Byrn and Carol Corrado, *Accounting for Innovations in Consumer Digital Services:*

It Still Matters, FEDS Working Paper No. 2019-049, https://papers.ssrn.com/sol3/papers.cfm?abstract_id=3417745.

31 https://www.imf.org/external/mmedia/view.aspx?vid=5970065079001. 또한 제6차 IMF 통계 포럼의 "세션 7: 모든 것이 디지털 시대에 유리한가(Is All for Good in the Digital Age)"의 회의록은 다음을 보라. https://www.imf.org/en/News/Seminars/Conferences/2018/04/06/6th-statistics-forum.

32 https://www.aon.com/getmedia/60fbb49a-c7a5-4027-ba98-0553b29dc89f/Ponemon-Report-V24.aspx.

33 https://ownyourdata.foundation/.

34 제니퍼 주 스콧의 TED 강연을 참조하라. https://www.ted.com/talks/jennifer_zhu_scott_why_you_should_get_paid_for_your_data?language=en.

35 Molla, "How Much Would You Pay?"

36 내가 2015년에 뉴욕의 나이트 베이그핫 디너에서 랜들 스티븐슨과 진행한 인터뷰는 다음에서 참조하라. https://www.youtube.com/watch?v=ZiiR_GfQspc.

9. 우리가 사무실에서 '정말로' 하는 일

1 Daniel Beunza, Taking the Floor: Models, Morals, and Management in a Wall Street Trading Room (Princeton, NJ: Princeton University Press, 2019), p. 26.

2 저자 인터뷰.

3 P. Resnick, On Consensus and Humming in the IETF. Internet Engineering Task Force (IETF) Request for Comments: 7282 June 2014, https://tools.ietf.org/html/rfc7282.

4 Niels ten Oever, "Please Hum Now: Decision Making at the IETF," https://hackcur.io/please-hum-now/.

5 2018년 3월 19일 IETF101-TLS-20180319-1740 회의에서 있었던 이 논쟁은 다음에서 참조하라. https://rb.gy/oe6g8o.

6 2018년 3월 IETF 회의에서 열린 134개 세션 모두 유튜브에서 볼 수 있다. https://rb.gy/1n2dq7.

7 https://www.sec.gov/Archives/edgar/data/1321655/000119312520230013/d904406ds1.htm.

8 J. A. English-Lueck, cultures@siliconvalley, 2nd edition (Redwood City, CA: Stanford University Press, 2017), p. 76.

9 Margaret Szymanski and Jack Whalen, eds., Making Work Visible: Ethnographically Grounded Case Studies of Work Practice (Cambridge, UK: Cambridge University Press, 2011), p. xxi.

10 Douglas K. Smith and Robert C. Alexander, *Fumbling the Future: How Xerox Invented, Then Ignored the First Personal Computer* (Lincoln, NE: toExcel, 1999). p. 14.

11 Szymanski and Whalen, eds., *Making Work Visible*, p. 2.

12 Scott Hartley, *The Fuzzy and the Techie: Why the Liberal Arts Will Rule the Digital World* (New York: Houghton Mifflin Harcourt, 2017).

13 Szymanski and Whalen, eds., *Making Work Visible*, p. xxii.

14 Julian Orr, *Talking About Machines: The Ethnography of a Modern Job* (Ithaca, NY: ILR/Cornell Press, 1996), p. 7.

15 Ibid., p. 18.

16 Ibid., pp. 39–42.

17 Szymanski and Whalen, *Making Work Visible*, p. 28.

18 Orr, p. 45.

19 Lucy Suchman, *Plans and Situated Actions: The Problem of Human Machine Communication* (Cambridge University Press, 2007 (revised edition); first published 1987). Szymanski and Whalen, *Making Work Visible*, pp. 21–33.

20 Suchman, *Plans*, pp. 121–64.

21 Ibid., pp. 130, 131.

22 Edwin Hutchins, *Cognition in the Wild* (Cambridge, MA: MIT Press, 1996). http://pages.ucsd.edu/~ehutchins/citw.html.

23 PARC에서 서치먼의 박사학위 논문을 토대로 출간한 1985 보고서는 다음에서 참조할 수 있다. https://pdfs.semanticscholar.org/532a/52efca3bdb576d993c0dc53f075f172c1b07.pdf. 연구 전체는 다음을 참조하라. Suchman, *Plans and Situated Actions*.

24 http://pages.ucsd.edu/~ehutchins/citw.html.

25 Karl E. Wieck. *Sensemaking in Organizations* (Thousand Oaks, CA: Sage Publications, 1995).

26 Szymanski and Whalen, *Making Work Visible*, p. xxiii.

27 Douglas K. Smith and Robert C. Alexander, *Fumbling the Future*, pp. 241–54.

28 센스메이킹 개념이 소비자 조사에 스며든 사례는 다음을 참조하라. Christian Madsbjerg, *Sensemaking: The Power of the Humanities in the Age of the Algorithm* (New York: Hachette Books, 2017).

29 Patricia Ensworth, "Anthropologist as IT Trouble Shooter," in Rita Denny and Patricia Sunderland, eds., *Handbook of Anthropology in Business* (Abingdon, UK: Routledge, 2013), pp. 202–22.

30 저자 인터뷰.

31 Ensworth, p. 204.

32 글로벌 기업 IT 부서 내부의 사회적 패턴이 (금융과 다른 영역에서) 중요한 이유를 보여주는 또 하나의 연구는 다음을 참조하라. Sareeta Amrute, *Encoding Race, Encoding Class: Indian IT Workers in Berlin* (Durham, NC: Duke University Press, 2016). 러시아 프로그래머들의 부족주의에 관해서는 다음을 참조하라. Mario Biagioli and Vincent Antonin Lépinay, eds. *From Russia with Code: Programming Migrations in Post-Soviet Times* (Durham, NC: Duke University Press, 2019).

33 Ensworth, p. 219.

34 Beunza, *Taking the Floor*, pp. 21, 22.

35 Donald MacKenzie, *An Engine, Not a Camera: How Financial Models Shape Markets* (Cambridge, MA: MIT Press, 2008).

36 맥켄지의 중요한 주장은 다음 자료에서도 자세히 다룬다. Donald MacKenzie and Taylor Spears, "'The Formula That Killed Wall Street': The Gaussian Copula and Modelling Practices in Investing Banking," *Social Studies of Science* 44, no. 3 (June 2014): pp. 393–417. Donald MacKenzie, *Material Markets: How Economic Agents Are Constructed* (London: Oxford University Press, 2009).

37 Douglas Holmes, *An Economy of Words: Communicative Imperatives in Central Banks* (University of Chicago Press, 2013). 이 주장은 다음에도 나온다. Annelise Riles, *Financial Citizenship: Experts, Publics and the Politics of Central Banking* (Cornell University Press, 2018). 같은 주장은 다양하게 변주되어 다음과 같은 책에도 나온다. Paul Tucker, *Unelected Power: the Quest for Legitimacy in Central Banking and the Regulatory State* (Princeton, NJ: Princeton University Press, 2018). Liaquat Ahmed, *Lords of Finance: The Bankers Who Broke the World* (New York: Penguin, 2009).

38 시장에서 심리와 정서의 역할을 알아보려면 다음을 참조하라. David Tuckett, *Minding the Markets: An Emotional View of Financial Instability* (London: Palgrave Macmillan, 2011).

39 Robert Schiller, *Narrative Economics: How Stories Go Viral and Drive Major Economic Events* (Princeton, NJ: Princeton University Press, 2019).

40 Ho, *Liquidated*, pp. 77–82.

41 Chloe Evans, "Ethnographic Research in Remote Spaces: Overcoming Practical Obstacles and Embracing Change," EPIC, September 25, 2020, https://www.epicpeople.org/ethnographic-research-in-remote-spaces-overcomingpractical-obstacles-and-embracing-change/.

42 Stuart Henshall, "Recalibrating UX Labs in the Covid-19 Era," EPIC, September 25,

2020, https://www.epicpeople.org/recalibrating-ux-labs-in-the-covid-19-era/.

43 https://www.systemicrisk.ac.uk/events/market-stability-social-distancing-and-future-trading-floors-after-covid-19. Gillian Tett, "Bankers Crave Return of In-Person Trading Floors," *Financial Times*, September 2020, https://www.cass.city.ac.uk/news-and-events/news/2020/september/returning-to-the-office-how-to-stay-connected-and-socially-distant.

44 https://www.ietf.org/media/documents/survey-planning-possible-online-meetings-responses.pdf.

45 Hartley, *The Fuzzy And The Techie*.

10. 윤리적인 돈

1 Anjli Raval, "New BP Boss Bernard Looney Pledges Net Zero Carbon Emissions by 2050," *Financial Times*, February 12, 2020. Lex, "'BP' The Race to Zero," *Financial Times*, August 4, 2020. Gillian Tett, Billy Nauman, and Anjli Raval, "Moral Money in Depth with Bernard Looney," *Financial Times*, May 13, 2020. BP가 목표를 달성했는지 여부의 불확실성을 잘 요약한 자료는 다음을 참조하라. https://www.climateandcapitalmedia.com/does-bp-finally-get-it/.

2 저자 인터뷰.

3 Mike Isaac, "Mark Zuckerberg's Great American Road Trip," *New York Times*, May 25, 2017. Adam Lashinksy, "Mark Zuckerberg's Good Idea," *Fortune*, May 26, 2017. Reid J. Epstein and Deepa Seetharaman, "Mark Zuckerberg Hits the Road to Meet Regular Folks-with a Few Conditions," *Wall Street Journal*, July 12, 2017.

4 "Noam Chomsky on America's Economic Suicide."

5 Peter Kurie, *In Chocolate We Trust: The Hershey Company Town Unwrapped* (Philadelphia: University of Pennsylvania Press, 2018).

6 Gillian Tett, "Impact Investing for Good and Market Returns," *Financial Times*, December 14, 2017.

7 Gillian Tett, "Davos Man's Faith in Globalization Is Shaken," *Financial Times*, March 7, 2013. Gillian Tett, "Davos Man Has No Clothes," *Foreign Policy*, January 16, 2017.

8 뉴카 이론은 다음 책에서 자세히 소개한다. *Strategic Leadership Primer*(Department of Command, Leadership and Management, United States Army War College, 1998), https://apps.dtic.mil/dtic/tr/fulltext/u2/a430467.pdf.

9 https://www.edelman.com/research, Gillian Tett, "Should We Trust Our Fellow App Users More Than Politicians?," *Financial Times*, November 2017.

10 Ronald Cohen, *Impact: Reshaping Capitalism to Drive Real Change* (London: Ebury Press, 2020).

11 '윤리적인 돈'은 팀의 노력이었다. 내가 앤드류 엣지클리프-존슨과 함께 구상하고 빌리 나우먼, 패트릭 템플-웨스트, 크리스틴 탤먼, 타마미 시미주이시, 에밀리야 마이차숙과 함께 구축했다.

12 "Business Roundtable Redefines the Purpose of a Corporation to Promote 'An Economy That Serves All Americans,'" https://opportunity.businessroundtable.org/ourcommitment/.

13 Lucian Bebchuk and Roberto Tallarita, "Stakeholder Capitalism Seems Mostly for Show," *Wall Street Journal*, August 6, 2020.

14 부르디외의 '독사' 개념을 이해하려면 다음을 참조하라. Pierre Bourdieu, *Outline of a Theory of Practice* (Cambridge, UK: Cambridge University Press, 1987; first edition 1977), pp. 159–71.

15 Exploring Sustainable Investing in a Changing World: Responsible Investing, special report from BNY Mellon, September 2020.

16 2020년 1월, 다보스 골즈 하우스를 위해 질리언 테트가 진행한 앤 피누케인과의 인터뷰. https://we.tl/t-CEaJjLDbNT.

17 2020년 11월 16일에 브리티시 아메리칸 비즈니스 태스크포스를 위해 질리언 테트가 진행한 래리 핑크와의 인터뷰. https://www.youtube.com/watch?v=PPjB1vwxjso.

18 "Businesses Plan Major Operational Changes as They Prioritize Resilience," *HSBC Navigator*, July 21, 2020. 보도자료.

19 Nicholas Copeland and Christine Labuski, *The World of Walmart: Discounting the American Dream* (Abingdon, UK: Routledge, 2013), p. 3.

20 Ibid., p. 5.

21 Gillian Tett, Andrew Edgecliffe-Johnson, Kristen Talman, and Patrick TempleWest, "Walmart's Sustainability Chief: 'You Can't Separate Environmental, Social and Economic Success,'" *Financial Times*, July 17, 2020.

22 Knut Christian Myhre and Douglas R. Holmes, "Great Expectations: How the Norwegian Sovereign Wealth Fund Is Re-Purposing Corporations in a Time of Crisis," forthcoming research paper, 2020.

23 Knut Christian Myhre, "COVID-19, Dugnad and Productive Incompleteness: Volunteer Labor and Crisis Loans in Norway," *Social Anthropology/Anthropologie Sociale* 28, no. 2 (2020): 326–27.

에필로그 아마존에서 아마존으로

1   https://anatomyof.ai. 또한 다음을 보라. Kate Crawford, *Atlas of AI: Power, Politics and the Planetary Costs of Artifical Intelligence* (New Haven, CT: Yale University Press, 2021).

2   https://www.moma.org/collection/works/401279.

3   https://read.dukeupress.edu/poetics-today/article-abstract/36/3/151/21143/Art-as-Device?redirectedFrom=fulltext.

4   Mary L. Gray and Suri Siddharth, *Ghost Work: How to Stop Silicon Valley from Building a New Global Underclass* (Boston: Mariner, 2019).

5   https://www.thetimes.co.uk/article/amazon-admits-plan-for-workers-cage-was-bad-idea-dnndtvvxt. https://www.cbsnews.com/news/amazons-patent-for-caging-workers-was-a-bad-idea-exec-admits/.

6   Axel Leijonhufvud, *Life Among the Econ* (first published: September 1973), https://doi.org/10.1111/j.1465-7295.1973.tb01065.x.

7   경제학을 다시 생각하는 방법의 예는 다음을 보라. https://core-econ.org/the-economy. 벨이 진행하는 ANU 프로젝트의 예는 다음을 보라. https://3ainstitute.org/. 산타 연구소와 같은 기관의 프로젝트는 다음을 보라. https://www.complexityexplorer.org/. 케임브리지대학교 베넷 연구소의 〈빌딩 포워드(Building Forward)〉 보고서. https://www.bennettinstitute.cam.ac.uk.

8   Beunza, *Taking the Floor*.

9   Karen Ho, *Liquidated: An Ethnography of Wall Street*.

10 J. A. English-Lueck, *cultures@siliconvalley*.

11 AI 프로그램이 어떻게 편견과 인종차별주의를 심을 수 있는지 알아채지 못할 때의 위험에 관해서는 다음을 참조하라. Virginia Eubanks, *Automating Inequality: How High Tech Tools Profile, Police and Punish the Poor* (London: St Martin's Press, 2018). Cathy O'Neill, *Weapons of Math Destruction: How Big Data Increased Inequality and Threatens Democracy* (New York: Crown, 2017). 또는 다음을 보라. Shoshana Zuboff, *The Age of Surveillance Capitalism: The Fight for a Human Future at the New Frontier of Power* (New York: Profile Books, 2019).

12 Annelise Riles, *Collateral Knowledge: Legal Reasoning in the Global Financial Markets* (Chicago: University of Chicago Press, 2011).

13 Tomas Hylland Erikson, *Small Places, Large Issues: An Introduction to Social and Cultural Anthropology*. Fouth Edition (London: Pluto Press, 2015. First published 1995).

14 https://wiser.directory/organization/ziyodullo-shahidi-international-foundation/.

15 Ann Pendleton-Julian and John Seely Brown, *Design Unbound: Designing for Emergence*

in a White Water World (Cambridge, MA: MIT Press, 2018).

후기 인류학자들에게 보내는 편지

1   Ulf Hannerz, *Anthropology's World: Life in a Twenty-First Century Discipline* (London: Pluto Press, 2010).

2   Keith Hart, "Why Is Anthropology Not a Public Science?," http://thememorybank. co.uk/2013/11/14/why-is-anthropology-not-a-public-science/, 2013.

3   Paul Farmer, *Fevers, Feuds and Diamonds*, p. 511. 또한 다음을 보라. Adia Benton, *Ebola at a Distance*.

4   https://www.anthropology-news.org/index.php/2020/10/26/raising-our-voices-in-2020.

342

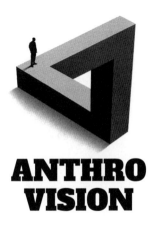

ANTHRO
VISION

옮긴이 문희경

서강대학교 사학과를 졸업하고, 가톨릭대학교 대학원에서 심리학을 전공했다. 전문번역가로 활동하며 문학은 물론 심리학과 인문학 등 다양한 분야의 책을 소개하고 있다. 옮긴 책으로 《유혹하는 심리학》《신뢰 이동》《우아한 관찰주의자》《인생의 발견》《대화에 대하여》《밀턴 에릭슨의 심리치유 수업》《타인의 영향력》《우리는 왜 빠져드는가?》 등이 있다.

알고 있다는 착각

초판 1쇄 발행 2022년 8월 10일
초판 7쇄 발행 2024년 2월 22일

지은이 질리언 테트
옮긴이 문희경
발행인 김형보
편집 최윤경, 강태영, 임재희, 홍민기, 박찬재
마케팅 이연실, 이다영, 송신아 **디자인** 송은비 **경영지원** 최윤영

발행처 어크로스출판그룹(주)
출판신고 2018년 12월 20일 제 2018-000339호
주소 서울시 마포구 양화로10길 50 마이빌딩 3층
전화 070-5080-4113(편집) 070-8724-5877(영업) **팩스** 02-6085-7676
이메일 across@acrossbook.com **홈페이지** www.acrossbook.com

한국어판 출판권 ⓒ 어크로스출판그룹(주) 2022

ISBN 979-11-6774-057-1 03320

만든 사람들
편집 강태영 **교정** 윤정숙 **표지디자인** 양진규 **본문디자인** 송은비 **조판** 박은진